5 (5)

RICHARD ELLIOTT
FRIEDMAN

QUI A ÉCRIT LA BIBLE ?

Richard Elliott
FRIEDMAN

Qui a écrit la Bible ?

Traduit de l'américain par
Raoul de Claunet

Ouvrage traduit avec le concours du
Centre National du Livre

COLLECTION FOI ET HISTOIRE
ÉDITIONS EXERGUE, CHAMBÉRY

Ce livre est dédié à Reva A. Friedman
et Laraine Friedman Linn,
avec amour.

Qui a écrit la Bible ?
ISBN : 2-911525-13-2

collection *Foi et Histoire*
ISSN : 1275-2037

Titre original : *Who Wrote the Bible ?*

illustration de couverture : *Jérémie le prophète,* par Rembrandt

Préface à la deuxième édition

Voilà dix ans que j'ai écrit ce livre. Certains développements intéressants ont eu lieu depuis et méritent d'être mentionnés. Je voudrais également noter certaines réactions qui ne se sont *pas* produites, contrairement à ce qu'on aurait pu croire. J'avais notamment craint que nombre de mes collègues biblistes jugent ce livre trop « populaire » — le pire jugement qu'un savant puisse exprimer contre un livre. Mais, d'une manière générale, cela n'a pas été le cas. Il a été fréquemment mentionné et cité par mes confrères, et il est souvent recommandé par des professeurs d'universités et de séminaires. Plusieurs collègues m'ont personnellement témoigné leur intérêt, verbalement ou par lettre. À l'occasion de cette seconde édition, je tiens à leur exprimer ma reconnaissance pour l'accueil qu'ils ont fait à ce livre.

Comme je l'indiquais dans ma préface il y a dix ans, je crois que les connaissances dont traite ce livre méritent d'être partagées par un public plus large que le cercle restreint des universitaires. Mon but a été d'écrire un livre accessible, qui rende ces connaissances disponibles à tous ceux qui s'y intéressent, et qui en montre la pertinence. Les éditions américaine et anglaise d'origine portaient en couverture des éloges de professeurs d'universités prestigieuses et de séminaires chrétiens et juifs ; ces citations étaient là pour rassurer tant les spécialistes que les profanes sur le fait qu'il s'agit d'une étude sérieuse dressant l'état des connaissances, et non pas d'une spéculation excentrique.

Il y eut, bien sûr, des exceptions à l'accueil positif de mes confrères. Mon égo n'a pas souffert de l'indifférence de ceux qui ont ignoré ce livre à cause de la simplicité de son style, volontairement exempt de jargon technique. Ceux qui rechignent à lire des ouvrages dits « de vulgarisation » peuvent consulter mes livres plus « académiques », ainsi que mes articles publiés dans le nouveau *Anchor Bible Dictionary* en six volumes (en particulier l'article consacré à la « Torah », qui rassemble la majorité de mes arguments).

Curieusement, ce livre n'a suscité que très peu de polémique, contrairement à ce qu'annoncèrent certains médias. Un article très positif, paru en première page du *Wall Street Journal,* notait qu'il portait à l'attention du grand public un débat fondamental, et prévoyait qu'une controverse considérable en découlerait. Un article du *U.S. News and World Report* disait que ce livre « promet de susciter d'intenses débats sur l'origine de la Bible. » Et un article plus provocateur encore, dans le *Sunday Times* anglais, prédisait : « Le monde religieux est sur le point d'être ébranlé. » Mais, à de très rares exceptions près, les réactions ont été dépourvues d'hostilité, même de la part de personnes attachées aux enseignements traditionnels sur les auteurs de la Bible. Bien que les connaissances historiques diffusées dans ce livre apportent un défi à de telles croyances, nombre de Chrétiens fondamentalistes et de Juifs orthodoxes se sont montrés courtois. Dans le contexte américain actuel, c'est remarquable. La raison en est, je suppose, que je n'ai pas présenté mes recherches comme une atteinte à leur foi, et que mon approche reflète mon profond respect pour la Bible. Quiconque cite mon livre dans le but de s'en prendre à la foi religieuse le cite mal. Les premières et les dernières pages sont un éloge de la grandeur de la Bible, de sa beauté et de sa puissance. Et tout ce qui se trouve entre les deux ne vise qu'à montrer comment la recherche biblique explique cette grandeur, cette beauté et cette puissance.

Il y a de cela des années, j'avais parmi mes professeurs un rabbin orthodoxe très pieux. Lorsqu'un étudiant se leva pour dire : « je ne suis pas d'accord, » le rabbin dit : « J'ai appris une chose ici : qu'on pouvait s'asseoir avec des gens qui ne sont pas d'accord et étudier ensemble. » Voilà ce que nous ferions tous bien d'apprendre. On peut diverger radicalement en matière de religion et n'être pas pour autant des ennemis.

Un point de ce livre souleva tout de même un peu de polémique : il s'agit de ma suggestion que l'un des auteurs bibliques (l'auteur des écrits connus sous le nom de « J ») était peut-être une femme. Certains écrivains se sont emparés de l'idée et, s'appuyant sur ma recherche, ont voulu en faire un sujet majeur de débat. Je tiens à souligner que je n'ai proposé cette hypothèse qu'avec réserve et prudence. Les spécialistes avaient, jusqu'alors, trop facilement présumé que les auteurs bibliques étaient nécessairement des hommes. J'ai voulu montrer que c'était loin d'être une certitude. La question du genre des auteurs me paraît au moins aussi importante que celle de leur statut religieux, de leur classe sociale, ou encore de la date à laquelle ils ont vécu. Mais qu'un des auteurs soit une femme ne représente qu'une possibilité, rien de plus. Ceux qui ont présenté cette idée comme une conclusion établie ont réussi à s'attirer une certaine publicité, mais n'ont rien fait pour faire avancer notre connaissance sur le sujet.

Je dois reconnaître que, depuis que j'ai commencé cette recherche, une certaine unanimité qui régnait parmi les spécialistes sur les auteurs de la Bible a commencé à s'effriter. Le modèle qui dominait ce champ de recherche depuis un siècle a été remis en question par quelques professeurs, notamment allemands, qui raccourcissent de plus en plus l'âge de la Bible. Je suis moi-même tout à fait ouvert à l'idée de reconsidérer les modèles établis ; dans les derniers chapitres de ce livre, je m'oppose par exemple à certaines conceptions dominantes sur les Cinq Livres de Moïse. Mais, au cours de mes débats avec les représentants de cette nouvelle tendance, j'ai pu m'apercevoir qu'ils connaissaient mal les arguments ayant conduit au modèle qu'ils attaquent. Ces arguments sont de quatre types : 1) des repères linguistiques facilitant la datation des textes, 2) des continuités de style permettant d'attribuer divers textes à de mêmes auteurs, 3) des questions de cohérence entre les textes et les périodes historiques qui les ont fait naître, et 4) la convergence de plusieurs indices à la fois. À l'heure où j'écris, les savants en rupture avec les conclusions de ce livre ont rarement pris la peine de mentionner ces arguments, et encore moins de les critiquer. Je leur répondrai dans un prochain livre. Mais je voulais dès maintenant rassurer le public sur le fait que ces nouvelles thèses radicales sont bien loin d'avoir apporté un sérieux défi à la validité des recherches bibliques effectuées jusque-là.

Je voudrais ajouter que j'ai reçu de nombreuses lettres de lecteurs souhaitant des précisions sur des points particuliers, et que je n'ai pas été en mesure de leur répondre. Je leur recommande de consulter le monumental *Anchor Bible Dictionary* en six volumes, récemment édité par mon collègue, David Noel Freedman. C'est une ressource précieuse, contenant des articles rédigés par des savants de religions et d'opinions diverses. Chaque entrée inclut une bibliographie pour les lecteurs qui veulent en savoir plus encore.

J'ai souhaité par ce livre faire mieux connaître et donc aimer la Bible ; faire découvrir l'expérience humaine qui lui a donné naissance, et montrer comment cette expérience imprègne le texte. L'étude historique de la Bible n'est pas contradictoire avec une lecture littéraire ou religieuse. Toutes ces lectures s'enrichissent au contraire mutuellement. Que l'on soit chrétien ou juif, d'une autre religion ou sans religion, mieux on connaît l'histoire de la Bible, plus on apprécie son inépuisable richesse.

Préface

Voici une synthèse de la recherche que j'ai effectuée au cours des dix dernières années. J'ai publié séparément des aspects de cette recherche dans des revues académiques et des ouvrages périodiques spécialisés dans les études bibliques. J'ai voulu rassembler ici ces différents aspects, et présenter certaines des découvertes les plus récentes, d'une manière plus accessible à des lecteurs non spécialistes de la Bible. Je me suis efforcé d'éviter le jargon technique et les surcharges de notes, et j'ai fourni toutes les informations de base nécessaires à un lecteur novice dans ce domaine.

J'ai choisi ce mode d'écriture pour une raison simple : je crois sincèrement que, par son importance, ce sujet mérite un cercle de lecteurs plus large que celui de mes collègues érudits. La question de savoir qui a écrit la Bible figure dans presque toutes les introductions à l'Ancien ou au Nouveau Testament, dans des centaines de commentaires de la Bible, et dans la plupart des cours d'universités ou de séminaires sur la Bible. Cette analyse, toutefois, demeure pratiquement inconnue du grand public. Cela est d'autant plus surprenant qu'elle est au moins aussi fondamentale et passionnante que les questions sur la formation de la terre ou sur l'évolution du vivant ; or, tout lycéen a entendu parler de ces derniers sujets, tandis que les découvertes sur les auteurs de la Bible ne débordent pas les cercles universitaires.

Cela tient peut-être au fait qu'il n'y eut pas dans ce domaine de découvertes individuelles révolutionnaires, comparables aux travaux de Darwin. Ce fut plutôt une longue et pénible recherche sur plusieurs siècles, consistant à rassembler les petites pièces d'un immense puzzle. Peu de ces pièces firent sensation à l'époque de leur découverte. Mais je crois que nous avons atteint un stade suffisant dans l'assemblage du puzzle pour dégager une image cohérente et probable des auteurs de la Bible, une image qui intéresse un large public et qu'il me semble important de partager avec lui.

Introduction

LA QUÊTE DES AUTEURS DES LIVRES DE MOÏSE

On lit la Bible depuis presque deux mille ans. On en fait une lecture littérale, figurée, ou bien symbolique. Elle a été considérée comme divinement dictée, révélée ou inspirée, ou encore comme humainement créée. On a fabriqué, toutes langues confondues, plus d'exemplaires de ce livre que de n'importe quel autre. C'est indiscutablement le livre le plus traduit (parfois mal traduit) et le plus souvent cité (parfois mal cité). Certains y voient la plus grande oeuvre littéraire de tous les temps, d'autre le tout premier livre d'histoire. Elle constitue le coeur du christianisme et du judaïsme. Les pasteurs, les prêtres et les rabbins se basent sur elle pour prêcher. Les universitaires consacrent leur vie à l'étudier et à l'enseigner dans les universités et les séminaires. On la lit, on l'étudie, on l'admire ou la critique, on écrit d'autres livres à son sujet et on en débat. Des gens ont vécu par la Bible, et nombre d'entre eux sont morts pour elle. Et pourtant, nous ne savons pas qui l'a écrite.

N'est-il pas étrange qu'on n'ait jamais su avec certitude qui a produit ce livre, alors qu'il a joué un rôle aussi central dans notre civilisation ? Les Cinq Livres de Moïse sont censés être de Moïse, le Livre des Lamentations du prophète Jérémie, la moitié des Psaumes du Roi David ; mais comment peut-on vérifier si ces imputations traditionnelles sont fondées ?

Voilà près de mille ans que des chercheurs oeuvrent à la solution de ce mystère, et ils sont parvenus à des découvertes extraordinaires au cours des deux derniers siècles. Certaines de ces découvertes défient les croyances traditionnelles. Pourtant, cette recherche n'a pas été déclenchée dans l'esprit d'une controverse entre la foi et la science, ou entre la pensée religieuse et la pensée profane. Au contraire, la plupart des chercheurs étaient pétris de traditions religieuses et connaissaient la Bible tout autant que ceux qui se contentaient des réponses traditionnelles. En fait, des premiers temps de cette recherche jusqu'à notre époque, une bonne proportion des spécialistes de la critique biblique, peut-être la majorité, ont été membres du clergé. Si la quête des auteurs de la Bible a vu le jour et a progressé, c'est parce qu'elle intéressait autant l'exégèse traditionnelle que la recherche historique.

Car l'influence de la Bible s'est si profondément exercée sur la civilisation occidentale—et par voie de conséquence sur la civilisation orientale—qu'on ne pouvait pas à la fois reconnaître son importance et ne pas se soucier de sa provenance. Si nous considérons la Bible comme une grande oeuvre littéraire, alors nous voulons naturellement savoir qui en furent les artistes créateurs. Si nous y voyons un document historique de grande valeur, alors nous avons besoin de savoir de qui émanent ses différents récits. Qui a écrit ses lois ? Qui a assemblé en un ouvrage unique un recueil aussi hétéroclite d'histoires, de poèmes et de lois ? La lecture d'un ouvrage est toujours une rencontre avec son auteur, qu'il s'agisse de fiction ou d'un autre genre. Mais qui rencontrons-nous à travers la lecture de la Bible ?

Que notre intérêt pour le livre soit religieux, moral, littéraire ou historique, la question de l'identité des auteurs est pertinente. Quand on étudie un livre, que ce soit au lycée ou à l'université, on a coutume d'apprendre quelque chose sur la vie de l'auteur, et cela aide en général à comprendre le livre. En dehors même de toute théorie littéraire sophistiquée, les lecteurs attachent généralement de la valeur à la possibilité d'établir des liens entre la vie d'un auteur et le monde qu'il ou elle décrit dans ses oeuvres. Dans le cas d'une fiction, on s'estime éclairé de savoir que Dostoïevski était un auteur russe du dix-neuvième siècle, qu'il était chrétien orthodoxe, tôt acquis à des opinions révolutionnaires, épileptique, et que l'épilepsie revêt une certaine importance dans *l'Idiot* ou *Les Frères Karamazov* ; ou que Dashiell Hammett était détective ; ou que George Elliott était une femme. Il en est de même pour les autres genres que la fiction. Considérons, par exemple, la fascination qu'exerce le personnage de Freud, et l'intérêt du public pour la manière dont sa propre expérience est reflétée dans ses écrits ; ou Nietzsche, dont toute la vie transparaît dans ses oeuvres, depuis ses liens avec Lou Salomé et ses rapports étranges avec Dostoïevski, jusqu'à sa folie.

Plus cette évidence s'impose et plus nous surprend le fait qu'une telle information nous ait grandement manqué dans le cas de la Bible. Souvent, du reste, le texte ne peut même pas être correctement compris sans cette information. L'auteur de tel récit biblique vivait-il au huitième siècle avant notre ère ou bien au cinquième siècle ? Et s'il emploie une expression particulière, devons-nous l'entendre dans le contexte de l'une ou de l'autre époque ? L'auteur fut-il le témoin des événements rapportés ? Sinon, comment en est-il venu à se faire une idée de leur déroulement ? Était-ce à travers des sources écrites, de vieilles histoires véhiculées oralement, une révélation divine, une composition entièrement fictive, ou par d'autres moyens encore ? Et dans quelle mesure les événements survenus du vivant de l'auteur ont-ils influencé sa façon de rapporter l'histoire ?

De telles questions sont importantes pour comprendre ce que le texte signifiait dans le monde biblique lui-même. Mais comprendre les personnes et les forces qui ont produit ce texte nous donne aussi l'occasion d'élaborer une compréhension nouvelle et enrichie du livre aujourd'hui, tant pour le lecteur religieux que pour le non croyant.

Les Cinq Livres de Moïse

La question de l'origine de la Bible est l'une des plus vieilles énigmes au monde. Les chercheurs sont aux prises avec elle pratiquement depuis l'apparition du Livre. Au départ, leur quête principale n'était pas dirigée vers l'auteur de la Bible. Ils soulevèrent simplement des questions sur des problèmes rencontrés dans le texte biblique lui-même. Ces questions prirent ensuite la tournure d'une enquête de détective s'étendant sur plusieurs siècles, durant lesquels des spécialistes dénichèrent une à une des clés sur l'origine même de la Bible.

Tout commença par des questions sur les cinq premiers livres de la Bible : la Genèse, l'Exode, le Lévitique, les Nombres et le Deutéronome. On connaît ce recueil sous le nom de Pentateuque (« cinq livres » en grec) ou encore Torah hébraïque (« instruction » en hébreu). On parle aussi des Cinq Livres de Moïse. La figure de Moïse domine la plupart de ces livres, et les traditions juive et chrétienne primitives le tenaient pour leur auteur, bien que le texte n'indique nulle part, dans aucun des cinq livres, qu'il en ait été l'auteur.[1] Mais cette tradition attribuant au seul Moïse l'unique paternité de ces livres se heurtait à des difficultés. On fit remarqua d'abord des contradictions dans le texte. Par exemple, des événements y sont rapportés dans un ordre particulier, et plus loin, le texte indique pour les mêmes événements un déroulement différent. Ici, il est question de deux fois quelque chose, et ailleurs, de quatorze fois la même chose. On apprend que les Moabites ont agi de telle manière et, plus loin, il est dit que ce sont les Madianites qui ont agi ainsi. Le texte nous décrit un Moïse se rendant au Tabernacle, dans un chapitre précédant la construction du Tabernacle par le même Moïse.

On fit aussi remarquer que les Cinq Livres mentionnent des choses que Moïse n'avait pas connues, ou des paroles qu'il ne pouvait pas avoir dites. Et puis, ce texte donne un récit de la mort de Moïse. Il dit aussi que Moïse était l'homme le plus humble que la terre ait porté ; et normalement on n'attend pas de l'homme le plus humble de la terre qu'il affirme être l'homme le plus humble de la terre.

Les arguments de ceux qui mettaient en doute que Moïse ait été l'auteur des Cinq Livres furent au début fermement rejetés. Au troisième siècle de notre ère, l'auteur chrétien Origène argumenta contre ceux qui soulevaient des objections quant à l'unité du Pentateuque et à son attribution à Moïse. Dans les siècles qui suivirent la compilation de la Bible Hébraïque (connue des chrétiens comme Ancien Testament ou Saintes Écritures), les rabbins voulurent pareillement circonscrire les problèmes et contradictions dans les limites de la tradition : les contradictions, disaient-ils, n'étaient qu'apparentes. Elles pouvaient être expliquées par l'interprétation—souvent très élaborée—ou encore par le recours à des détails narratifs ajoutés qui n'apparaissaient pas dans le texte biblique. Quant aux allusions de Moïse à des choses qu'il ne pouvait avoir connues, il fallait les attribuer au fait que Moïse était un prophète. Ce recours à la tradition pour répondre aux problèmes internes du texte prévalut jusqu'à l'époque médiévale. Les commentateurs médiévaux de la Bible, comme Rashi en France ou bien Nachmanides en Espagne, étaient spécialisés dans l'art de chercher des explications capables de surmonter toutes ces contradictions. Mais c'est aussi à l'époque médiévale que certains chercheurs se mirent à proposer, à ces questions anciennes, un nouveau type de réponses.

Six cents ans de recherche

Dans un premier temps, ces chercheurs acceptaient encore la tradition qui faisait de Moïse l'auteur des Cinq Livres, mais suggéraient que quelques lignes avaient été ajoutées ici et là. Au onzième siècle, le Juif Isaac ibn Yashush, médecin de cour d'un souverain de l'Espagne musulmane, fit remarquer qu'une liste de rois édomites figurant en Genèse 36 mentionnait des noms de rois ayant vécu bien longtemps après que Moïse fût mort. Ibn Yashush suggéra que la liste avait été écrite par quelqu'un de postérieur à Moïse. En réponse à sa conclusion, il fut appelé « Isaac l'égaré ».

L'homme qui l'appela ainsi était Abraham ibn Ezra, un rabbin espagnol du douzième siècle, qui ajouta : « son livre mérite les flammes. » Mais, curieusement, ibn Ezra lui-même introduisit, dans ses propres écrits, quelques commentaires énigmatiques qui montraient qu'il avait aussi ses doutes. Il fit allusion à plusieurs passages bibliques qui n'étaient manifestement pas de la main de Moïse ; des passages désignant Moïse à la troisième personne, ou employant des termes que Moïse ne pouvait pas connaître, ou décrivant des lieux où Moïse ne pouvait pas être allé, ou utilisant un langage qui reflétait un temps et un lieu différents de ceux de Moïse. Toutefois, ibn Ezra n'était pas prêt à dire ouvertement que Moïse n'était pas l'auteur des Cinq Livres. Il écrivit simplement : « Et si vous comprenez, alors vous reconnaîtrez la vérité. » Et dans une autre allusion à l'un des ces passages contradictoires, il écrivit : « Et qui comprend se tiendra coi. »

Au quatorzième siècle, à Damas, l'érudit Bonfils se rendit aux évidences d'ibn Ezra, mais pas à son injonction au silence. Se référant aux passages difficiles, Bonfils écrivit mot pour mot : « Et voici la preuve que ce verset fut écrit dans la Torah ultérieurement, et que Moïse n'a pas pu l'écrire ; c'est plutôt un prophète ultérieur qui l'écrivit. » Bonfils ne remettait pas en cause le caractère révélé du texte. Il continuait de penser que les passages en question avaient été écrits par « un des prophètes ultérieurs ». Cependant, trois siècles et demi plus tard, lorsque son ouvrage fut réimprimé, ses allusions à ce sujet délicat furent supprimées.

Au quinzième siècle, Tostate, évêque d'Avila, déclara lui aussi que certains passages, notamment le récit de la mort de Moïse, ne pouvaient avoir été écrits par Moïse lui-même. Une vieille tradition voulait que Josué, le successeur de Moïse, en fût l'auteur. Mais au seizième siècle, Carlstadt, contemporain de Luther, fit remarquer que le récit de la mort de Moïse était rédigé dans un style semblable aux textes qui le précédaient. Il devenait alors difficile de soutenir que Josué ou un autre eût simplement ajouté quelques lignes à un manuscrit par ailleurs mosaïque (écrit par Moïse). Ce point compliqua la question de savoir sur ce qui est vraiment mosaïque et sur ce qui fut rajouté par quelqu'un d'autre.

Dans un deuxième temps, les chercheurs ont suggéré que Moïse avait écrit les Cinq Livres, mais que des éditeurs avaient retravaillé les textes, ajoutant çà et là un mot, une phrase de leur cru. Au seizième siècle, un catholique flamand, Andreas van Maes, et deux érudits jésuites, Benedict Pereira et Jacques Bonfrère, imaginèrent un texte originel écrit de la main de Moïse, que des auteurs postérieurs auraient complété. Van Maes suggérait qu'un rédacteur ultérieur avait inséré des phrases, ou bien remplacé l'ancien nom d'un lieu par son nom plus courant, pour permettre aux lecteurs de mieux le comprendre. Le livre de Van Maes vint rejoindre l'Index catholique.

Dans un troisième stade de recherche, on aboutit à la franche conclusion que Moïse n'était pas l'auteur de la majeure partie du Pentateuque. Le premier à le dire fut le philosophe britannique Thomas Hobbes au dix-septième siècle. Hobbes recensa, dans le corps des Cinq Livres, tous les faits et déclarations qui étaient inconciliables avec l'idée que Moïse en fût l'auteur. Par exemple, le texte déclare parfois que telle situation nouvelle a perduré « jusqu'à ce jour ». « Jusqu'à ce jour » n'est pas l'expression de quelqu'un qui décrirait une situation inaugurée de son temps. C'est plutôt l'expression d'un auteur ultérieur décrivant un événement fondateur d'une tradition qui s'est prolongée jusqu'à lui.

Quatre ans plus tard, c'est Isaac de la Peyrère, un calviniste français, qui écrivait lui aussi textuellement que Moïse n'était pas l'auteur des premiers livres de la Bible. Il nota lui aussi des problèmes émaillant le texte, comme les mots « au-delà du Jourdain » dans le premier verset du Deutéronome. Le verset dit « Voici les paroles que Moïse adressa à tout Israël au-delà du Jourdain ... » Le problème est que cette expression se réfère à quelqu'un qui est sur une autre rive du Jourdain que Moïse. Le verset semble ainsi être le propos de quelqu'un en Israël, à l'ouest du Jourdain, rapportant ce que fit Moïse sur la rive orientale du Jourdain. Moïse lui-même n'est jamais censé avoir traversé le Jourdain et être entré en Israël au cours de sa vie. De la Peyrère vit son livre interdit et brûlé. Il fut arrêté et on lui signifia que pour être libéré, il lui faudrait se faire catholique et abjurer ses vues devant le Pape. C'est ce qu'il fit.

À peu près à la même époque, en Hollande, le philosophe Spinoza publia une analyse critique complète, où il recensait les passages problématiques et montrait qu'ils n'étaient pas de simples détails isolés que l'on pouvait résoudre un par un. Ils étaient une multitude, répandus dans la totalité des Cinq Livres de Moïse. Il y a les récits de Moïse à la troisième personne, les déclarations que Moïse peut difficilement avoir faites (par exemple, qu'il est « l'homme le plus humble que la terre ait porté »), le récit de la mort de Moïse, l'expression « jusqu'à ce jour », les cas de localités géographiques désignées sous des noms postérieurs à l'époque de Moïse, la mention d'événements survenus après Moïse (comme la liste des rois édomites) et diverses contradictions que d'autres chercheurs avaient déjà observés auparavant. Spinoza nota aussi que le texte déclare en Deutéronome 34 qu'« il ne s'est plus levé en Israël de prophète pareil à Moïse » (encore des propos qui ne ressemblent guère à « l'homme le plus humble que la terre ait porté »). Spinoza observa que ces paroles semblaient être celles d'un homme ayant vécu longtemps après Moïse, qui connaissait d'autres prophètes ultérieurs et pouvait faire des comparaisons. Et d'écrire : « C'est plus clair que le soleil de midi : le Pentateuque n'a pas été écrit par Moïse, mais par quelqu'un qui vécut longtemps après Moïse. » Spinoza avait déjà été exclu de la communauté du judaïsme. Et voilà que son oeuvre était maintenant condamnée de concert par les catholiques et les protestants. Son livre fut placé à l'Index catholique. En six ans, pas moins de trente-sept édits furent prononcés contre lui, et l'on attenta une fois à sa vie.

Quelque temps après, en France, Richard Simon, un protestant converti et devenu prêtre catholique, rédigea un ouvrage qui se voulait une critique de Spinoza. Il affirmait que le noyau du Pentateuque était mosaïque, mais qu'il y avait eu des rajouts. Ceux-ci, disait-il, étaient le fait de scribes ayant compilé, arrangé et élaboré d'anciens textes. Ces scribes, selon Simon, étaient des prophètes, guidés par le Saint-Esprit.

Simon entendait, par ces explications, défendre la sainteté du texte biblique. Mais ses contemporains n'étaient pas prêts à accepter un ouvrage qui insinuait qu'une partie des Cinq Livres n'était pas mosaïque. Simon fut attaqué par d'autres ecclésiastiques catholiques et chassé de son ordre. Ses livres furent mis à l'Index. Quarante réfutations de son ouvrage furent rédigées par des protestants. Des mille trois cents copies de son oeuvre, six seulement échappèrent aux flammes. Une version anglaise de l'ouvrage vit le jour, traduite par John Hampden, mais Hampden se rétracta bientôt. On trouve, dans le rapport que fit de l'événement l'érudit Edward Gray, cette litote très parlante : Hampden « renia les opinions qu'il avait partagées avec Simon ... en 1688, sans doute peu de temps avant d'être libéré de la tour. »

Les sources

L'idée de Simon, à savoir que les auteurs bibliques avaient composé leur narration à partir de sources anciennes à leur disposition, fut un pas important sur le chemin de la recherche des auteurs de la Bible. Tout historien de métier connaît l'importance des sources dans le processus de narration des événements. L'hypothèse que les Cinq Livres de Moïse aient pu résulter d'une compilation de plusieurs sources anciennes venant d'auteurs différents fut d'une importance exceptionnelle car elle ouvrit la voie à l'exploration d'une piste nouvelle, que trois chercheurs développèrent au siècle suivant : le doublet.

Un doublet, c'est lorsque la même histoire est racontée deux fois. Même dans les traductions, on remarque aisément que plusieurs histoires bibliques apparaissent, avec des variantes dans les détails, à deux endroits distincts de la Bible. Il y a deux récits différents de la création du monde. Il y a deux récits de l'alliance entre Dieu et le patriarche Abraham ; il y a deux récits pour le nom que donne Abraham à son fils ; il y a deux histoires où Abraham fait passer sa femme Sarah pour sa soeur auprès d'un souverain étranger ; il y a deux histoires du fils d'Isaac, Jacob, allant en Mésopotamie ; il y a deux histoires d'une révélation donnée à Jacob à Béthel ; il y a deux récits où Dieu change le nom de Jacob en Israël ; il y a deux histoires où Moïse obtient de l'eau d'un rocher au lieu-dit Meriba ; et ainsi de suite.

Les défenseurs de la paternité mosaïque des textes faisaient valoir que les doublets étaient toujours complémentaires et non pas redondants, et qu'ils ne se contredisaient pas entre eux mais étaient plutôt porteurs d'un enseignement par le fait même de leur « apparente » contradiction. Mais une autre clé fut découverte, qui mettait à mal cette réponse traditionnelle. On découvrit que, dans la plupart des cas, l'une des deux versions d'un doublet appelait la déité du nom divin de Yahvé (jadis prononcé Jéhovah par erreur), alors que l'autre version de l'histoire se contentait d'appeler la déité Élohim, traduit généralement par Dieu. Ainsi, les doublets se répartissaient en deux groupes de versions parallèles de certaines histoires. Chaque groupe était presque toujours cohérent dans son usage du nom de la déité. De plus les chercheurs s'aperçurent que ce n'était pas seulement les noms de la déité qui caractérisait chaque groupe. Ils trouvèrent d'autres termes et caractéristiques qui revenaient régulièrement dans chaque groupe. Cela suggérait l'hypothèse que quelqu'un avait travaillé sur deux anciens documents, les avait coupés et les avait ensuite tissés ensemble pour former le récit continu des Cinq Livres de Moïse.

La prochaine étape de la recherche consista donc à séparer les fils des deux documents de départ. Au dix-huitième siècle, trois chercheurs indépendants parvinrent à des conclusions similaires au terme de tels efforts : un pasteur allemand (H. B. Witter), un médecin français (Jean Astruc), et un professeur allemand (J. G. Eichhorn). Tout d'abord, on suggéra que l'une des deux versions des récits du Livre de la Genèse était un ancien texte dont Moïse se serait servi comme source, et que l'autre version de ces histoires était de la main de Moïse, qui décrivait les mêmes choses dans son propre langage. Ensuite, on avança que les deux versions étaient de vieux documents originels dont Moïse s'était servi pour façonner son ouvrage. Mais en définitive, il fut conclu que chacune des deux sources devait provenir d'auteurs ayant vécu après Moïse. À chaque étape de ce processus de recherche, le rôle de Moïse s'estompait.

À l'orée du dix-neuvième siècle, l'hypothèse des deux sources prit de l'ampleur. Les savants purent montrer qu'il n'y avait pas seulement deux sources majeures du Pentateuque : il y en avait quatre ! Deux universitaires découvrirent en effet que, dans les quatre premiers livres de la Bible, il n'y avait pas seulement des doublets, mais un certain nombre de triplets. Cela s'accordait avec d'autres indices—en particulier des contradictions entre divers passages et des différences de style—qui les persuadèrent qu'ils avaient trouvé une autre source au sein du Pentateuque. C'est alors qu'un jeune universitaire allemand, W. M. L. De Wette, observa dans sa dissertation de doctorat que le dernier des Cinq Livres de Moïse, le Deutéronome, présentait une différence de langage frappante avec les quatre livres qui le précédaient. Aucune des trois anciennes sources ne semblait se prolonger dans ce livre. De Wette émit l'hypothèse que le Deutéronome était une source à part, la quatrième.

Ainsi, l'oeuvre d'un grand nombre de chercheurs, et non sans prix pour certains d'entre eux, débouchait sur un début de solution au mystère des origines de la Bible ; une hypothèse de travail voyait le jour. C'était une étape remarquable dans l'histoire de la Bible. Les savants, en ouvrant le Livre de la Genèse, pouvaient identifier les écrits de deux ou même trois auteurs sur une même page. Et il y avait aussi le travail de l'éditeur, la personne qui avait découpé puis rassemblé les documents de départ en une histoire unique ; ainsi pas moins de quatre personnes différentes pouvaient avoir contribué à produire une seule page de la Bible. Les chercheurs pouvaient maintenant identifier les pièces d'un puzzle et se faire une idée de son caractère fondamental. Mais ils ne savaient toujours pas qui étaient les auteurs d'aucun des quatre documents de base, quand ils avaient vécu, et pourquoi ils avaient écrit. Et ils n'avaient pas la moindre idée du mystérieux éditeur qui les avait reliés, ni de ce qui l'avait poussé à les assembler d'une manière aussi complexe.

L'Hypothèse Documentaire

Pour résumer de la manière la plus concise possible, le puzzle se présentait de la manière suivante.

Il était évident que les Cinq Livres de Moïse avaient été composés en combinant quatre documents d'origines différentes en une seule histoire continue. Pour faciliter la tâche, les quatre documents furent identifiés par des symboles alphabétiques. Le document associé au nom divin Yahvé/Jéhovah fut appelé J. Le document où la déité était désignée sous le nom d'Élohim/Dieu fut appelé E. Le troisième document, de loin le plus vaste, incluait la plupart des passages juridiques, et s'étendait longuement sur des questions relatives aux prêtres ; aussi fut-il appelé P. Quant à la source qui figurait seulement dans le Deutéronome, elle fut baptisée D. La question était de savoir comment déchiffrer l'histoire de ces quatre documents ; non seulement qui les avait écrits, mais aussi pourquoi quatre versions différentes de l'histoire avaient été écrites, quelles étaient leurs relations mutuelles, si l'un de ces auteurs avait eu connaissance des autres textes, à quelle époque chacun d'eux avait été produit, comment ils avaient été préservés et combinés, et une foule d'autres questions.

Dans une première étape, il fallait essayer de déterminer l'ordre relatif dans lequel ils avaient été écrits. Le but était de voir si chaque version reflétait un état particulier du développement de la religion dans l'Israël biblique. Cette approche reflétait l'influence, dans l'Allemagne du dix-neuvième siècle, des idées hégéliennes sur le développement historique de la civilisation. Deux personnalités de l'époque se détachent. Elles abordèrent le sujet par des voies très différentes mais parvinrent à des résultats complémentaires. L'une d'elles, Karl Heinrich Graf, à partir des références reliant les divers textes bibliques, s'attacha à en déduire quel texte devait avoir logiquement précédé ou suivi les autres. L'autre chercheur, Wilhelm Vatke, entreprit de retracer l'histoire du développement de l'ancienne religion israélite, en cherchant dans les textes des indices reflétant des étapes plus ou moins primitives ou tardives de la religion.

Graf conclut que les documents J et E étaient les versions les plus anciennes des histoires bibliques, car ils n'étaient pas au fait de questions traitées dans d'autres documents. D était postérieur à J et à E, car il se montrait familier de développements historiques ultérieurs. Quant à P, la version sacerdotale de l'histoire, elle était la plus tardive, car elle contenait des allusions à une foule de sujets qui étaient inconnus dans toutes les parties antérieures de la Bible, notamment les livres des prophètes. Vatke, pour sa part, concluait que J et E reflétaient un stade très primitif de la religion israélite, lorsqu'elle était encore essentiellement une religion de la nature et de la fertilité. Il concluait également que D reflétait un stade intermédiaire du développement religieux, quand la foi d'Israël était de caractère spirituel et éthique, à savoir l'époque des grands prophètes israélites. Et il voyait dans le document P le reflet d'un stade tardif de la religion, l'âge de la religion sacerdotale institutionnalisée, avec ses prêtres, ses sacrifices, ses rites et ses lois.

L'entreprise de Vatke visant à reconstituer le développement de la religion d'Israël et l'entreprise de Graf visant à reconstituer le développement des sources du Pentateuque pointaient dans la même direction : la conclusion que la grande majorité des lois et une grande partie des récits du Pentateuque ne sont pas contemporains de Moïse (et ne peuvent donc pas être de sa main), ni même du temps des prophètes et des rois d'Israël. Ils avaient plutôt été écrits par quelqu'un qui vivait vers la fin de la période biblique.

Cette idée suscita des réactions variées. Les réactions hostiles provenaient autant des érudits critiques que traditionnels. Même De Wette, qui avait identifié la source D, ne pouvait se faire à l'idée qu'une telle proportion de la loi fût si tardive. Il disait que cette vue « suspendait les débuts de l'histoire hébraïque non point aux grandes oeuvres de Moïse, mais à d'impalpables riens ». Quant aux tenants de la tradition, ils soulignaient que cette vision donnait de l'Israël biblique le portrait d'une nation non gouvernée par la loi pendant les six premiers siècles. Les idées de Graf et Vatke, toutefois, allaient dominer le champ des études bibliques pendant près de cent ans, essentiellement à cause de l'oeuvre d'un seul homme : Wellhausen.

Julius Wellhausen (1844-1918) se distingue comme une figure puissante dans la recherche sur les auteurs de la Bible et dans l'histoire de l'étude biblique en général. Il est difficile de désigner qui que ce soit comme « fondateur », « père », ou « premier à ... », dans cette entreprise, car un grand nombre de personnes apportèrent des contributions qui devaient ensuite conduire la recherche à franchir un nouveau seuil. En fait, les livres et articles de l'érudition biblique attribuent ces titres tantôt à Hobbes, Spinoza, Simon, Astruc, Eichhorn, Graf ou Wellhausen. Wellhausen lui-même attribue ce rôle à De Wette. Mais Wellhausen tient une place particulière dans l'histoire de cette entreprise. Sa contribution constitue moins un commencement qu'un achèvement. Ce qu'il avait à dire, Wellhausen l'a beaucoup puisé chez ses prédécesseurs, mais sa contribution fut d'opérer un assemblage de tous ces apports, en plus d'une considérable recherche et argumentation de sa part, pour aboutir à une synthèse claire et bien organisée.

Wellhausen acceptait le schéma de Vatke, à savoir une religion d'Israël se développant en trois stades, et il acceptait aussi le schéma de Graf, c'est-à-dire des documents écrits sur trois périodes distinctes. Il opéra donc une fusion des deux schémas. Examinant les histoires bibliques et les lois qui apparaissent dans J et E, il en déduisit qu'elles reflétaient un mode de religion au stade nature/fertilité. Quant aux histoires et lois du Deutéronome (D), elles reflétaient la vie au stade spirituel/éthique, tandis que P dérivait du stade sacerdotal/légal. Il retraça méticuleusement les caractéristiques de chaque stade en examinant ce que chaque document disait des aspects fondamentaux de la religion : le caractère du clergé, les types de sacrifice, les lieux de culte et les fêtes religieuses. Il s'apppuyait à la fois sur les passages narratifs et sur les passages légaux des Cinq Livres du Pentateuque, mais aussi sur d'autres livres prophétiques et historiques de la Bible. Sa présentation était pratique, cohérente et extrêmement convaincante. La puissance explicative de cette construction était due, par dessus tout, au fait qu'elle faisait beaucoup plus que simplement diviser les sources selon les critères habituels (doublets, contradictions, etc.) ; elle reliait les documents originaux à leur histoire. Elle fournissait un cadre crédible pour comprendre comment ils étaient apparus. Ainsi le modèle de Wellhausen était un début de réponse aux questions soulevées par l'existence de différentes sources. Ce champ d'étude devint alors plus largement accepté, parce que l'analyse historique et la critique littéraire réussirent pour la première fois à se joindre. Cette théorie sur la combinaison des documents originaux devait devenir connu sous le nom d'Hypothèse Documentaire. Depuis, c'est elle qui domine le champ d'étude. Jusqu'à nouvel ordre, si vous avez des objections, c'est à Wellhausen que vous vous en prenez. Si vous proposez un nouveau modèle, vous devez en comparer les mérites avec le modèle de Wellhausen.

La situation actuelle

L'opposition religieuse à la nouvelle recherche se poursuivit tout au long du dix-neuvième siècle. L'Hypothèse Documentaire se répandit dans les pays anglophones en grande partie grâce à l'oeuvre de William Robertson Smith, professeur d'Ancien Testament au Collège de l'Église Libre d'Écosse d'Aberdeen et rédacteur à l'*Encyclopaedia Britannica*. Il rédigea des articles dans l'encyclopédie et y publia également des articles de Wellhausen. Il dut comparaître devant l'Église. Il eut beau être déchargé de l'accusation d'hérésie, il n'en fut pas moins exclu de sa chaire. Toujours au dix-neuvième siècle, en Afrique du Sud, John Colenso, évêque anglican, publia des conclusions similaires, et en l'espace de vingt ans, trois cents réponses furent écrites contre lui. Il fut appelé « le vilain évêque ».

Les choses se mirent toutefois à évoluer au vingtième siècle. La résistance à ces recherches avait été considérable dans l'Église catholique depuis des siècles, mais un tournant majeur fut l'encyclique *Divino Afflante Spiritu* du Pape Pie XII en 1943. Elle fut qualifiée de « Magna Carta pour le progrès biblique ». Le Pape encourageait les universitaires à chercher à connaître des auteurs bibliques, car ces auteurs « étaient les instruments vivants et raisonnables de l'Esprit Saint ... » Et de conclure :

> Que l'interprète donc, moyennant un grand soin et sans négliger aucune lumière dérivée des recherches récentes, entreprenne de déterminer le caractère particulier et les circonstances de l'auteur sacré, l'époque de sa vie, les sources écrites ou orales auxquelles il eut recours, et les formes d'expression qu'il a employées.

Résultat marquant des encouragements pontificaux, l'ouvrage catholique intitulé *Jerome Biblical Commentary*, qui vit le jour en 1968, commençait par cette déclaration des rédacteurs :

> Ce n'est un secret pour personne que les quinze ou vingt dernières années ont vu s'opérer presque une révolution dans les études bibliques catholiques—une révolution encouragée par l'autorité, car sa Magna Carta fut l'encyclique *Divino Afflante Spiritu* du Pape Pie XII. Les principes de la critique littéraire et historique, si longtemps tenus en suspicion, sont maintenant enfin acceptés et employés par les exégètes catholiques. Les résultats sont multiples : un vif regain d'intérêt pour la Bible dans l'ensemble de l'Église ; une contribution accrue des études bibliques dans la théologie moderne ; une communauté d'efforts et de compréhension entre les savants catholiques et non catholiques.

Parallèlement, l'opposition à l'examen critique de la Bible diminua parmi les protestants. La Bible en est venue à être étudiée et enseignée par des universitaires critiques, dans les principales institutions protestantes d'Europe et de Grande-Bretagne. Aux États-Unis aussi, l'exégèse critique est enseignée dans les plus grandes institutions protestantes, comme Harvard Divinity School, Yale Divinity School, Princeton Theological Seminary, Union Theological Seminary et bien d'autres. L'analyse critique du texte et des auteurs est désormais acceptée aussi dans les institutions juives dominantes, en particulier le Hebrew Union College, qui est l'école rabbinique réformée, et le Jewish Theological Seminary, l'école rabbinique conservatrice. On l'enseigne également dans les plus grandes universités mondiales.

Jusqu'à la génération précédente, il y avait encore des savants parmi les Chrétiens conservateurs et les Juifs pour contester l'Hypothèse Documentaire, dans les cercles bibliques. Mais à l'heure actuelle, il n'y a pratiquement aucun savant dans le monde, travaillant activement sur le sujet, qui soutiendrait que les Cinq Livres de Moïse furent écrits par Moïse, ou même par un seul auteur.[2] Chacun des livres bibliques fait l'objet de discussions parmi les spécialistes pour savoir combien d'auteurs l'ont écrit. On débat pour savoir quand les divers documents-sources furent écrits et si tel verset particulier appartient à tel ou tel document. On exprime, certes, des degrés divers de satisfaction ou d'insatisfaction quant à l'utilité de l'hypothèse pour des buts littéraires ou historiques. Mais l'hypothèse elle-même reste le point de départ de la recherche ; aucun étudiant sérieux de la Bible ne peut manquer de l'explorer, et aucune autre explication n'est venue la remettre en question, sauf sur des points de détail.

La recherche critique des auteurs s'est étendue au-delà des Cinq Livres et a touché presque chaque livre de la Bible. Par exemple, le Livre d'Isaïe était traditionnellement attribué au prophète Isaïe, qui vivait au huitième siècle avant notre ère. La quasi totalité de la première partie du livre est conforme à cette tradition. Mais les chapitres 40 à 66 du même livre semblent être de quelqu'un qui vécut environ deux siècles plus tard, et qu'il est maintenant convenu d'appeler le Deutéro-Isaïe. Même le Livre d'Abdias, qui ne comporte qu'une page, pourrait être une combinaison de morceaux de deux auteurs.

De nos jours, de nouveaux outils ont permis des contributions importantes. De nouvelles méthodes d'analyse linguistique, développées durant les vingt-cinq dernières années, ont permis d'établir une chronologie relative de portions de la Bible, ainsi que de mesurer et décrire les caractéristiques de l'hébreu biblique à des époques variées. Disons simplement que Moïse était plus éloigné du langage de l'ensemble des Cinq Livres, que Shakespeare l'était de l'anglais moderne. En outre, depuis l'époque de Wellhausen, il y a eu une véritable révolution archéologique qui s'est traduite par d'importantes découvertes, à verser désormais au dossier de la recherche des auteurs bibliques. Je parlerai des trouvailles archéologiques dans le cours de ce livre.

Pourtant, force est de constater que le puzzle échappe encore largement au déchiffrement. L'imprécision des solutions continue de frustrer notre tâche sur une foule d'autres questions autour de la Bible. Ma propre expérience en est une illustration. Quand, dans mes années d'université, je fus initié à ce domaine des études bibliques, je répondis que cela ne m'interpellait pas outre mesure, que mon intérêt portait sur le contenu du texte et sa pertinence pour aujourd'hui, pas sur les hommes qui l'avaient écrit. Mais alors que je travaillais sur le texte au fil de mes années d'étude, je découvris que, quelques fussent les problèmes auxquels je m'attaquais, je revenais toujours à la question des auteurs.

Si je travaillais sur une question littéraire, je devais savoir pourquoi le texte disait l'histoire de cette manière, et pas d'une autre manière. Prenons par exemple l'histoire du veau d'or. Dans le Livre de l'Exode, Dieu laisse tomber vigoureusement du Ciel les Dix Commandements aux Israélites, sur la montagne de Dieu. Moïse gravit la montagne et reçoit un exemplaire des commandements gravés sur des tables de pierre. Quand Moïse tarde à revenir, le peuple construit un veau d'or et offre des sacrifices. Son chef, celui qui se charge de faire le veau d'or, est le porte-parole de Moïse en personne, Aaron. Quand Moïse revient et voit le veau d'or, il est pris de colère et jette les tables, qui se fracassent. Il détruit le veau d'or et demande à Aaron : « Que t'a fait ce peuple pour l'avoir chargé d'un si grand péché ? » Aaron réplique que le peuple lui a demandé de faire un dieu, qu'il a jeté leur or dans le feu, « et il en est sorti le veau que voici ! »

Ma question était : qu'est-ce qui a pu faire écrire à quelqu'un un pareil récit ? Que se passait-il dans le monde de cet auteur pour qu'il[3] écrive une histoire dans laquelle son propre peuple commet une hérésie seulement quarante jours après avoir entendu Dieu parler depuis le Ciel ? Pourquoi parler d'un veau d'or et non point d'un mouton de bronze, d'un serpent d'argent, ou d'autre chose encore ? Pourquoi faire d'Aaron, traditionnellement le premier grand-prêtre d'Israël, le chef d'une hérésie ? Est-ce simplement parce que les choses s'étaient passées ainsi et que l'auteur rapportait l'histoire telle qu'il l'avait reçue ? Ou bien se passait-il des événements, dans le monde de l'auteur, qui l'incitèrent à composer l'histoire d'une certaine manière ?

Si je travaillais sur une question morale, je voulais savoir pourquoi le texte disait « agissez ainsi et non pas de cette façon ». Par exemple, il y a des lois de la guerre dans le Deutéronome, qui sont lourdes de conséquences morales. Une loi dispense de la conscription militaire tout homme qui a peur. Une autre loi interdit le viol d'une femme capturée. Les femmes du groupe vaincu doivent se voir accorder le temps de pleurer leurs proches, et ensuite, elles peuvent être prises pour femmes, ou alors il convient de leur rendre la liberté. Il me semblait important de comprendre ce qui avait donné naissance à de telles lois. Comment les critères bibliques de comportement en vinrent-il à inclure ces types particuliers de pratiques et d'interdictions ? Que se passait-il dans le monde biblique pour inciter quelqu'un à concevoir de telles lois et conduire une communauté à les adopter ?

Si c'était une question théologique qui me préoccupait, je voulais savoir pourquoi le texte représentait Dieu de telle ou telle manière. Par exemple, la Bible nous dépeint une déité souvent déchirée entre la justice divine et la compassion divine. La Bible est parcourue par une tension entre les forces qui disent « punis » et les forces qui disent « pardonne. » Quels événements et quelles idées différentes sur le caractère de Dieu, à des époques et en des lieux variés du monde biblique, ont contribué à façonner cette notion puissante et déconcertante des relations entre Dieu et l'homme ?

Les plus difficiles étaient peut-être les questions historiques. Si l'on s'intéresse à l'historicité des récits bibliques, on doit chercher à comprendre quand vivait l'auteur. L'auteur fut-il le témoin des événements qu'il décrit ? Sinon, quelles furent ses sources ? Quels étaient ses intérêts ? Était-il prêtre ou laïc, homme ou femme, était-il introduit en cour, ou était-il un homme ordinaire ? Qui voulait-il favoriser ou dénoncer, d'où venait-il ? Et ainsi de suite.

J'eus pour maître le Professeur Frank Moore Cross à l'Université de Harvard. Pendant ma deuxième année d'études, il y eut un jour une discussion durant un séminaire du Département des langues et civilisations du Proche-Orient, et le professeur Cross évoqua un autre séminaire auquel il avait participé plusieurs années auparavant. Dans ce séminaire antérieur, les participants avaient convenu de travailler sur les textes du Pentateuque depuis le début, sans préjuger de la validité de l'Hypothèse Documentaire ou de tout autre hypothèse, afin de voir, à travers une étude fraîche et attentive des textes eux-mêmes, où les mèneraient leurs découvertes. Plus tard dans la même journée, j'eus un entretien avec le professeur Cross pour prendre un cours sous sa direction. Il proposa que nous fassions ce que son séminaire avait fait des années plus tôt et je me trouvai en fin de compte aux prises avec le problème toujours actuel de la formation du texte biblique. Nous commençâmes par le début, parcourant le texte du Pentateuque, sans adhérer *a priori* à l'Hypothèse Documentaire, mais pesant les indices au fil de notre parcours. Depuis, je suis resté profondément intrigué par le problème.

J'espère en hâter la résolution par mes contributions présentées ici. Pour une large part, je défends le modèle qui fait le consensus des chercheurs depuis quelques siècles. Je présenterai de nouvelles données qui, je crois, soutiennent ce modèle. Quand je m'écarterai des universitaires qui m'ont précédé, y compris parfois de mes propres professeurs, je l'indiquerai clairement et je fournirai mes propres éclaircissements. Voici précisément ce qui est nouveau ici :

— J'entends dire plus spécifiquement qui étaient les auteurs de la Bible : non seulement quand ils ont vécu, mais où ils résidaient, le groupe auquel ils appartenaient, leurs rapports avec les principaux acteurs ou événements de leur temps, qui ils soutenaient, qui ils combattaient, et leurs buts politiques et religieux en rédigeant leurs oeuvres.

— J'entends faire la lumière sur la relation entre les différents auteurs. L'un d'eux connaissait-il une seule des oeuvres des autres ? En fait, ce fut le cas. Et cela, d'une manière quelque peu inattendue, a affecté la façon dont la Bible s'est élaborée.

— J'entends éclaircir davantage l'enchaînement des circonstances qui conduisirent à réunir l'ensemble des documents en un ouvrage unique. Cela aidera aussi à comprendre comment cette oeuvre en vint à être acceptée comme « la Bible ».

— Dans un cas précis au moins, j'entends remettre en cause la vision de la majorité concernant l'un des auteurs de la Bible, l'époque de sa vie, et pourquoi il écrivit.

— Concernant les récits bibliques, j'entends montrer pourquoi chaque récit a pris le cours qu'on lui connaît, et quel lien il entretient avec la période historique à laquelle il fut écrite.

Il est bien sûr impossible de couvrir tous les livres de la Bible dans ce seul volume. Je travaillerai sur les livres contenant la matrice de l'histoire dont le reste de la Bible (onze livres) est né. Mais je me référerai souvent à de nombreux autres livres et je discuterai les implications de ces découvertes pour la Bible dans son ensemble.

Il me semble que le meilleur moyen de commencer est de reconstruire une image du monde biblique, dans la mesure du possible, en s'appuyant sur les preuves archéologiques et la lecture la plus prudente des livres historiques de la Bible, pour tâcher de déterminer quelles sont les portions du récit biblique qui semblent historiquement fiables pour chaque période. L'étape suivante est d'identifier les auteurs bibliques qui écrivirent à chaque période et de voir dans quelle mesure les personnages et les événements de leur époque jouèrent sur la façon dont émergea leur écrit. En fin de compte, nous pourrons revenir à ce qui me préoccupait au départ : les implications de toutes ces recherches sur la façon dont les gens comprennent, apprécient et utilisent la Bible aujourd'hui.

Chapitre 1

LE MONDE QUI A PRODUIT LA BIBLE 1200-722 av. J.-C.

L'environnement

La contrée qui vit la naissance de la Bible avait à peu près la taille d'une grande région française. Elle était située sur la côte orientale de la Mer Méditerranée, carrefour naturel entre l'Afrique, l'Asie et l'Europe. La diversité du climat, du relief, de la faune et de la flore y était fabuleuse. Au nord-est se trouvait un beau lac aux eaux fraîches, la Mer de Galilée. Il s'écoulait au sud dans le Jourdain. Ce fleuve coulait droit vers le sud pour se jeter dans la Mer Morte, laquelle était aussi dissemblable de la Mer de Galilée que peuvent l'être deux étendues d'eau. La Mer Morte doit son nom à sa densité exceptionnelle en sel. Le Jourdain était entouré d'un désert brûlant. D'après les traditions de cette région, le site de la Mer Morte avait jadis été plaisant et fertile, mais les gens qui le peuplaient étaient si corrompus que Dieu fit pleuvoir du soufre et du feu sur ce lieu, jusqu'à le rendre quasi inhabitable.

Le Nord du pays était une région fertile de plaines, de petites collines et de vallées. Au centre du pays, des plages et des plaines bordaient la côte méditerranéenne à l'ouest, tandis qu'à l'est s'élevaient des collines et des montagnes. Le Sud du pays était largement désertique. Le long de la côte, il faisait chaud et humide, surtout en été. Le temps était plus sec sur les collines et plus encore dans le désert. Certains hivers étaient suffisamment froids pour qu'il neigeât sur les collines. C'était un beau pays. On pouvait contempler la beauté de la mer, la beauté du lac, des fleurs et des champs, et la beauté du désert, tout cela dans un rayon de quelques kilomètres.

Cette étonnante variété du paysage n'avait d'égale que la diversité des populations. La Bible mentionne des peuples d'origines très diverses qui se mélangèrent en ce lieu : Cananéens, Hittites, Amorites, Perizzites, Hivites, Gigashites, Jébuséens. Il y avait aussi les Philistins, qui se distinguaient des autres, et qui étaient probablement venus des îles grecques à travers la Méditerranée. Tout autour des frontières se trouvaient aussi d'autres peuples. Au nord, il y avait les Phéniciens, à qui l'on attribue généralement l'introduction de l'écriture dans la région. En longeant les côtes orientales, on trouvait la Syrie au nord, puis Ammon, Moab, et Édom au sud. Enfin bien sûr il y avait les Israélites, le peuple qu'évoquent la plupart des récits bibliques, appelé à devenir le plus nombreux au sein des frontières du pays à partir du douzième siècle avant notre ère. La contrée se trouvait sur la voie de communications entre l'Afrique et l'Asie. L'Égypte et la Mésopotamie y avaient également de grands intérêts et y exerçaient une forte influence.

Il y avait une population urbaine et une population rurale ; il est difficile de dire dans quelles proportions. Le pourcentage des citadins était certainement important. Il y eut des temps de réelle prospérité économique et des périodes de difficultés. À certaines périodes, Israël était une puissance politique influente, et à d'autres elle se trouvait sous la domination de puissances étrangères. Et bien sûr, il y eut des temps de paix, et des temps de guerre.

La religion qui dominait l'ensemble du Proche-Orient était la religion païenne. Cette dernière ne consistait pas en l'adoration d'idoles, comme on l'a longtemps pensé. Grâce à la révolution archéologique des cent dernières années, ce monde s'est ouvert à nous et nous a livré, entre autres, une meilleure compréhension de la vision païenne du monde. Rien qu'à Ninive, où l'on a fait la plus grande découverte archéologique de tous les temps, on a retrouvé cinquante mille tablettes, constituant la bibliothèque de l'empereur d'Assyrie. Dans la ville cananéenne d'Ugarit, trois mille autres tablettes furent trouvées. Nous pouvons donc lire les épopées, les prières et les mythes païens ; nous connaissons leurs lieux de culte ; et nous pouvons examiner comment leurs artistes représentaient les dieux.

La religion païenne était proche de la nature. Les gens adoraient les forces les plus puissantes de l'univers : le ciel, le vent orageux, le soleil, la fertilité, la mort. Les statues qu'ils érigeaient étaient comparables à des icônes dans une église. Elles représentaient le dieu ou la déesse, rappelaient au fidèle sa présence, exprimaient le respect des hommes pour leurs dieux, et aidaient peut-être les humains à se sentir plus proches d'eux. Mais, comme un texte babylonien le fait entendre, la statue n'était pas le dieu.

Le principal dieu de la région appelée à devenir la terre d'Israël était El. El était masculin et patriarcal ; c'était un maître. À la différence de l'autre dieu majeur de la région, Haddu (le vent d'orage[1]), El n'était identifié à aucune force de la nature. Il siégeait à la tête du conseil des dieux et prononçait les décrets du conseil.

Le dieu d'Israël était Yahvé.[2] Il était lui aussi masculin, patriarcal, autoritaire, et ne s'identifiait à aucune force de la nature. Plutôt que de décrire Yahvé en termes de forces naturelles ou par des mythes cosmiques, le peuple d'Israël parlait des actes de Yahvé dans l'histoire, comme nous le verrons.

Le peuple d'Israël parlait hébreu. Les autres langues de la région étaient proches de l'hébreu : le phénicien, le cananéen (ugaritique), l'araméen et le moabite étaient tous rattachés à la famille des langues sémitiques. Comme l'hébreu, ces langues avaient chacune leur alphabet. On écrivait sur des papyrus, qu'on scellait avec des tampons pressés dans de l'argile mouillée. Certains documents étaient écrits sur du cuir ou sur des tablettes d'argile, et parfois on les gravait aussi sur de la pierre ou sur du plâtre. Des notes plus brèves étaient parfois inscrites sur des fragments de poterie brisée.

Les gens habitaient des maisons d'un ou deux étages, principalement en pierre. Dans les villes, on bâtissait les maisons proches les unes des autres. Certaines villes possédaient des systèmes d'adduction d'eau ingénieux, à base de longs tunnels souterrains et de citernes. Certaines demeures comportaient une plomberie intérieure. Les cités étaient ceintes de murs. On se nourrissait de boeuf, d'agneau, de volaille, de pain, de légumes, de fruits et de produits laitiers. On faisait le vin et la bière. On fabriquait des pots et des jarres d'argile de toutes les tailles. Les métaux comprenaient le bronze, le fer, l'argent et l'or. On connaissait les instruments à vent, à corde et à percussion. Contrairement à l'imagerie de tous les films bibliques, on ne portait pas de keffieh (le couvre-chef arabe).

Il existe des traditions sur la préhistoire des Israélites : leurs patriarches, leurs expériences d'esclavage en Égypte et leur errance dans le désert du Sinaï. Malheureusement, nous disposons de peu d'informations historiques à ce sujet, que ce soit par l'archéologie ou par d'anciennes sources autres que la Bible. Le seuil à partir duquel nous disposons d'indices suffisants pour commencer à nous représenter la vie de la communauté biblique est le douzième siècle avant notre ère, l'époque où les Israélites s'établirent dans cette région.

La vie politique des Israélites dans les premières années était centrée sur les tribus. D'après la tradition biblique, on comptait treize tribus, que distinguaient de fortes différences de taille. Douze de ces tribus avaient chacune un territoire géographique distinct. La treizième, la tribu de Lévi, était assimilée à un groupe sacerdotal. Ses membres vivaient dans les villes des autres tribus. Chaque tribu choisissait ses propres chefs (voir la carte en fin d'ouvrage).

Certains individus acquéraient une autorité sur une tribu ou sur des groupes de tribus en vertu de leur position dans la société ou de leurs qualités personnelles. Ces personnes étaient des « juges » ou bien des prêtres. La fonction de juge ne se bornait pas à traiter les affaires légales. Elle comportait le commandement militaire. Dans les périodes de menace militaire sur une tribu ou un groupe de tribus, il pouvait arriver qu'un juge exerçât un pouvoir et une autorité considérables. Un juge pouvait être un homme ou une femme. Les prêtres, eux, étaient obligatoirement des hommes. En principe, ils devaient être des Lévites. Leur charge était héréditaire. Ils apparaissaient sur les sites religieux et présidaient les cérémonies religieuses, ce qui revenait pour l'essentiel à offrir des sacrifices. En retour de leurs services, ils recevaient une part de l'animal ou du produit sacrifié.

L'élite dirigeante de la communauté comportait également un autre type de personnage, qui exerçait une fonction particulière : le prophète. Être prophète n'était pas une fonction ou une profession comme prêtre ou juge. Une personne venue de n'importe quel horizon pouvait s'avérer prophète. Le prophète Ézéchiel était un prêtre ; le prophète Amos était un conducteur de troupeau. Le mot hébreu pour prophète est *nabi*, que l'on doit comprendre comme signifiant « appelé ». Les prophètes d'Israël étaient des hommes ou des femmes considérés comme appelés par la déité pour accomplir une tâche spéciale auprès du peuple. Cette tâche pouvait consister à encourager ou à critiquer. Elle pouvait s'exercer dans le champ de la politique, de l'éthique ou du rituel. Le prophète exprimait en général son message par la poésie ou dans une combinaison de poésie et de prose.

La montée de la monarchie

L'ère du pouvoir des juges culmina avec Samuel, un homme qui était à la fois juge, prêtre et prophète. Dernier des juges, il concentrait beaucoup d'autorité politique et religieuse. Il vivait à Silo, une ville du Nord qui jouait alors un rôle important en tant que centre religieux. Il y avait là une tente (tabernacle) qui, d'après un récit biblique, abritait l'arche contenant les tables des Dix Commandements. Une prestigieuse famille sacerdotale y exerçait une charge ; cette famille, d'après certains auteurs, descendait de Moïse.

Quand la puissance des Philistins dans la région devint trop forte pour être contenue par une ou deux tribus, le peuple chercha un chef capable de fédérer et de conduire toutes les tribus. Autrement dit, ils cherchaient un roi. Ce fut Samuel qui, non sans réticence, sacra le premier roi d'Israël, le Roi Saül. Ainsi s'achevait la période des juges, tandis que commençait la période de la monarchie. Si les juges disparaissaient, il demeurait néanmoins des prêtres et des prophètes. Israël développa une structure politique dans laquelle le roi n'était en aucun cas un souverain absolu. Au contraire, le pouvoir royal était surveillé et équilibré par les pouvoirs des chefs de tribus, des grands prêtres et, par-dessus tout, des prophètes.

Cette organisation exerçait une grande influence à la fois sur la vie politique et sur la vie religieuse d'Israël. Pour accéder à la royauté et maintenir un pouvoir stable, un homme devait gagner le soutien des chefs de tribu et être désigné par un prophète. Il avait aussi besoin de l'appui du clergé. Cette situation était due en partie au fait que les positions des prêtres, prophètes, et chefs de tribu étaient déjà bien établies à l'époque de la création de la monarchie, et en partie à la réalité de la conjoncture politique. D'une part, le roi avait besoin de troupes militaires, et c'est le recrutement dans chaque tribu qui lui fournissait les effectifs de son armée ; sans cela, il était virtuellement impuissant. D'autre part, le roi avait besoin de la légitimation par le prophète et du soutien du clergé, parce que l'État était inséparable de la religion, laquelle intervenait dans tous les domaines. Comme le soulignent souvent les manuels d'introduction à la Bible, le langage hébreu de cette époque ne comportait aucun terme pour « religion ». C'est dire que la religion ne constituait pas une catégorie séparément identifiable de croyances et de rites ; elle était au centre de la vie et l'imprégnait toute entière. Un roi n'avait pas de légitimité politique sans légitimité religieuse. Un roi qui perdait le soutien de ses prophètes et de ses prêtres courait à de grosses difficultés. C'est ce qui arriva à Saül.

Saül se brouilla avec Samuel, le prêtre-prophète qui l'avait désigné comme roi. Le Premier Livre de Samuel donne deux récits différents (par deux auteurs différents ?) des événements qui précipitèrent la rupture, mais tous deux attribuent celle-ci au fait que Saül franchit la limite de ses pouvoirs pour s'arroger les prérogatives du clergé. La réaction de Samuel fut de désigner un autre roi : David.

L'ascension de David

David était un héros bien connu de la tribu de Juda. Pour un temps, il fit partie de la suite de Saül et épousa l'une de ses filles. Non sans raison, David dut apparaître au Roi Saül comme une menace pour son trône, et tous deux devinrent rivaux. Quand David reçut le soutien des prêtres de Silo[3], Saül les fit massacrer jusqu'au dernier, sauf un qui s'échappa.

Saül régna jusqu'à sa mort au combat contre les Philistins. À sa mort, le royaume fut divisé entre son fils Ishbaal et David. Ishbaal régnait dans la partie septentrionale du pays. David régnait au Sud sur sa propre tribu, Juda. Juda était la plus grande des tribus, presque aussi grande que toutes les autres tribus réunies ; elle occupait tout le Sud du pays. Ishbaal fut assassiné et la royauté de David s'étendit alors au pays entier, du Nord au Sud.

Déjà, dans cette période initiale de l'histoire d'Israël, nous constatons des conflits entre roi et prêtre et entre roi et roi. Ces tensions politiques seraient appelées un jour à jouer un rôle décisif dans la formation de la Bible.

David émerge comme une figure marquante de la Bible. À vrai dire, il est le seul à approcher la dimension de Moïse. Il y a plusieurs raisons à cela. Tout d'abord, la Bible fournit à son sujet une quantité plus abondante de sources que sur d'autres personnages. Nous disposons du long texte connu comme « l'Histoire de la Cour de David » (dans le Deuxième Livre de Samuel), une oeuvre qui constitue à la fois un beau morceau de littérature et un exemple remarquable de chronique historique ; remarquable notamment parce qu'elle critique ouvertement ses propres héros, une pratique entièrement inconnue parmi les anciens rois du Proche-Orient.

Deuxièmement, David se distingue dans la mesure où, même si la moitié seulement de ce que dit de lui la Bible est vraie, il vécut une existence extraordinaire, tant par sa vie personnelle que par sa vie politique (pour autant qu'on puisse les séparer).

La troisième raison de cette place singulière de David parmi les figures bibliques, c'est que David a établi une lignée durable de rois qui descendaient de lui. La longévité de la dynastie davidique fut en fait l'une des plus grande de l'histoire mondiale. D'où la persistance d'un puissant courant messianique dans le judaïsme et dans le christianisme, l'espérance d'avoir toujours sous la main un descendant de David aux heures de détresse.

L'empire de David

L'une des raisons qui explique peut-être que Saül était un bon candidat comme premier roi d'Israël est qu'il venait de la tribu de Benjamin, laquelle était, en population et en territoire, une petite tribu. La menace de voir Saül et sa tribu jouer de leur position pour imposer leur domination aux autres tribus était donc faible. David, au contraire, venait de Juda, la plus grande tribu, et représentait donc la quintessence de cette menace. Il se montra toutefois un souverain habile et avisé, et engagea son royaume dans une série d'actions d'où l'unité du peuple sortit renforcée.

D'abord, il déplaça sa capitale d'Hébron, la principale ville de Juda, à Jérusalem. Jérusalem était précédemment une ville jébuséenne, mais David s'en empara, peut-être grâce au stratagème suivant : certains de ses hommes auraient escaladé la paroi presque verticale d'un tunnel d'eau suburbain. Le tunnel, connu maintenant sous le nom de puits Warren, fut dégagé parmi les excavations de la Cité de David dans la Jérusalem biblique, et ouvert au public en 1985. Puisque Jérusalem avait été occupée par les Jébuséens avant que David ne s'en empare, elle n'était affiliée à aucune des tribus d'Israël. Le choix de Jérusalem comme capitale permettait donc à David de n'offenser aucune tribu et d'atténuer l'impression qu'il voulait favoriser Juda (un peu comme le choix de Washington comme capitale des États-Unis fut judicieux parce que la ville ne fut intégrée à aucun des États). Par ailleurs, Jérusalem occupait une position relativement centrale entre le Nord et le Sud du pays.

Un autre acte de David qui devait faciliter la représentation du Nord et du Sud dans son royaume unifié fut de nommer deux grands-prêtres à Jérusalem, l'un du Nord et l'autre du Sud. Un peu à la manière de l'Israël moderne où cohabitent deux grands rabbins, l'un sépharade et l'autre ashkénaze, les deux grands-prêtres de David étaient une façon de satisfaire deux circonscriptions initialement séparées et désormais réunies. Le grand-prêtre nordiste de David était Ébyatar, le seul prêtre rescapé du massacre par Saül des prêtres de Silo. Quant au grand-prêtre sudiste de David, Sadoq, il venait de l'ancienne capitale de David en Judée, la ville d'Hébron. Sadoq et les prêtres d'Hébron semblent avoir été tenus pour des descendants d'Aaron, le premier grand-prêtre d'Israël. Par cette double prêtrise suprême, David semble avoir été l'artisan d'un compromis, non seulement entre le Nord et le Sud, mais aussi entre deux familles sacerdotales anciennes, prestigieuses, et importantes politiquement : la famille de Moïse et la famille d'Aaron.

Tout aussi importante pour cimenter l'unité de son royaume fut la stratégie matrimoniale de David. Il épousa des femmes venant de plusieurs régions politiquement importantes. Le lien social entre chacune de ces régions et la famille royale ne pouvait qu'en sortir renforcé.

L'une des meilleures décisions politiques de David fut la création d'une armée de métier constamment mobilisée. Cette force militaire incluait des étrangers (Chérétites, Pélétites, Hittites) et devait rendre compte à David et au général qu'il avait personnellement choisi. David n'avait donc plus à dépendre des tribus pour mobiliser des conscrits dans les temps de crise. Grâce à une série de victoires militaires, David amena sous sa domination Édom, Moab, Ammon, la Syrie et peut-être la Phénicie. Il bâtit un empire qui s'étendait du fleuve égyptien (non pas le Nil, mais l'oued El Arish) jusqu'à l'Euphrate en Mésopotamie. Il fit de Jérusalem le coeur tant religieux que politique de son empire, y installant le signe même du sacré, l'arche, tandis que les deux grands-prêtres y résidaient. C'était un empire qui comptait dans le monde politique de son temps.

La famille royale

Pour saisir de quelle façon la vie, les événements et les personnalités de ce monde produisirent la Bible, on doit aussi se pencher sur l'histoire de la famille royale. Les relations, conflits et alliances politiques des membres de cette famille affectèrent le cours de l'histoire et, ce faisant, le caractère de la Bible.

De nombreuses épouses signifiaient aussi pour David un très grand nombre d'enfants, qui étaient entre eux des demi-frères et soeurs. L'aîné et héritier présomptif était Amnon. La Chronique Royale de David rapporte, dans une facture sexiste classique, comment Amnon commença par violer puis rejeter sa demi-soeur Tamar. Tamar était fille de David et d'une princesse Geshurite. Le frère (à part entière) de Tamar, Absalom, la vengea en tuant Amnon. L'élimination d'Amnon faisait bien plus toutefois que de venger l'outrage subi par la soeur d'Absalom, elle faisait de ce dernier un prétendant au trône. Ainsi va la politique sous la monarchie : liens familiaux et politiques sont inextricables. Absalom entra plus tard en rébellion contre son père. Les troupes rassemblées par les tribus soutinrent Absalom, alors que l'armée professionnelle était avec David. Les professionnels l'emportèrent. Absalom fut tué.

Dans la vieillesse de David, deux autres de ses fils luttèrent pour lui succéder : Adonias, l'un de ses fils les plus âgés, et Salomon, fils de l'épouse favorite de David, Bethsabée. Chaque fils avait ses partisans dans le palais. Adonias semble avoir joui du soutien des autres princes. Le général qui supervisait les mobilisations tribales lui était aussi acquis. Salomon avait pour lui le prophète Nathan et sa mère Bethsabée, tous deux fort influents auprès de David, et il avait aussi pour lui le général de l'armée de métier.

Deux autres hommes devaient prendre position dans ces intrigues de palais et leur participation pesa finalement d'une façon décisive sur l'histoire d'Israël et sur la Bible. Il s'agissait des deux grands-prêtres. Ébyatar, prêtre nordiste de l'ancienne prêtrise de Silo et descendant présumé de Moïse, soutint Adonias. Sadoq, le sudiste d'Hébron, de la tribu de Juda, et descendant présumé d'Aaron, soutint Salomon.

David choisit Salomon. Soutenu par l'armée professionnelle, Salomon l'emporta sans combat.

À la mort de David, Salomon ordonna l'exécution de son demi-frère Adonias et du général d'Adonias, Joab. Salomon ne pouvait cependant pas éliminer facilement le prêtre Ébyatar. Exécuter un grand-prêtre n'était tout de même pas une mince affaire pour le roi. Mais il ne pouvait tolérer la présence continue au pouvoir de ceux qui s'étaient opposés à sa succession sur le trône. Salomon chassa donc Ébyatar de la prêtrise de Jérusalem et de Jérusalem tout court. Il l'exila dans un domaine d'Anatot, un petit village situé à quelques kilomètres de la capitale.

L'empire de Salomon

Salomon est réputé pour sa sagesse. Dans l'histoire biblique, on le voit maintenir un pouvoir fort et prospère en exerçant son talent sur les fronts diplomatique et économique plutôt que sur les champs de bataille, comme l'avait fait son père David. Il surpassa ce dernier dans la diplomatie matrimoniale. La chronique biblique rapporte qu'il eut sept cents filles de rois comme épouses, et trois cents concubines. Même en tenant cela pour une exagération, cela indique que les mariages politiques occupèrent un rôle majeur de son action. Il se lança dans le commerce en Afrique et en Asie, tirant avantage de la situation géographique d'Israël. Il amassa d'énormes quantités d'or et d'argent. Il fit construire un temple à Jérusalem et y plaça l'arche. L'image de Jérusalem, comme centre religieux de la nation autant que comme capitale politique, en sortit renforcée.

Le Temple n'était pas d'une taille impressionnante. Il était seulement long de soixante coudées et large de vingt. Une coudée a la longueur d'un bras humain entre le coude et la deuxième jointure de la main, soit environ quarante-cinq centimètres. La taille du Temple n'avait pas vraiment d'importance, en vérité, car personne ne fut jamais autorisé à y entrer, sinon les prêtres. Les cérémonies et sacrifices se déroulaient dans une cour d'enceinte formant l'entrée du Temple. Les qualités du Temple étaient plutôt à rechercher dans ses caractéristiques physiques et son contenu. Ses murs étaient recouverts de panneaux de cèdre. L'intérieur comportait deux espaces, une salle extérieure appelée le Saint et un sanctuaire intérieur appelé Saint des Saints.

Le Saint des Saints était un cube parfait, avec une longueur, une largeur et une hauteur de vingt coudées. Y trônaient deux prodigieuses statues, les chérubins. Les chérubins, dans cet univers, n'étaient pas les petits garçons angéliques d'un art postérieur, décochant leurs flèches sur les amoureux. Un chérubin était un sphinx, ayant habituellement le corps d'un animal quadrupède, la tête d'un humain et les ailes d'un oiseau. Les chérubins du Temple étaient taillés dans l'olivier et plaqués d'or. Il ne s'agissait pas d'idoles. Ils constituaient plutôt le trône de Yahvé, qui siégeait invisiblement sur eux. Sous leurs ailes, au milieu de la salle, se trouvait le trésor sacré d'Israël, l'arche, un coffret d'or contenant les tables des Dix Commandements.

Outre le Temple, Salomon développa une foule d'autres projets architecturaux. Il se fit construire un grand palais, plus vaste que le Temple. Il couvrit aussi le pays de fortifications militaires.

Le portrait du Roi Salomon qui ressort de la Bible est donc celui d'un grand monarque de l'antiquité proche-orientale. Si l'on veut porter un regard sur ce monde pour y saisir, en particulier, les problématiques politiques de l'époque, il faut d'abord avoir une bonne connaissance géographique du pays. Il faut ensuite avoir une véritable sensibilité aux forces politiques et économiques. Il faut enfin savoir lire attentivement ce que beaucoup de gens considèrent comme les passages les plus ennuyeux de la Bible : les listes de territoires, les projets architecturaux, et les commentaires sur les évolutions politiques des pays voisins. Celui qui a le mieux analysé tout cela est à mon sens Baruch Halpern, un spécialiste américain de la Bible. Je suis arrivé à certaines conclusions sur les auteurs de la Bible en appliquant ses aperçus sur l'histoire politique à la Bible. Ce qui est impressionnant dans l'analyse d'Halpern sur le monde politique de Salomon, c'est qu'il l'écrivit à l'âge d'à peine vingt ans, alors qu'il étudiait à Harvard en 1972. Il démontra que la politique intérieure et étrangère de Salomon menaçait l'unité du pays.

Un pays déchiré

Nous devons garder à l'esprit que le pays avait jadis été constitué de deux royaumes, l'un du Nord, l'autre du Sud, et que celui du Nord avait regroupé lui-même plusieurs tribus. Les vieilles divisions tribales ne s'étaient pas éteintes sous David et Salomon, non plus que le souvenir de l'indépendance du Nord. Or la politique de Salomon lui aliéna à maints égards les nordistes au lieu de lui attirer leur soutien.

Il avait, par exemple, démis le grand-prêtre de la communauté du Nord, Ébyatar. Autre chose : il y avait bien sûr des impôts dont tout le monde, au Nord comme au Sud, devait s'acquitter, mais, comme l'a montré Halpern, le registre des projets architecturaux de Salomon démontre une affectation disproportionnée des revenus fiscaux à des projets de défense militaire au Sud. Salomon voulait garantir à sa propre tribu de Juda une protection contre la menace militaire égyptienne. Mais la Syrie eut beau se détacher de son empire durant cette période, Salomon n'accorda point aux tribus du Nord une protection égale contre la menace pourtant bien réelle que faisait peser sur eux la Syrie. Les gens du Nord payaient pour la sécurité du Sud.

Autre exemple de la politique de Salomon vis-à-vis du Nord : il reçut, pour construire le Temple et son palais, l'aide de Hiram de Tyr, roi des Phéniciens, qui était son beau-père (Salomon était le gendre de presque tous les rois du Proche-Orient antique). Hiram fournit les cèdres du Liban et cent vingt talents d'or. En retour, Salomon céda au roi phénicien une région du Nord d'Israël contenant vingt localités. Encore une action qui nous montre que Salomon bâtissait son propre capital aux seuls dépens du Nord.

Il est une politique de Salomon en particulier qui interférait directement dans la structure tribale. Salomon mit sur pieds douze districts administratifs, chacun d'eux ayant pour fonction de ravitailler la cour de Jérusalem en nourriture pendant un mois de l'année. Les limites de ces nouveaux districts ne recoupaient pas les limites existantes des douze tribus. Salomon désigna personnellement les chefs de chaque district administratif. C'était un étrange charcutage, comme si le Président des États-Unis découpait cinquante nouvelles circonscriptions fiscales ne coïncidant pas avec les cinquante états existants, et s'il plaçait chacune d'elles sous un administrateur désigné au lieu de son gouverneur et de ses législateurs élus. Le redécoupage de Salomon, pour ne rien arranger, ne concernait que le Nord. Les douze nouveaux districts n'incluaient pas le territoire de Juda.

Si tout cela ne suffisait pas à convaincre le peuple des intentions royales d'exercer depuis Jérusalem un contrôle centralisé et puissant, Salomon prit encore une autre mesure économique qui ne laissait guère place au doute. Il institua le *missîm*. Le terme hébreu *missîm* désigne une sorte d'impôt constitué non point d'argent, mais de travail physique. Les citoyens étaient réquisitionnés chaque année pour offrir un mois de travail au gouvernement. Étant donné que nous parlons d'Israël, une nation qui se souvenait d'avoir connu l'esclavage en Égypte et qui était maintenant libre, une loi de réquisition du travail devait être une pilule amère à avaler. Deux détails nous prouvent combien cela était amer. Le premier est que l'un des auteurs de l'Exode décrira plus tard les contremaîtres *égyptiens* des esclaves israélites non pas du terme habituel de « chefs de corvée », mais comme des « officiers de *missîm* ». Dans le prochain chapitre, j'identifierai l'homme qui parlait ainsi ; ce n'était pas un ami de la famille royale.

Le deuxième détail est un incident qui eut lieu peu après la mort de Salomon. Quelque rancoeur qu'ait pu inspirer la politique de Salomon aux tribus du Nord, il avait été assez fort pour contrôler la tension et maintenir l'unité de la nation, et les tribus du Nord ne firent pas sécession durant son règne. Mais, quand Salomon mourut, son fils, le Roi Réhoboam, fut incapable de maintenir le royaume uni. Réhoboam se rendit à Sichem, ville importante du Nord, pour le couronnement. Les chefs nordistes lui demandèrent s'il comptait poursuivre la politique de son père. Réhoboam répondit par l'affirmative. Les tribus du Nord firent alors sécession. Un indicateur de ce qui les dérangeait est l'incident auquel j'ai fait allusion : leur premier acte de rébellion fut de lapider à mort un officier de Réhoboam, qui n'était autre que le chef des *missîm*.

Ainsi Réhoboam ne demeura que le maître de la tribu de Juda (et de celle de Benjamin, qui était sous le contrôle de Juda). Le reste d'Israël se donna comme roi un homme nommé Jéroboam. L'empire de David était maintenant deux nations : Israël au nord, Juda au sud.* En étudiant la vie des deux royaumes, particulièrement leur vie religieuse, nous serons en mesure d'identifier deux des auteurs de la Bible.

Israël et Juda

La similarité des noms des deux monarques, Réhoboam et Jéroboam, n'est pas un hasard. En hébreu, les deux noms peuvent signifier que le peuple doit s'accroître ou s'étendre. Chaque roi semble avoir choisi de régner sous un nom qui indiquait son objectif : étendre son contrôle d'une partie de l'ex-nation unifiée. Réhoboam siégeait à Jérusalem, la ville de David. Jéroboam fit de Sichem la capitale du nouveau royaume du Nord.

La division politique du pays en deux fut très lourde de conséquences pour la religion, car cette dernière n'était pas séparée de l'État. Jérusalem avait été à la fois la capitale

---

*Dans la suite, Israël désigne généralement le Royaume du Nord, et Juda le Royaume du Sud (tandis que la Judée désigne le territoire occupé par ce dernier). Toutefois, Israël désigne aussi l'ensemble des deux royaumes et, après la disparition du Royaume du Nord en 722, s'identifiera donc avec Juda, la structure tribale ayant à cette date pratiquement disparu. (NdE)

politique et le centre religieux du pays. Jéroboam, le roi d'Israël, se trouvait donc placé dans une position très difficile. Israël et Juda auraient pu devenir deux nations séparées, mais ils partageaient encore la même religion. Tous deux adoraient le Dieu Yahvé. Tous deux étaient porteurs de croyances et de traditions relatives aux patriarches, à l'esclavage en Égypte et à l'exode, ainsi qu'à des expériences sur une montagne dans le désert du Sinaï. Le Temple, l'arche et le grand-prêtre de cette religion se trouvaient tous à Jérusalem. Cela se traduisait, au moment des fêtes surtout, mais aussi en d'autres occasions, par un afflux massif de population du Nord, qui franchissait la frontière de Juda, emportant avec elle du bétail et d'autres produits en quantités importantes pour les sacrifices. Les gens se rendaient dans la cité de *David*, priaient et sacrifiaient au temple de *Salomon*, et pouvaient voir le roi *Réhoboam* au centre de toutes ces activités. C'était un scénario bien peu propice à emplir de sérénité le coeur de Jéroboam.

Jéroboam ne pouvait pas créer une nouvelle religion pour dissuader le peuple d'aller à Jérusalem. Mais ce qu'il pouvait faire, et ce qu'il fit, c'était créer pour son nouveau royaume une *version* nationale de la religion commune.

Ainsi le Royaume d'Israël, comme celui de Juda, continua d'adorer Yahvé, mais Jéroboam établit de nouveaux centres religieux, de nouvelles fêtes, et de nouveaux symboles de la religion. Les nouveaux centres religieux, qui devaient se substituer à Jérusalem, étaient les villes de Dan et Béthel. Dan était la ville la plus au nord d'Israël, et Béthel l'une des plus au sud. Béthel était faiblement distante du nord de Jérusalem, sur la frontière entre Israël et Juda ; ainsi, tous les Israélites du Nord qui voudraient rendre un culte à Jérusalem seraient enclins à s'arrêter à Béthel, au lieu de poursuivre leur ascension vers Jérusalem.

La nouvelle fête religieuse nationale de Jéroboam était célébrée à l'automne, un mois après la principale fête d'automne de Juda. Les symboles de la nouvelle religion n'étaient plus les deux chérubins d'or de Jérusalem, mais deux veaux d'or fondu. En fait, le terme « veau », que l'on trouve dans presque toutes les traductions, induit en erreur. Le mot du texte hébreu désigne un jeune taureau, qui est un symbole de force, alors qu'une impression de faiblesse se dégage habituellement du terme « veau ». Le jeune taureau était souvent associé au dieu El, le dieu principal des Cananéens, que l'on appelait d'ailleurs « El-le-taureau » . Il y a donc quelque raison de croire que la version de la religion de Jéroboam créait volontairement une identité entre Yahvé et El. La fusion entre Yahvé et El avait en outre l'avantage d'unir plus étroitement la population d'Israël et le peuple cananéen resté nombreux dans le royaume de Jéroboam.

Jéroboam plaça l'un des deux veaux d'or à Béthel et l'autre à Dan. Cela faisait impression, car les veaux, comme les chérubins, n'étaient pas des statues de dieux, mais seulement le piédestal du dieu invisible, Yahvé. Ainsi se dégageait l'image d'un Dieu trônant sur l'ensemble du Royaume d'Israël, du Nord jusqu'au Sud, et non pas seulement sur le Temple, comme à Juda.

Les prêtres du Roi Jéroboam

Le choix de Jéroboam en matière sacerdotale était crucial. Les Lévites du Nord avaient beaucoup souffert sous Salomon. Par exemple, nombre d'entre eux avaient vécu dans les vingt cités que Salomon avait donné à Hiram, le roi phénicien. Ceux qui venaient de Silo avaient souffert le plus. Au temps des juges, Silo avait été l'emplacement du Tabernacle et de l'arche, et donc le lieu saint central du peuple. C'était Samuel, le prêtre-prophète-juge de Silo, qui avait désigné et oint les deux premiers rois, Saül et David. Ébyatar, l'un des prêtres de Silo, avait été l'un des deux grands-prêtres sous David. Puis Salomon avait chassé Ébyatar, pour le punir de son soutien à son frère dans la lutte de succession, et les prêtres de Silo demeurèrent sans pouvoir à Jérusalem. Ces membres de la vieille élite sacerdotale d'Israël avaient plus de raisons que quiconque de s'estimer trahis et exclus par la famille royale de Jérusalem. Il est donc intéressant et guère surprenant que le prophète qui déclencha la sécession et désigna Jéroboam comme roi ait été un certain Ahiyya de Silo.

Mais les prêtres de Silo se sentirent trahis et exclus derechef. Jéroboam ne les plaça ni à Dan, ni à Béthel. À Dan, il y avait un clergé ancien et établi, fondé par le petit-fils de Moïse, d'après le Livre des Juges. Ce clergé continua probablement d'y fonctionner. À Béthel, Jéroboam plaça des nouveaux-venus, y compris des gens qui n'étaient point lévites, pour servir à l'autel du veau d'or. D'après un texte biblique, il n'était plus nécessaire d'être lévite pour être désigné comme prêtre sous Jéroboam, mais simplement de savoir si l'on pouvait « se remplir les mains » avec un jeune taureau et sept béliers.

Les prêtres de Silo n'occupaient aucune place dans la nouvelle structure religieuse de Jéroboam. Il condamnèrent les veaux d'or, symbole de la nouvelle religion, comme une hérésie. Le prophète Ahiyya, celui-là même auquel on attribue la désignation de Jéroboam comme roi, aurait plus tard prophétisé la chute de la famille de Jéroboam en raison de l'hérésie. Puisque la tribu de Lévi n'avait pas de territoire propre comme les autres tribus, les Lévites de Silo et d'autres villes d'Israël n'avaient que deux choix possibles : se rendre à Juda et tenter d'y trouver place dans la hiérarchie, ou demeurer au Nord et y vivre tant bien que mal, qui en accomplissant divers services religieux en dehors des deux grands centres, qui en s'attirant la générosité d'autrui. Les prêtres de Silo avaient beau se prévaloir d'être des descendants de Moïse, leur situation d'alors, ou plutôt leur absence de situation dans les deux royaumes, doit avoir été bien amère pour eux. Jadis élites de la nation, ils étaient tombés au rang de pauvres assistés sans terre.

La chute d'Israël

Le pays lui-même comportait à présent deux nations, liées mais désunies. Elles partageaient une langue commune, un trésor de traditions et des formes similaires (mais non identiques) d'expression religieuse. La somme des deux royaumes occupait une superficie modeste. Leur contrôle des autres régions diminua considérablement. La Syrie et la

Phénicie s'étaient déjà affranchies de l'empire, à l'époque de Salomon. Après la division du royaume, Juda contrôla Édom, sur son flanc est, pendant environ un siècle, puis Édom se rebella et reprit sa liberté. Israël contrôla Moab pendant la même période de temps, et Moab ensuite se rebella et devint indépendante. Israël et Juda n'étaient plus que deux petits royaumes vulnérables, à la merci des puissantes nations comme l'Égypte ou l'Assyrie (voir la carte en fin d'ouvrage).

En Israël, au Nord, la monarchie était instable. Aucune famille royale n'occupa le trône plus de quelques générations. Le royaume dura deux cents ans. Puis l'Empire assyrien s'en empara en 722 et mit un terme à son existence comme nation. La population fut dispersée. Les Assyriens déportèrent de nombreux Israélites en exil en divers lieux de l'Empire assyrien. Les exilés d'Israël ont alors reçu le nom de dix tribus perdues d'Israël. Probablement, de nombreux réfugiés, fuyant l'approche des forces assyriennes, quittèrent Israël pour Juda.

À Juda, la monarchie fut extrêmement stable, l'une des plus longues dynasties régnantes de toute l'histoire mondiale. Juda survécut plus de cent ans à la destruction d'Israël.

C'est durant les deux cents ans de coexistence des deux royaumes que vécurent deux des auteurs que nous recherchons. Chacun composa une version de l'histoire du peuple. Les deux versions furent intégrées dans ce qui devint par la suite la Bible. Pourvus d'une image générale des premières années du monde biblique, nous sommes maintenant en mesure d'identifier ces deux auteurs de la Bible.

Chapitre 2

J et E

Deux pistes se rejoignent

Deux mille cinq cents ans après les événements que nous venons de décrire dans le précédent chapitre, trois hommes qui, indépendamment, cherchaient les auteurs de la Bible firent la même découverte. Il s'agissait d'un pasteur, d'un médecin, et d'un professeur. Leur découverte commune reposait sur la combinaison de deux observations : les doublets et les deux noms de Dieu. Ils s'aperçurent qu'il semblait y avoir, pour un grand nombre de récits bibliques, deux versions distinctes : deux versions de la création, deux versions pour plusieurs histoires sur les patriarches Abraham et Jacob, et ainsi de suite. Puis ils découvrirent qu'assez souvent, une des deux versions de l'histoire désignait Dieu d'un nom et l'autre version d'un nom différent.

Dans le cas de la création, par exemple, le premier chapitre de la Bible rapporte à sa manière comment le monde fut créé, et le deuxième chapitre débute avec une autre version du même événement.[1] Sur bien des points, ces deux récits se répètent, mais sur plusieurs points ils se contredisent. Par exemple, l'ordre dans lequel procède le créateur y est différent. Dans la première version, Dieu crée d'abord les plantes, puis les animaux, puis l'homme et la femme. Dans la deuxième version, Dieu crée l'homme en premier. Puis il crée les plantes. Et, pour que l'homme ne soit pas seul, Dieu crée les animaux. En dernier lieu, parce que l'homme ne trouve pas de compagnon satisfaisant parmi les animaux, Dieu crée la femme. Ainsi avons-nous :

Genèse 1	**Genèse 2**
plantes	homme
animaux	plantes
homme & femme	animaux
	femme

Les deux histoires offrent deux images bien différentes. Partant de là, nos trois chercheurs notèrent que la première version du récit de la création appelle toujours le créateur Elohim, un terme général qui signifie simplement Dieu (trente-cinq fois). La deuxième version le désigne toujours par son nom, Yahvé (onze fois). La première version ne l'appelle jamais Yahvé, et la deuxième version ne l'appelle jamais Dieu.

Plus tard vient le récit du grand déluge et de l'arche de Noé, et là aussi, nous avons deux versions séparées qui tantôt se recoupent et tantôt se contredisent.[2] Et de nouveau, nous découvrons qu'une version appelle toujours la déité Dieu, tandis que l'autre l'appelle Yahvé. Il y a également deux versions de l'alliance entre la déité et Abraham.[3] La encore, dans l'une la déité se présente comme Yahvé, et dans l'autre comme Dieu. Et ainsi de suite. Les chercheurs conclurent qu'ils n'avaient pas simplement affaire à un livre qui se répétait et se contredisait, mais à deux ouvrages distincts, que *quelqu'un* avait découpés et fondus en un.

La découverte des sources

Le premier des trois chercheurs à faire cette découverte était un pasteur allemand, du nom de Henning Bernhard Witter, en 1711. Son livre eut fort peu d'impact et il était tombé dans l'oubli, quand on le redécouvrit deux siècles plus tard, en 1924.

Le deuxième chercheur était Jean Astruc, un professeur de médecine français, médecin à la cour de Louis XV. Il publia ses découvertes à l'âge de soixante-dix ans, anonymement à Bruxelles et secrètement à Paris, en 1753. Son livre aussi rencontra fort peu d'écho. D'aucuns le minimisèrent, en partie peut-être parce que son auteur était médecin et non bibliste.

Mais quand un troisième homme, qui était un érudit, fit la même découverte et la publia en 1780, le monde ne pouvait plus l'ignorer. Il s'agissait de Johann Gottfried Eichhorn, savant connu et respecté en Allemagne, et fils de pasteur. Il désigna le groupe de récits bibliques où la déité est nommée Dieu, sous le nom de groupe « E », parce que le mot hébreu pour Dieu est El ou Élohim. Quant au groupe de récits où la déité est Yahvé, il l'appela « J » (qui, en allemand se prononce comme le Y français).

Cette idée d'un récit biblique composé de deux livres originellement distincts, écrits par deux auteurs différents, ne dura que dix-huit ans. On n'avait pas encore eu le temps de réfléchir aux conséquences de cette idée sur la religion, lorsque des chercheurs découvrirent que les cinq premiers livres de la Bible n'avaient pas seulement deux auteurs, mais quatre.

Ils découvrirent que E provenait non d'une mais de deux sources. Elles avaient pu apparaître comme une seule et même source parce que toutes eux appelaient dieu Élohim et non pas Yahvé. Mais nos savants découvrirent que, même au sein de ce groupe de récits qui appelaient la déité Élohim, il y avait encore des doublets. Il y avait aussi des différences de style, de langage, et des divergences d'intérêts. En bref, le même genre d'indices qui avaient conduit à la découverte de J et E conduisait maintenant à isoler une troisième source, cachée au sein de E. Les différences d'intérêts sont intrigantes. Ce troisième recueil de récits semble s'intéresser particulièrement aux prêtres. On y trouve des histoires de prêtres, des lois sur les prêtres, et des indications sur le rituel, le sacrifice, l'encens, la pureté, ainsi qu'une attention portée aux dates, nombres et mesures. Cette source en vint donc à être appelée la source sacerdotale ; en abrégé, P.

Les sources J, E et P parcourent les quatre premiers des Cinq Livres de Moïse : Genèse, Exode, Lévitique et Nombres. Cependant, il n'y a pratiquement aucune trace d'elles dans le cinquième livre, le Deutéronome, sinon quelques lignes dans les derniers chapitres. Le Deutéronome est rédigé dans un style complètement différent de ceux des quatre autres livres. Les différences sont flagrantes même après traduction. Le vocabulaire diffère. Les expressions récurrentes et les phrases favorites ne sont pas les mêmes. On trouve dans le Deutéronome des doublets de sections entières des quatre premiers livres, mais aussi des contradictions flagrantes de détail avec ceux-ci. Même dans la formulation des Dix Commandements, certaines parties sont différentes. Le Deutéronome s'avérait donc être un texte indépendante, une quatrième source. On l'appela D.

La découverte que la Torah de Moïse était vraiment quatre livres originellement séparés n'était pas nécessairement sacrilège. Après tout, le Nouveau Testament commençait lui aussi par quatre évangiles—Matthieu, Marc, Luc et Jean—chacun ayant sa manière particulière de dire l'histoire. Pourquoi alors y eut-il une réaction si hostile, parmi les Chrétiens et les Juifs, à la suggestion que l'Ancien Testament (ou la Bible juive) commençait lui aussi par quatre « évangiles » ? La différence était, d'une part, que les quatre sources de la Bible hébraïque avaient été mêlées très intimement et, d'autre part, qu'elles avaient été acceptées comme texte de Moïse pendant très longtemps, presque deux mille ans ; les nouvelles découvertes entraient en collision avec une tradition sacrée ancienne et reconnue. Les chercheurs bibliques étaient en train d'effilocher un tissu finement brodé, et personne ne savait où mèneraient les nouvelles recherches.

Les deux histoires de Noé

Jamais livre sur terre ne fut composé de plus extraordinaire façon que ces premiers livres de la Bible. Imaginez qu'on demande à quatre auteurs différents d'écrire un livre traitant du même sujet, puis qu'on segmente chacune des quatre versions différentes pour les combiner en un long récit continu, et qu'enfin on déclare qu'une même personne a écrit tout cela. Puis imaginez qu'on donne le livre à des détectives, à charge pour eux de découvrir (1) que le livre n'est pas l'oeuvre d'un seul auteur, (2) qu'il y a quatre auteurs, (3) qui sont ces quatre auteurs et (4) qui a combinés les quatre récits initiaux.

Pour les lecteurs désireux de mieux saisir à quoi cela peut ressembler, j'ai traduit l'histoire biblique de l'arche de Noé, telle qu'elle apparaît dans la Genèse, avec ses deux sources imprimées dans deux types de caractère.* L'histoire du déluge est une combinaison des sources J et P. J est ici écrit en caractères réguliers, alors que P est écrit en lettres majuscules et en caractères gras. Si vous lisez l'une ou l'autre source du début à la fin, revenez en arrière et lisez l'autre, vous serez en mesure de voir par vous-même deux récits continus et complets, chacun avec son propre vocabulaire et ses propres préoccupations.

---

* **Pour l'édition française, la traduction utilisée est celle de la *Bible de Jérusalem*, légèrement modifiée lorsqu'elle diverge de celle de l'auteur. (NdE)**

Le Déluge — Genèse 6/5-8/22

(P est en caractères gras et majuscules, J est en caractères normaux.)

Genèse 6 :

5 Yahvé vit que la méchanceté de l'homme était grande sur la terre et que son coeur ne formait que de mauvais desseins à longueur de journée.

6 Yahvé se repentit d'avoir fait l'homme sur la terre et il s'affligea dans son coeur.

7 Et Yahvé dit : « Je vais effacer de la surface du sol les hommes que j'ai créés—et avec les hommes, les bestiaux, les bestioles et les oiseaux du ciel—, car je me repens de les avoir faits. »

8 Mais Noé avait trouvé grâce aux yeux de Yahvé.

9 **VOICI L'HISTOIRE DE NOÉ : NOÉ ÉTAIT UN HOMME JUSTE, INTÈGRE PARMI SES CONTEMPORAINS, ET IL MARCHAIT AVEC DIEU.**

10 **NOÉ ENGENDRA TROIS FILS : SEM, CHAM ET JAPHET.**

11 **LA TERRE SE PERVERTIT AU REGARD DE DIEU ET ELLE SE REMPLIT DE VIOLENCE.**

12 **DIEU VIT LA TERRE : ELLE ÉTAIT PERVERTIE, CAR TOUTE CHAIR AVAIT UNE CONDUITE PERVERSE SUR LA TERRE.**

13 **DIEU DIT À NOÉ : « LA FIN DE TOUTE CHAIR EST ARRIVÉE, JE L'AI DÉCIDÉ, CAR LA TERRE EST PLEINE DE VIOLENCE À CAUSE DES HOMMES ET JE VAIS LES FAIRE DISPARAÎTRE DE LA TERRE.**

14 **FAIS-TOI UNE ARCHE EN BOIS RÉSINEUX, TU LA FERAS EN ROSEAUX ET TU L'ENDUIRAS DE BITUME EN DEDANS ET EN DEHORS.**

15 **VOICI COMMENT TU LA FERAS : TROIS CENTS COUDÉES POUR LA LONGUEUR DE L'ARCHE, CINQUANTE COUDÉES POUR SA LARGEUR, TRENTE COUDÉES POUR SA HAUTEUR.**

16 TU FERAS À L'ARCHE UN TOIT ET TU L'ACHÈVERAS UNE COUDÉE PLUS HAUT, TU PLACERAS L'ENTRÉE DE L'ARCHE SUR LE CÔTÉ ET TU FERAS UN PREMIER, UN SECOND ET UN TROISIÈME ÉTAGE.

17 POUR MOI, JE VAIS AMENER LE DÉLUGE, LES EAUX, SUR LA TERRE, POUR EXTERMINER DE DESSOUS LE CIEL TOUTE CHAIR AYANT SOUFFLE DE VIE : TOUT CE QUI EST SUR LA TERRE DOIT PÉRIR.

18 MAIS J'ÉTABLIRAI MON ALLIANCE AVEC TOI ET TU ENTRERAS DANS L'ARCHE, TOI ET TES FILS, TA FEMME ET LES FEMMES DE TES FILS AVEC TOI.

19 DE TOUT CE QUI VIT, DE TOUT CE QUI EST CHAIR, TU FERAS ENTRER DANS L'ARCHE DEUX DE CHAQUE ESPÈCES POUR GARDER EN VIE AVEC TOI ; QU'IL Y AIT UN MÂLE ET UNE FEMELLE.

20 DE CHAQUE ESPÈCE D'OISEAUX, DE CHAQUE ESPÈCE DE BESTIAUX, DE CHAQUE ESPÈCE DE TOUTES LES BESTIOLES DU SOL, UN COUPLE VIENDRA AVEC TOI POUR QUE TU LES GARDES EN VIE.

21 DE TON CÔTÉ, PROCURE-TOI DE TOUT CE QUI SE MANGE ET FAIS-EN PROVISION : CELA SERVIRA DE NOURRITURE POUR TOI ET POUR EUX. »

22 NOÉ AGIT AINSI ; TOUT CE QUE DIEU LUI AVAIT COMMANDÉ, IL LE FIT.

Genèse 7 :

1 Yahvé dit à Noé : « Entre dans l'arche, toi et toute ta famille, car je t'ai vu seul juste à mes yeux parmi cette génération.

2 De tous les animaux purs, tu prendras sept paires, le mâle et sa femelle ; et de tous les animaux impurs, une paire, le mâle et sa femelle,

3 et aussi des oiseaux du ciel, sept paires, le mâle et sa femelle, pour perpétuer la race sur toute la terre.

4 Car encore sept jours et je ferai pleuvoir sur la terre pendant quarante jours et quarante nuits, et j'effacerai de la surface du sol tous les êtres que j'ai faits. »

5 Noé fit tout ce que Yahvé lui avait commandé.

6 **NOÉ AVAIT SIX CENTS ANS QUAND ARRIVA LE DÉLUGE, LES EAUX SUR LA TERRE.**

7 Noé—avec ses fils, sa femme et les femmes de ses fils—entra dans l'arche pour échapper aux eaux du déluge.

8 **DES ANIMAUX PURS ET DES ANIMAUX QUI NE SONT PAS PURS, DES OISEAUX, ET DE TOUT CE QUI RAMPE SUR LE SOL,**

9 **UN COUPLE ENTRA DANS L'ARCHE DE NOÉ, UN MÂLE ET UNE FEMELLE, COMME DIEU L'AVAIT ORDONNÉ À NOÉ.**

10 Au bout de sept jours, les eaux du déluge vinrent sur la terre.

11 **EN L'AN SIX CENT DE LA VIE DE NOÉ, LE SECOND MOIS, LE DIX-SEPTIÈME JOUR DU MOIS, CE JOUR-LÀ JAILLIRENT TOUTES LES SOURCES DU GRAND ABÎME ET LES ÉCLUSES DU CIEL S'OUVRIRENT.**

12 La pluie tomba sur la terre pendant quarante jours et quarante nuits.

13 **CE JOUR MÊME, NOÉ ET SES FILS, SEM, CHAM ET JAPHET, AVEC LA FEMME DE NOÉ ET LES TROIS FEMMES DE SES FILS, ENTRÈRENT DANS L'ARCHE,**

14 **ET AVEC EUX LES BÊTES SAUVAGES DE TOUTE ESPÈCE, LES BESTIAUX DE TOUTE ESPÈCE, LES BESTIOLES DE TOUTE ESPÈCE QUI RAMPENT SUR LA TERRE, LES VOLATILES DE TOUTE ESPÈCE, TOUS LES OISEAUX, TOUT CE QUI A DES AILES.**

15 **AUPRÈS DE NOÉ, ENTRA DANS L'ARCHE UN COUPLE DE TOUT CE QUI EST CHAIR, AYANT SOUFFLE DE VIE,**

16 **ET CEUX QUI ENTRÈRENT ÉTAIENT UN MÂLE ET UNE FEMELLE DE TOUT CE QUI EST CHAIR, COMME DIEU LE LUI AVAIT COMMANDÉ.** Et Yahvé ferma la porte sur Noé.

17 Il y eut le déluge pendant quarante jours sur la terre ; les eaux grossirent et soulevèrent l'arche, qui fut élevée au-dessus de la terre.

18 Les eaux montèrent et grossirent beaucoup sur la terre et l'arche s'en alla à la surface des eaux.

19 Les eaux montèrent de plus en plus sur la terre et toutes les plus hautes montagnes qui sont sous tout le ciel furent couvertes.

20 Les eaux montèrent quinze coudées plus haut, recouvrant les montagnes.

21 **ALORS EXPIRA TOUTE CHAIR QUI SE MEUT SUR LA TERRE : OISEAUX, BESTIAUX, BÊTES SAUVAGES, TOUT CE QUI GROUILLE SUR LA TERRE, ET TOUS LES HOMMES.**

22 Tout ce qui avait une haleine de vie dans les narines, c'est-à-dire tout ce qui était sur la terre ferme, mourut.

23 Ainsi disparurent tous les êtres qui étaient à la surface du sol, depuis l'homme jusqu'aux bêtes, aux bestioles et aux oiseaux du ciel : ils furent effacés de la terre et il ne resta que Noé et ce qui était avec lui dans l'arche.

24 **LA CRUE DES EAUX SUR LA TERRE DURA CENT CINQUANTE JOURS.**

Genèse 8

1 **ALORS DIEU SE SOUVINT DE NOÉ ET DE TOUTES LES BÊTES SAUVAGES ET DE TOUS LES BESTIAUX QUI ÉTAIENT AVEC LUI DANS L'ARCHE ; DIEU FIT PASSER UN VENT SUR LA TERRE ET LES EAUX DÉSENFLÈRENT.**

2 **LES SOURCES DE L'ABÎME ET LES ÉCLUSES DU CIEL FURENT FERMÉES ; —** la pluie fut retenue de tomber du ciel

3 et les eaux se retirèrent petit à petit de la terre ; **LES EAUX BAISSÈRENT AU BOUT DE CENT CINQUANTE JOURS**

4 **ET, AU SEPTIÈME MOIS, AU DIX-SEPTIÈME JOUR DU MOIS, L'ARCHE S'ARRÊTA SUR LES MONTS D'ARARAT.**

5 **LES EAUX CONTINUÈRENT DE BAISSER JUSQU'AU DIXIÈME MOIS ET, AU PREMIER DU DIXIÈME MOIS, APPARURENT LES SOMMETS DES MONTAGNES.**

6 Au bout de quarante jours, Noé ouvrit la fenêtre qu'il avait faite à l'arche

7 **ET IL LÂCHA LE CORBEAU, QUI ALLA ET VINT EN ATTENDANT QUE LES EAUX AIENT SÉCHÉ SUR LA TERRE.**

8 Alors il lâcha d'auprès de lui la colombe pour voir si les eaux avaient diminué à la surface du sol.

9 La colombe, ne trouvant pas un endroit où poser ses pattes, revint vers lui dans l'arche, car il y avait de l'eau sur toute la surface de la terre ; il étendit la main, la prit et la fit rentrer auprès de lui dans l'arche.

10 Il attendit encore sept autres jours et lâcha de nouveau la colombe hors de l'arche.

11 La colombe revint vers lui sur le soir et voici qu'elle avait dans le bec un rameau tout frais d'olivier ! Ainsi Noé connut que les eaux avaient diminué à la surface de la terre.

12 Il attendit encore sept autres jours et lâcha la colombe, qui ne revint plus vers lui.

13 **C'EST EN L'AN SIX CENT UN DE LA VIE DE NOÉ, AU PREMIER MOIS, LE PREMIER DU MOIS, QUE LES EAUX SÉCHÈRENT SUR LA TERRE.** Noé enleva la couverture de l'arche ; il regarda, et voici que la surface du sol était sèche !

14 **AU SECOND MOIS, LE VINGT-SEPTIÈME JOUR DU MOIS, LA TERRE FUT SÈCHE.**

15 **ALORS DIEU PARLA AINSI À NOÉ :**

16 **« SORS DE L'ARCHE, TOI ET TA FEMME, TES FILS ET LES FEMMES DE TES FILS AVEC TOI.**

17 **TOUS LES ANIMAUX QUI SONT AVEC TOI, TOUT CE QUI EST CHAIR, OISEAUX, BESTIAUX ET TOUT CE QUI RAMPE SUR LA TERRE, FAIS-LES SORTIR AVEC TOI : QU'ILS PULLULENT SUR**

LA TERRE, QU'ILS SOIENT FÉCONDS ET MULTIPLIENT SUR LA TERRE. »

18 **NOÉ SORTIT AVEC SES FILS, SA FEMME ET LES FEMMES DE SES FILS ;**

19 **ET TOUTES LES BÊTES SAUVAGES, TOUS LES BESTIAUX, TOUS LES OISEAUX, TOUTES LES BESTIOLES QUI RAMPENT SUR LA TERRE, SORTIRENT DE L'ARCHE, UNE ESPÈCE APRÈS L'AUTRE.**

20 Noé construisit un autel à Yahvé, il prit de tous les animaux purs et de tous les oiseaux purs et offrit des holocaustes sur l'autel.

21 Yahvé respira l'agréable odeur et il se dit en lui-même : « Je ne maudirai plus jamais la terre à cause de l'homme, parce que les desseins du coeur de l'homme sont mauvais dès son enfance ; plus jamais je ne frapperai tous les vivants comme je l'ai fait.

22 Tant que durera la terre, semailles et moisson, froidure et chaleur, été et hiver, jour et nuit, ne cesseront plus. »

Chacun dans ses propres termes

Le fait même de pouvoir dissossier ainsi deux récits continus est en soi remarquable, et constitue un indice solide en faveur de l'Hypothèse Documentaire. Il n'y a qu'à tenter d'appliquer la même approche à n'importe quel livre pour constater le caractère extraordinaire de ce phénomène. Mais ce n'est pas seulement qu'on peut démêler deux récits. Ce qui donne une telle force à cette hypothèse, c'est que chaque récit s'en tient constamment à l'emploi du même langage. Le récit P (en caractère gras) appelle toujours la déité du nom de Dieu. Le récit J emploie toujours le terme Yahvé. P désigne le sexe des animaux par les termes « mâle et femelle » (Genèse 6/19; 7/9,16). J emploie le terme « l'homme et sa femme »

(7/2) aussi bien que mâle et femelle. P dit que toute chose a « expiré » (6/17 ; 7/21). J dit que toutes les choses « moururent » (7/22).

Les deux versions ne diffèrent pas seulement par la terminologie. Elles divergent par des détails factuels de l'histoire. P a une seule paire de chaque espèce d'animal. J a sept paires d'animaux purs, et une paire d'animaux impurs. (« pur » veut dire apte au sacrifice. Les moutons sont purs, les lions ne le sont pas.) P parle d'un déluge qui dure un an (370 jours). J parle de quarante jours et quarante nuits. P voit Noé envoyer un corbeau. J voit une colombe. P montre un intérêt évident pour les âges, les dates, et les mesures en coudée. Ce n'est pas le cas de J.

Ce qui différencie par-dessus tout les deux récits, c'est la façon de peindre Dieu, et non seulement les noms différents qu'ils lui donne. J dépeint une déité capable de regretter ce qu'elle a fait (6/6-7), ce qui pose d'intéressantes questions théologiques, comme : est-ce qu'un être tout-puissant, omniscient peut jamais regretter des actions passées ? On y découvre une déité qui peut « s'affliger dans son coeur » (6/6), qui referme personnellement l'arche (7/16) et qui respire l'odeur du sacrifice (8/21). Cette qualité anthropomorphique de J est presque entièrement absente de P. Ici Dieu est considéré davantage comme celui qui contrôle l'univers en le transcendant.

Chacun des deux récits du déluge forme un tout complet et distinct. Chacun possède son propre langage, ses propres détails, et même sa propre conception de Dieu. Et ce n'est pas tout : dans son récit du déluge, J manifeste un langage, des détails, une conception de Dieu que l'on retrouve dans les autres récits J. Quant à la version P du récit, elle est cohérente avec les autres récits P. L'examen systématique montre que chacune des sources était à l'origine un recueil cohérent de récits, de poèmes et de lois.

Le commencement

La découverte de quatre documents distincts, formant chacun un tout, est connue sous le nom d'« Hypothèse Documentaire ». La méthode de séparation des documents fut appelée « critique supérieure ».[4] Ce qui était au départ l'idée de trois hommes du dix-huitième siècle en vint à dominer les recherches bibliques à la fin du dix-neuvième.

Il avait fallu des siècles pour recueillir des indices et arriver à ce stade, qu'on pouvait estimer assez avancé ou insignifiant selon son optique. Certes, pendant des siècles, nul ne pouvait aisément défier la tradition établie faisant de Moïse l'auteur des Cinq Livres ; or voilà que désormais, des gens d'une piété notoire pouvaient dire et écrire ouvertement qu'il ne l'était pas. Ils pouvaient identifier au moins quatre mains dans la rédaction des cinq premiers livres de la Bible. Il y avait en outre la main d'un rassembleur de génie, connu comme le « Rédacteur », quelqu'un qui avait réussi à combiner et organiser ces documents épars en un ouvrage singulier, lequel était suffisamment uniforme pour se lire comme une narration continue.

En réalité, ce à quoi étaient arrivés nos détectives en quête des origines bibliques n'était que le commencement. Ils constataient l'existence d'une énigme et mesuraient sa complexité, ils parvenaient à identifier quatre documents et un Rédacteur. Mais qui avait écrit ces documents ? Quand vivaient ces hommes ? Quel était leur but ? Certains d'entre eux connaissaient-ils le travail des autres ? L'un d'eux savait-il qu'il était en train d'écrire une *Bible*, un ouvrage qui allait faire autorité comme écriture sacrée ? Et le mystérieux Rédacteur, était-ce une personne, ou bien plusieurs ? Pourquoi avoir combiné les documents de cette manière complexe ?

Les réponses étaient enfouies dans la Bible et dans le sol du Moyen-Orient. En creusant l'une et l'autre, mes prédécesseurs et moi-même découvrirent comment ces récits bibliques étaient sorties du monde antique.

Deux pays, deux auteurs

Les deux premières sources, J et E, furent écrites par des gens qui vécurent dans la période que nous avons décrite au chapitre précédent. Ils furent mêlés à la vie de cette période, à ses événements majeurs, sa politique, sa religion, et ses catastrophes. Dans ce chapitre, j'entends démontrer cela et identifier les personnes qui ont écrit J et E.

Tout d'abord, l'auteur de J venait de Juda et l'auteur de E d'Israël. Nombre de spécialistes de la Bible avant moi l'ont suggéré, mais la nouveauté ici, c'est que j'entends en présenter un faisceau de preuves plus abondant que ce qui a été fait auparavant, j'entends dire plus spécifiquement qui étaient ces deux auteurs, et j'entends montrer plus précisément comment les récits bibliques se rapportaient à ces deux hommes et aux événements de leur monde.

Le simple fait que des histoires différentes dans les premiers livres de la Bible appellent Dieu différemment, bien sûr, ne prouve rien. Quelqu'un pourrait écrire sur la Reine d'Angleterre et l'appeler tantôt la Reine et tantôt Elizabeth II. Mais, comme je l'ai dit, il y avait quelque chose de plus intrigant dans la manière dont les noms de la déité étaient employés dans les premiers livres de la Bible. L'alternance des deux noms différents, Yahvé et Élohim, coïncidait parfaitement avec les séquences parallèles des doublets de certains récits. En outre, si nous séparons les récits élohistes (E) des récits yahvistes (J), nous obtenons une série cohérente d'indices suggérant que les histoires E furent écrites par quelqu'un qui s'intéressait à Israël (le royaume du Nord) et que les histoires J furent écrites par quelqu'un qui s'intéressait à Juda (le royaume du Sud).[5]

J de Juda, E d'Israël

Il y a d'abord le décor des récits. Dans la Genèse, les récits qui appellent Dieu *Yahvé* font vivre le patriarche Abraham à Hébron.[6] Or Hébron était la ville principale du Sud, la capitale de Juda sous le Roi David, la ville d'où venait Sadoq, le grand-prêtre judéen de David.

Dans l'Alliance que *Yahvé* établit avec Abraham, il promet que les descendants d'Abraham auront la terre qui va « de la rivière d'Égypte jusqu'au ... fleuve Euphrate. »[7] Telles furent les frontières de la nation sous le Roi David, le fondateur de la famille royale de Juda.

Mais dans un récit qui appelle Dieu *Élohim*, Jacob, petit fils d'Abraham, livre un combat au corps-à-corps avec quelqu'un qui s'avère être Dieu (ou peut-être un ange) et Jacob nomme ce lieu Peni-El (devenu Penuel), ce qui signifie « la face de Dieu ». Or Penuel était une ville construite par le Roi Jéroboam en Israël.[8]

Les deux sources, J et E, rapportent des récits au sujet de la ville de Béthel. Or les deux royaumes, Juda et Israël, eurent des revendications politiques sur Béthel, qui se trouvait sur leur frontière commune.[9]

Les deux sources, J et E, rapportent des récits sur la ville de Sichem, que Jéroboam bâtit et dont il fit la capitale d'Israël. Mais les deux récits divergent beaucoup. D'après le récit J, un homme nommé Sichem, qui est le prince d'origine de la ville, aime la fille de Jacob, Dina, et couche avec elle. Puis il demande sa main en mariage. Les fils de Jacob font alors savoir qu'ils ne peuvent y songer, pas plus qu'à un mariage mixte avec des gens de Sichem, les Sichémites n'étant pas circoncis, alors que les fils de Jacob le sont. Le prince de Sichem et son père Hamor persuadent alors tous les hommes de Sichem de subir la circoncision. Tandis que les hommes sont immobilisés de douleur après l'opération, deux fils de Jacob, Siméon et Lévi, entrent dans la ville, tuent tous les hommes, et reprennent leur soeur Dina. Leur père Jacob les tance d'agir ainsi, mais ils rétorquent : « Traitera-t-on notre soeur comme une prostituée ? » Et l'histoire se termine ainsi.[10] J ne fait donc pas un récit très élogieux de la façon dont Israël acquit sa capitale.

Le récit E, lui, tourne les choses de cette façon :

> Et Jacob acheta la portion du champ où il avait dressé sa tente, aux fils de Hamor, père de Sichem, pour cent kesita.[11]

Comment Israël devint-il acquéreur de Sichem ? L'auteur de E, originaire d'Israël, parle d'un achat. L'auteur de J, judéen, évoque un massacre.

Les origines des tribus

Dans les chroniques des naissances des fils et petits-fils de Jacob, dont chacun devait devenir l'ancêtre d'une tribu, il y a d'ordinaire une mention de la déité au moment où l'enfant reçoit son nom. Le groupe de récits qui invoque *Élohim* comprend les histoires de :

Dan
Naphtali
Gad
Asher
Issacar
Zabulon
Éphraïm
Manassé
Benjamin[12]

En bref, le groupe *Élohim* rapporte les noms de toutes les tribus d'*Israël*.[13] Le groupe de récits invoquant le nom de *Yahvé* comprend les histoires de :

Ruben
Siméon
Lévi
Juda

Les trois premiers des quatre noms de cette liste sont les noms de tribus qui ont perdu leur territoire et ont été absorbées par les autres tribus. Autrement dit, le seul nom de tribu auquel soit associé un territoire existant, dans le récit J, est *Juda*.[14]

Le récit J va même plus loin pour justifier l'ascendance de Juda. D'après le récit, Ruben est le premier fils, Siméon le deuxième, Lévi le troisième, et Juda le quatrième. Dans le Proche-Orient ancien, l'ordre des naissances était extrêmement important, parce que le premier-né jouissait du droit d'aînesse, ce qui signifiait la meilleure part de l'héritage paternel (en général, le double des autres). Nous devrions donc nous attendre à voir Ruben, le fils aîné, recevoir le droit d'aînesse. Mais une histoire rapporte que Ruben aurait couché avec l'une des concubines de son père, et que le père s'en serait aperçu. Les deux fils suivants sur la liste de l'héritage sont Siméon et Lévi. Mais dans le récit J de Sichem, ce sont précisément les deux auteurs du massacre de la ville, qui se font réprimander par leur père. Ainsi, dans le récit J, le droit d'aînesse tombe sur le quatrième fils : Juda. Dans la poétique Bénédiction de Jacob à ses fils sur son lit de mort, voici ce qu'il dit à propos de Ruben :

Ruben, tu es mon premier né,
Ma vigueur, les prémices de ma virilité,
Comble de fierté et comble de force.
Instable comme les eaux, tu ne seras pas comblé
Parce que tu es monté sur le lit de ton père.[15]

Et voici ce qu'il dit de Siméon et de Lévi :

Siméon et Lévi sont frères,
Ils ont mené à bout la violence de leurs intrigues,
... dans leur colère ils ont tué des hommes,
Dans leur débordement, mutilé des taureaux.
Maudite leur colère pour sa rigueur,
Maudite leur fureur, pour sa dureté.
Je les diviserai dans Jacob.
Je les disperserai dans Israël.[16]

Mais il dit de *Juda* :

Juda, toi, tes frères te loueront ...
et les fils de ton père s'inclineront devant toi.[17]

Juda obtient le droit d'aînesse en J.

Qui l'obtient en E ? Dans la version E de la scène du lit de mort de Jacob, Jacob transmet une double part à Joseph, annonçant que chacun des deux fils de Joseph, Éphraïm et Manassé, recevront une part entière, équivalente aux parts de Ruben, Siméon, et les autres. Pourquoi l'auteur de E a-t-il favorisé Joseph et ses fils ? La réponse se trouve dans un autre détail du récit de E. Au moment où Jacob donne sa bénédiction à Joseph et ses fils, Joseph place ses fils devant Jacob, de sorte que Jacob placera sa main droite sur la tête de Manassé, le fils aîné. La main droite est un signe de prééminence. Mais Jacob croise ses bras, de sorte que sa main droite se pose sur la tête d'Éphraïm. Joseph conteste cette inversion, mais Jacob persiste en disant qu'Éphraïm deviendra plus grand.[18] Qu'a donc de particulier cet Éphraïm ? Pourquoi l'auteur de E fait-il aboutir la hiérarchie non pas même sur un des fils de Jacob, mais sur un de ses petits-fils, qui n'est pas même un premier-né ? Y avait-il quelque chose, dans la tribu d'Éphraïm, d'historiquement significatif à l'époque de l'auteur ? Réponse : Éphraïm était la tribu du Roi *Jéroboam*. La capitale de Jéroboam, Sichem, se trouvait dans les collines d'Éphraïm.[19] Éphraïm, en fait, était un autre nom pour désigner le royaume septentrional d'Israël.[20]

Les indices dans les récits

Les récits de J cadrent avec les villes et le territoire de Juda. Les récits E cadrent avec les villes et le territoire d'Israël. J'ai trouvé d'autres détails qui appuient ce schéma :

J et E ont chacun une version de l'histoire de Joseph. Dans les deux, les frères de Joseph sont jaloux de lui et projettent de le tuer, mais l'un des frères le sauve. Dans E, il s'agit de Ruben, le plus âgé.[21] Mais dans J, c'est *Juda* qui le sauve.[22]

Le récit E du testament de Jacob sur son lit de mort comporte un jeu de mots en hébreu. En créant des parts pour Éphraïm et Manassé, Jacob dit à Joseph : « Je t'ai donné une *part* de plus qu'à tes frères. »[23] Le mot hébreu que l'on traduit ici comme « part » est *sekem*, qui se prononce presque comme le nom Sichem en hébreu. Dire au père d'Éphraïm qu'il obtiendra un *sekem* en plus, c'est comme si l'on disait au préfet du Var : « J'ai donné du bétail aux autres préfets, mais à vous, je vous donne un *port.* »

Les récits de J, pour leur part, semblent jouer sur le nom du premier roi de Juda après la division : Réhoboam. La racine hébraïque du nom Réhoboam (*r-h-b*) apparaît six fois dans les récits J, suggérant généralement, comme le nom du roi, l'idée d'expansion du pays.[24] Cette racine n'apparaît jamais dans les récits E.

D'après un récit de E, Joseph formule le souhait, sur son lit de mort en Égypte, qu'un jour ses os seront ramenés dans son pays natal pour y être enfouis.[25] À la fin du récit E de l'Exode, les Isaélites emportent bel et bien ses os avec eux.[26] Il n'y a que E pour se préoccuper des os de Joseph. Or à quel endroit la tradition plaçait-elle la tombe de Joseph ? À Sichem, capitale d'Israël.[27]

J et E ont tous deux des récits de l'esclavage du peuple en Égypte. La source J désigne habituellement les Égyptiens qui supervisent les esclaves comme des « chefs de corvée », mais dans un passage qui semble être de E, ils sont appelés « officiers de *missîm* ».[28] Rappelons que *missîm* était le terme pour la politique de travail forcé du Roi Salomon, une politique qui fut l'une des principales raisons de la sécession des tribus du Nord. E semble s'exprimer comme pour insulter Juda et sa famille royale.

L'insulte est peut-être double, car la plus prestigieuse épouse de Salomon était la fille du Pharaon de l'époque. Le Premier Livre des Rois la met en tête de liste parmi ses épouses.[29] Un tel mariage était du reste d'autant plus remarquable que les rois d'Égypte n'aimaient pas marier leurs filles à des étrangers. On ne connaît pas d'autre cas, dans le Proche-Orient antique, d'un mariage de princesse égyptienne avec un souverain étranger.

En E, Josué est le fidèle assistant de Moïse. C'est Josué qui guide le peuple dans la bataille contre les Amalékites ; il fait le guet sous la Tente du Rendez-vous lorsque Moïse n'est pas en train d'y rencontrer pas la déité ; il est le seul Israélite qui ne s'implique pas dans l'incident du veau d'or ; et il tente d'empêcher l'abus de prophétie.[30] Alors qu'en J, Josué ne joue aucun rôle. Pourquoi ce traitement de faveur de Josué en E et pas en J ? Josué était un héros du *Nord*. On le dit venant de la tribu d'Éphraïm, la tribu de *Jéroboam* ; la tombe de Josué est en territoire d'Éphraïm et, d'après le dernier chapitre du Livre de Josué, les accomplissements de Josué culminent avec une cérémonie d'alliance à *Sichem*.[31]

D'après un récit J, Moïse, dans le désert, envoie un groupe d'espions dans la terre promise. Tous les espions sauf un rapportent que la terre est imprenable, car les habitants en sont de féroces géants. Le seul espion à contester ce rapport et encourager le peuple à avoir la foi est *Caleb*. Dans le récit, les espions voyagent à travers le Néguev (le désert méridional du pays), le pays des collines, jusqu'à Hébron, puis jusqu'au val d'Eshkol. Tous ces endroits sont dans le territoire de Juda. *En J, les espions ne visitent que le pays cananéen, la Judée.*[32] Quant au héros de l'histoire, Caleb, il est l'ancêtre éponyme des Calébites. Les Calébites occupaient des territoires dans la région de collines de Judée. Le territoire calébite incluait d'ailleurs Hébron, la capitale de la tribu de Juda avant David.[33]

L'examen d'ensemble de ces indices conduit à la conclusion logique que : (1) les premiers chercheurs étaient dans le vrai concernant l'existence de deux sources, J et E ; (2) la personne qui écrivit J était particulièrement concernée par le Royaume de Juda, et la personne qui écrivit E était particulièrement concernée par le Royaume d'Israël.

Mais comme je l'indiquais au début, notre intérêt ne se limite pas aux préférences territoriales des deux auteurs. La question est de savoir pourquoi ils écrivirent ces histoires. Que se passait-il dans leur monde pour les pousser à écrire ces choses ?

Les jumeaux

Prenez, par exemple, les récits bibliques sur les jumeaux Jacob et Ésaü. Dans ces histoires, le fil d'Abraham, Isaac, épouse Rébecca, qui donne naissance à des fils jumeaux. Le premier à franchir le sein maternel est Ésaü. Jacob naît en second. Tandis qu'ils sont encore dans le sein de leur mère, *Yahvé* dit à Rébecca :

Il y a deux nations en ton sein,
Deux peuples, issus de toi, se sépareront,
Un peuple dominera un peuple,
L'aîné servira le cadet.[34]

Les garçons grandissent. Un jour, Ésaü revient des champs, affamé. Son frère Jacob est en train de préparer un potage de lentilles rouges. Jacob dit à Ésaü qu'il lui donnera un peu de nourriture à la condition qu'Ésaü jure de lui céder son droit d'aînesse en échange. Ésaü capitule.[35]

Le temps passe. Leur père, Isaac, sur son lit de mort, entend donner sa bénédiction à Ésaü. Rébecca, toutefois, exhorte Jacob à se faire passer pour son frère aîné Ésaü et tromper ainsi son père à la vue basse, pour que celui-ci lui donne sa bénédiction. Jacob agit ainsi. Il va porter les vêtements de son frère et couvrir ses bras de peau de chèvre, parce que son frère est « un homme velu ». Isaac donne sa bénédiction, *qui inclut la domination sur son frère*. Quand survient Ésaü, Isaac lui dit que la bénédiction est déjà allée à Jacob. Ésaü veut être béni aussi. Son père de lui dire alors :

Tu vivras de ton épée,
Tu serviras ton frère.
Mais quand tu t'affranchiras,
Tu secoueras son joug de dessus ton cou.[36]

Pourquoi a-t-on écrit ces récits, en y incluant tous ces détails ? Les réponses sont liées au monde de l'auteur.

Pourquoi des lentilles rouges ? Parce que, nous dit l'histoire, Ésaü recevra ensuite le sobriquet de « Rouge ». Le mot hébreu pour « rouge » est *Édom*. Ainsi Ésaü est-il traditionnellement considéré comme le père des Édomites.

Pourquoi des frères jumeaux ? Parce que les peuples d'Israël-Juda considéraient que les Édomites leur étaient apparentés ethniquement et/ou linguistiquement (par opposition, mettons, aux Égyptiens ou Philistins, considérés comme des étrangers).

Pourquoi la révélation donnée à Rébecca que les descendants de son cadet allaient dominer ceux de son aîné ? Parce que le jeune royaume unifié, sous le Roi David, parviendra à défaire le vieux royaume d'Édom et le dominera pendant deux cents ans.

Pourquoi Jacob obtient-il le droit d'aînesse (une double part) et la bénédiction (prospérité et domination) ? Parce qu'Israël-Juda deviendra plus vaste et prospère qu'Édom et le dominera.

Pourquoi Ésaü/Édom reçoit-il néanmoins la bénédiction : « tu secoueras son joug de dessus ton cou » ? Parce qu'Édom finira par s'affranchir et recouvrer son indépendance à l'époque du roi de Juda Jéhoram (848-842 avant notre ère).[37]

Ces récits désignent tous la déité comme Yahvé ou montrent par d'autres signes leur appartenance à J. Pourquoi les récits sur Ésaü/Édom ne sont-ils rapportés que dans J et pas dans E ? Parce que J est de Juda et que Juda avait une frontière avec Édom, Israël pas.

Sur chaque point, les détails du récit recoupent la réalité historique. L'auteur de J composa l'histoire des ancêtres de son peuple dans l'optique d'expliquer et de justifier la situation mondiale dans laquelle il vivait.

Dans le catéchisme, on trouve souvent des versions de cette histoire qui s'emploient à justifier Jacob. Moyennant quelques changements ou réinterprétations, elles font de Jacob le bon et d'Ésaü le méchant. Mais l'auteur de J était plus sophistiqué que ses interprètes tardifs. Il rapporta l'histoire d'un Jacob certes habile et courageux mais malhonnête. Il ne peignit pas des héros parfaits (pas plus que la Chronique Royale de David ne fera de David un roi parfait). Sa tâche était plutôt de composer un récit qui reflétât et expliquât les réalités politiques et sociales du monde qu'il connaissait. Quiconque lit les récits de Jacob et Ésaü peut constater qu'il y parvint admirablement.

Chapitre 3

DEUX ROYAUMES, DEUX AUTEURS

Les récits bibliques fourmillent d'indices sur l'identité de leurs auteurs ; en même temps, ils nous ouvrent une fenêtre sur ce monde ancien. Les récits J reflètent l'état des lieux et les circonstances de leur auteur, et révèlent où se situaient certains de ses intérêts.

Dans les récits E, l'identité de l'auteur est encore plus aisément perceptible que dans les récits J.

Le veau d'or

Le plus révélateur est le récit E du veau d'or, que j'ai résumé brièvement dans l'introduction. Alors que Moïse obtient les Dix Commandements sur la montagne de Dieu, Aaron fabrique un veau d'or pour le peuple. Ils disent : « Voici tes dieux, Israël, qui t'ont fait monter du pays d'Égypte. » Aaron dit : « Demain, fête pour Yahvé ! »[1] Le peuple sacrifie et festoie bruyamment. Pendant ce temps, Dieu révèle à Moïse ce qui se passe en bas, et dit qu'il détruira le peuple et commencera un peuple nouveau issu de Moïse. Moïse supplie Dieu de se montrer clément, et Dieu y est réticent. Moïse descend de la montagne assisté de Josué. Voyant le veau et l'état de son peuple, de colère, il brise les tables. La tribu de Lévi se rassemble alors autour de Moïse et opère une sanglante purge dans le peuple. Moïse supplie Dieu de pardonner l'offense de son peuple et de ne pas le détruire.[2]

Ce récit pose une foule d'interrogations. Pourquoi la personne qui l'a écrit a-t-elle dépeint le peuple comme rebelle au moment où il connaît sa libération et reçoit l'alliance ? Pourquoi a-t-il dépeint *Aaron* comme chef d'une hérésie ? Pourquoi Aaron ne subit-il pas de châtiment pour cela ? Pourquoi l'auteur parle-t-il d'un *veau d'or* ? Pourquoi le peuple dit-il « Voici *tes dieux*, Israël ... », alors qu'il n'y a là qu'un seul veau ? Et pourquoi ajoutent-ils « ... *qui t'ont fait monter du pays d'Égypte* », alors que le veau, manifestement, ne fut pas construit avant d'avoir quitté l'Égypte ? Pourquoi faire dire à Aaron « Demain, fête pour *Yahvé* », alors qu'il présente le veau comme rival de Yahvé ? Pourquoi le veau est-il traité comme un dieu dans ce récit, alors que le veau n'était *pas* un dieu dans le Proche-Orient antique ? Pourquoi l'auteur montre-t-il Moïse brisant les tables des Dix Commandements ? Pourquoi peindre des Lévites animés d'un zèle sanguinaire ? Pourquoi inclure Josué dans l'histoire ? Et pourquoi Josué n'est-il pas mêlé à l'incident du veau d'or ?

Nous avons déjà assez d'informations concernant le monde qui a produit la Bible pour répondre à ces questions. Nous avons déjà constaté qu'une foule d'indices conduisent à attribuer J à un auteur de Juda et E à un auteur d'Israël. Nous avons aussi relevé des indices suggérant un intérêt particulier de l'auteur de E pour les questions relatives au Roi Jéroboam et à sa politique. E parle des villes rebâties par Jéroboam : Sichem, Penuel, Béthel. E justifie l'ascendance de sa tribu natale : Éphraïm. E méprise la politique judéenne du *missîm*. E a une attention particulière pour les funérailles de Joseph, dont la sépulture était censée se trouver dans la capitale de Jéroboam, Sichem. En outre, E exalte particulièrement Moïse comme son héros, bien plus que ne le fait J. Dans le récit qui nous occupe ici, c'est l'intercession de Moïse auprès de Dieu qui sauve le peuple de la destruction. E souligne à l'envi le rôle personnel qu'a joué Moïse pour libérer son peuple de l'esclavage, ce qu'on ne trouve pas dans J. En E, il y en a moins sur les patriarches que sur Moïse ; en J, il y en a plus sur les patriarches.

Étudions la possibilité que la personne qui écrivit E ait été un prêtre lévite, probablement de Silo, et donc probablement descendant de Moïse. Une telle personne aurait intérêt à traiter les thèmes suivants : la politique économique oppressive de Juda, la création d'un royaume indépendant sous Jéroboam, et le rôle supérieur de Moïse. Si l'auteur de E est un prêtre lévite, qui rattache son ascendance à Moïse, cela répond à toutes les questions sur le récit du veau d'or.

Rappelons que les prêtres de Silo ont souffert la perte de leur place dans la hiérarchie sacerdotale sous le Roi Salomon. Leur chef Ébyatar fut expulsé de Jérusalem. L'autre grand-prêtre Sadoq, considéré comme descendant d'Aaron, resta quant à lui au pouvoir. Les terres lévites du Nord furent données aux Phéniciens. Le prophète Ahiyya de Silo fomenta la sécession des tribus du Nord, et il désigna Jéroboam comme le roi du Nord. Les espoirs que les prêtres de Silo plaçaient dans le nouveau royaume furent néanmoins frustrés quand Jéroboam établit les centres religieux du *veau d'or* à Dan et Béthel, en ne les y nommant point comme prêtres. Pour cette ancienne famille de prêtres, ce qui aurait dû être une ère de libération s'était révélée une ère de trahison religieuse. Le symbole de leur exclusion en Israël était les *veaux d'or*. Le symbole de leur exclusion en Judée était *Aaron*. Quelqu'un de cette famille, l'auteur de E, rédigea un récit qui blâmait les Israélites d'avoir, peu après leur libération de l'esclavage en Égypte, versé dans l'hérésie. Quelle était cette hérésie ? L'adoration du *veau d'or* ! Et qui avait fait le veau d'or ? *Aaron* !

Les détails du récit trouvent leur place dans ce schéma. Pourquoi Aaron n'encourt-il aucune peine dans cette affaire ? Parce que, quelque antipathie qu'ait vouée l'auteur aux descendants d'Aaron, il ne pouvait changer la mémoire historique de son peuple. La tradition faisait d'Aaron un grand-prêtre. On ne saurait dépeindre un grand-prêtre subissant un châtiment de Dieu, car en ce cas, il n'aurait pu continuer à servir dans cette position. Une faute quelconque du grand-prêtre lui aurait fait perdre sa fonction. L'auteur ne pouvait pas aller jusqu'à inventer une histoire où le grand-prêtre se serait disqualifié à ce stade initial.

Pourquoi Aaron dit-il « Demain, fête pour *Yahvé* », alors qu'il présente le veau comme rival de Yahvé ? Parce qu'en fait le veau n'est pas un dieu rival. Le veau, ou jeune taureau, n'est que le piédestal royal ou le symbole de la déité, mais pas la déité elle-même. Pourquoi alors le veau est-il *traité* comme un dieu dans ce récit ? Sans doute parce que le récit est polémique ; l'auteur entend jeter la plus noire opprobre sur les veaux d'or du Royaume d'Israël. En fait, nous verrons d'autres cas où les auteurs bibliques emploient le mot « dieux » pour inclure les veaux d'or et les chérubins d'or ; et, là aussi, le texte est polémique.

Pourquoi le peuple dit-il « Voici *tes* dieux, Israël », alors qu'il n'y a qu'un seul veau ? Et pourquoi dire « qui t'ont fait monter du pays d'Égypte », alors que le veau n'apparut pas avant la sortie d'Égypte ? La réponse semble se trouver dans l'histoire du Roi Jéroboam, dans le Premier Livre des Rois. On peut y lire qu'après avoir fait les deux veaux d'or, le Roi Jéroboam déclara à son peuple : « Voici tes dieux Israël, qui t'ont fait monter du pays d'Égypte. »[3] Les paroles du peuple dans l'Exode sont identiques aux propos de Jéroboam dans 1 Rois. Il nous serait difficile, à ce stade, de retracer la généalogie de ces deux passages, mais nous pouvons au moins affirmer que l'auteur du récit du veau d'or dans l'Exode a pris les mots que l'on attribuait traditionnellement à Jéroboam pour les placer dans la bouche du peuple. Cela éclairait ses lecteurs d'un jour lumineux sur le lien entre l'histoire du veau d'or et les veaux d'or du Royaume d'Israël.

Pourquoi, chez l'auteur de E, cette peinture des Lévites déployant un zèle sanguinaire ? Lui-même était lévite. Il dépeignit un Aaron aux actes rebelles alors que les autres Lévites, seuls, agissaient loyalement. Moïse dit aux Lévites que leurs actes leur ont valu la bénédiction. Nous avons donc un récit qui tout en dénigrant les ancêtres du clergé de Jérusalem fait l'éloge du reste des Lévites.

Que fait Josué dans ce récit, et pourquoi le distinguer en le mettant hors de cause de l'hérésie ? C'est que Josué, nous l'avons vu, est un héros du Nord. Sa tribu natale était la même que celle du Roi Jéroboam : Éphraïm. Il reposait, comme Joseph, à Éphraïm. On lui prête la tenue d'une cérémonie d'alliance nationale à Sichem, lieu appelé à devenir plus tard la capitale de Jéroboam. L'auteur de E ajoutait ainsi au récit du veau d'or le panégyrique d'un héros du Nord que la tradition associait à la capitale et à la tribu prééminente. La mise hors de cause de Josué dans l'hérésie du veau d'or expliquait aussi qu'il ait ensuite succédé à Moïse.

Pourquoi l'auteur montre-t-il Moïse fracassant les tables des Dix Commandements ? Peut-être pour éveiller des soupçons sur le principal autel religieux de Judée. Le Temple de Judée abritait l'arche qui était censée contenir les deux tables des Dix Commandements. Mais, selon le récit E du veau d'or, *Moïse a brisé les tables*. Autrement dit, selon la source E, soit l'arche du Sud, à Jérusalem, contenait des contrefaçons de tables, soit il ne contenait rien du tout.[4]

L'auteur de E, en ficelant ce récit du veau d'or, attaquait les castes religieuses d'Israël autant que celles de Juda. Toutes deux avaient exclu son groupe. On pourrait se demander pourquoi, alors, cet auteur montrait tant de faveur pour le royaume de Jéroboam dans d'autres récits. Pourquoi cette faveur pour les villes de Sichem, Penuel, et spécialement Béthel ? Pourquoi avoir favorisé la tribu d'Éphraïm ? D'abord, parce que Silo était en Éphraïm et que Samuel était d'Éphraïm.[5] Deuxièmement parce que le royaume du Nord, Israël, restait peut-être à ses yeux le seul espoir politique. Peut-être caressait-il le rêve qu'un jour les prêtres imposteurs et non-lévites de Béthel seraient rejetés et que son groupe lévite reprendrait ses droits. Juda et Jérusalem n'offraient pas cet espoir à son époque. Les prêtres de la famille d'Aaron y étaient fermement en place depuis le temps du Roi Salomon. Ils étaient lévites et donc non moins légitimes que les prêtres de Silo. D'étroits rapports matrimoniaux et politiques les liaient à la famille royale.[6] Le seul espoir réaliste des prêtres de Silo résidait dans le Royaume d'Israël. La source E approuvait donc la structure *politique* du royaume mais s'en prenait à sa hiérarchie *religieuse* illégitime.

Symboles de la foi

Le récit du veau d'or n'est pas le seul cas où l'auteur de E s'est montré critique envers les élites religieuses du Nord et du Sud.

Dans la version J des commandements que Dieu donne à Moïse sur le Mont Sinaï, on trouve un interdit sur la fabrication de statues (idoles). Voici comment J formule le commandement :

> Tu ne te feras pas de métal fondu.[7]

J ne formule ici d'interdit que pour les statues de *métal fondu*. Or, les veaux d'or de Jéroboam au Nord étaient fondus. Les chérubins dorés de Salomon au Sud n'étaient pas de métal fondu ; ils étaient en bois d'olivier doré à la feuille d'or. Le texte J est donc conforme à l'iconographie de Juda. Il sous-entend peut-être que les veaux d'or d'Israël au Nord ne sont pas acceptables, même s'ils ne sont pas vraiment des statues d'un dieu ; mais il ne prête pas le flanc à la contre-attaque qui verrait les chérubins dorés de Juda tout aussi inacceptables.

Et voici maintenant comment E formule l'interdit :

> Vous ne ferez pas à côté de moi des dieux d'argent, et des dieux d'or vous ne vous en ferez pas.[8]

Cette interdiction ne vise peut-être que les statues de dieux à proprement parler, mais si elle laisse planer un doute sur les icônes en forme de piédestal royal, alors elle éveille le soupçon tant sur les veaux d'or fondu que sur les chérubins d'or plaqué.

Le rapport entre les sources J et E et les symboles religieux de Juda et d'Israël respectivement apparaît en d'autres endroits. Dans un texte J au début du Livre des Nombres, le peuple se met en route pour aller de Sinaï/Horeb vers la terre promise.[9] Selon la description du départ, l'arche est portée devant le peuple pendant le voyage.

Un autre texte J souligne l'importance de l'arche pour le succès du peuple dans le désert. Il suggère en fait qu'il est impossible de s'imposer militairement sans elle.[10] L'arche, nous le savons, était perçue comme l'objet central du Temple de Salomon à Jérusalem. On ne saurait donc être surpris de la voir revêtir tant d'importance en J, alors qu'*elle n'est jamais mentionnée en E.*

E attribue plutôt de l'importance à la Tente du Rendez-vous comme symbole de la présence de Dieu parmi le peuple.[11] La Tente du Rendez-vous (ou Tabernacle), dans les Livres de Samuel, des Rois et des Chroniques, était un lieu éminent de l'adoration nationale jusqu'au moment où Salomon remplaça la Tente par le Temple. Le Tabernacle, en outre, était associé originellement à la cité de *Silo*. Étant donnés les autres indices qui rattachent l'auteur de E au clergé de Silo, on n'est pas surpris de voir la Tente du Rendez-vous revêtir tant d'importance en E, alors qu'*elle n'est jamais mentionnée en J.*

L'arche n'apparaît pas en E. Le Tabernacle n'apparaît pas en J. Ce n'est pas un hasard. Les sources parlent des symboles religieux des communautés respectives d'où elles proviennent.

Maintenant, nous pouvons aussi retourner au début du Livre de la Genèse et noter le fait qu'en conclusion du récit d'Adam et Ève dans le Jardin d'Éden, qui est un récit J, Yahvé place des chérubins pour garder le chemin de l'arbre de vie.[12] Puisque les chérubins étaient dans le Saint des Saints du Temple de Jérusalem, il est tout naturel de voir un avocat de la tradition religieuse de Juda peindre les chérubins comme les gardiens de quelque chose de sacré.

Le récit du veau d'or en dit sans doute plus sur son auteur que tout autre récit en J ou en E. Outre l'ensemble d'informations qu'il nous livre sur le milieu de son auteur et sur son talent de plume pour trousser une histoire, il laisse transparaître la profondeur de sa colère contre ceux qui avaient évincé son groupe en Judée et en Israël. Il alla jusqu'à peindre Aaron, l'ancêtre du clergé de Jérusalem, comme un faiseur d'hérésie et de forfaiture. Il alla jusqu'à peindre les symboles religieux de la religion israélite comme des objets d'idolâtrie. Il alla jusqu'à peindre la nation qui avait accepté ces symboles comme bonne pour une purge sanglante. Ce que fait Moïse du veau d'or, dans son récit, était sans doute ce que lui-même aurait aimé faire des veaux de Dan et Béthel : les brûler par le feu, les réduire en fine poussière.

Miryam, blanche comme neige

Il est un autre récit en E qui reflète l'antagonisme profond entre les prêtres qui s'identifiaient à Moïse (soit comme leur fondateur, soit comme leur ancêtre) et ceux qui s'identifiaient à Aaron. Dans ce récit, Aaron et sa soeur Miryam s'en prennent à Moïse au sujet de sa femme, et Dieu les réprimande personnellement. Il vaut la peine de lire cette courte et étrange histoire, telle qu'elle apparaît dans le Livre des Nombres. Elle ne figure pas d'ordinaire au programme du catéchisme.

Miryam — Nombres 12

(Texte E en italiques)

1 *Miryam, ainsi qu'Aaron, parla contre Moïse à cause de la femme kushite qu'il avait prise. Car il avait épousé une femme kushite.*

2 *Et ils dirent : « Yahvé ne parlerait-il donc qu'à Moïse ? N'a-t-il pas parlé à nous aussi ? » Yahvé entendit.*

3 *Or Moïse était un homme humble, l'homme le plus humble que la terre ait porté.*

4 *Soudain, Yahvé*[13] *dit à Moïse, à Aaron et à Miryam : « Venez-vous-en tous les trois à la Tente du Rendez-vous. » Ils allèrent tous trois,*

5 *et Yahvé descendit dans une colonne de nuée et se tint à l'entrée de la Tente. Il appela Aaron et Miryam ; tous deux s'avancèrent.*

6 *Yahvé dit : « Écoutez donc mes paroles : S'il y a parmi vous un prophète, c'est en vision que je me révèle à lui, c'est dans un songe que je lui parle.*

7 *Il n'en est pas ainsi de mon serviteur Moïse, toute ma maison lui est confiée.*

8 *Je lui parle face à face, dans l'évidence, non en énigmes, et il voit la forme de Yahvé. Pourquoi avez-vous osé parler contre mon serviteur Moïse ? »*

9 *La colère de Yahvé s'enflamma contre eux. Il partit*

10 *et la nuée quitta la Tente. Voilà que Miryam était devenue lépreuse, blanche comme neige. Aaron se tourna vers elle : elle était devenue lépreuse.*

11 *Aaron dit à Moïse : « À moi, Monseigneur ! Veuille ne pas nous infliger la peine du péché que nous avons eu la folie de commettre et dont nous sommes coupables.*

12 *Je t'en prie, qu'elle ne soit pas comme l'avorton dont la chair est à demi rongée lorsqu'il sort du sein de sa mère ! »*

13 *Moïse implora Yahvé : « O Dieu, dit-il, daigne la guérir, je t'en prie ! »*

14 *Yahvé dit alors à Moïse : « Et si son père lui crachait au visage, ne serait-elle pas sept jours dans la honte ? Qu'elle soit pendant sept jours séquestrée hors du camp, et qu'elle y soit ensuite admise à nouveau. »*

15 *Miryam fut séquestrée pendant sept jours hors du camp. Le peuple ne partit pas avant sa rentrée.*

Aaron et Miryam s'en prennent à la femme de Moïse. Qu'est-ce qui les dérange donc en la femme de Moïse ? Le texte ne l'indique pas. Il dit seulement qu'elle est kushite. Puisqu'il faut entendre « Éthiopie » pour « Kush » dans la Bible, la question pourrait être la négritude de la femme de Moïse. La difficulté, c'est qu'il y a aussi un endroit nommé Cushan dans la Bible, qui est une région de Madian ; et la femme de Moïse, Zipporah, a déjà été identifiée comme une madianite. On ne saurait donc dire avec certitude si le texte vise ici Zipporah ou bien une deuxième épouse. Dans un cas comme dans l'autre, la lecture la plus probable du texte est que les protestations d'Aaron et Miryam visent une différence caractérisant la femme de Moïse, que cette différence ait été raciale ou ethnique. Il est aussi intéressant, sur le plan psychologique, de noter que leur plainte ne porte jamais vraiment sur la femme de Moïse. Autrement dit, ils ne se plaignent pas ouvertement de ce qui les dérange. Ils dirigent plutôt leurs critiques contre Moïse. Ils se demandent si Moïse a une position quelconque au-dessus de la leur en matière de révélation (« Yahvé ne parlerait-il donc qu'à Moïse ? N'a-t-il pas parlé à nous aussi ? »).

Cela s'avère être une erreur. Yahvé leur fait savoir que son degré d'intimité avec le divin distingue bel et bien Moïse de tous les autres prophètes. Tous les autres prophètes ne voient que des reflets énigmatiques de Dieu, mais Moïse voit réellement Dieu. La déité fait alors montre de courroux envers Aaron et Miryam, et Miryam est frappée d'une sorte de lèpre où la pigmentation de la peau disparaît, la laissant « blanche-comme-neige ». Si c'est la peau noire de la femme de Moïse qui perturbait, voilà un châtiment du crime fort opportun.

Comme dans le cas de l'épisode du veau d'or, Aaron ne souffre aucune punition. La tradition avait fait d'Aaron un prêtre, et une personne qui a été atteinte de lèpre est disqualifiée pour le rôle de prêtre. L'auteur ne pouvait donc associer Aaron à la punition de sa soeur. Toutefois, il est clair dans l'histoire qu'Aaron a offensé Dieu, que Dieu est en colère contre lui (verset 9) et que, pour Dieu, l'expérience de Moïse avec Dieu est supérieure à celle d'Aaron. Cela, aussi, sert l'intérêt qu'a E de rabaisser la prêtrise de Judée. En outre, ici comme dans le récit du veau d'or, Aaron appelle respectueusement Moïse « mon seigneur », reconnaissant en Moïse son supérieur.

Une histoire de rébellion est fort pratique pour faire passer un message. L'auteur dépeint une personne ou un groupe qui attaque l'autorité légitime ou montre une désobéissance flagrante ; puis il raconte la chute de cette personne ou de ce groupe. Les récits E du veau d'or et de Miryam-blanche-comme-neige accomplissent cela.

Déférence envers Moïse

Nous avons parcouru un vaste territoire à la poursuite de deux des auteurs de la Bible. Récit après récit, nous avons pu trouver des indices reliant le récit, son auteur et le monde de l'auteur. J'ai passé en revue ces récits et débusqué ces indices dans le but de familiariser les lecteurs avec l'alternance de récits J et E. De plus, il était important de démontrer la force de l'argument cumulatif. Chacun de ces exemples pris isolément a beau être intéressant et mériter discussion, il n'en est pas pour autant une preuve forcément convaincante. Mais tant de ces récits semblent, par tant d'aspects, converger vers une même direction que l'on est obligé d'adhérer, d'abord, à l'hypothèse générale de plusieurs auteurs, ensuite à l'identification de deux auteurs particuliers, J et E. Plus on lit ces récits en tâchant de situer ces auteurs chacun dans son monde, et plus cette hypothèse se révèle explicative.

Quand nous définissons l'auteur de E comme un prêtre de Silo se considérant peut-être comme le descendant de Moïse, nous n'affirmons pas seulement quelque chose de sa généalogie. Nous tentons de saisir pourquoi il a écrit ce qu'il a écrit. Nous comprenons par exemple pourquoi les récits de E donnent plus de place à la personnalité de Moïse que ceux de J ; et pas seulement plus de place, mais un rôle plus sympathique. Il n'est rien en J qui puisse se mesurer au discours de Moïse dans le récit E du chapitre 11 des Nombres. On y entend le peuple se plaindre qu'il n'y a pas assez de viande à manger dans le désert, et la nostalgie les fait évoquer la bonne chair d'Égypte, oblitérant momentanément le fait qu'ils devaient travailler comme esclaves pour cette nourriture. À ce point, Moïse apparemment n'en peut plus du fardeau que Dieu lui a donné : diriger à lui seul cette communauté tout entière. Sa supplique à Dieu est extraordinaire d'angoisse et d'intimité avec la divinité. Il dit :

> Pourquoi fais-tu du mal à ton serviteur ? Pourquoi n'ai-je pas trouvé grâce à tes yeux, que tu m'aies imposé la charge de tout ce peuple ? Est-ce moi qui ai conçu tout ce peuple, est-ce moi qui l'ai enfanté, que tu me dises :

> « Porte-le sur ton sein, comme la nourrice porte l'enfant à la mamelle, au pays que j'ai promis par serment à ses pères » ? Où trouverais-je de la viande à donner à tout ce peuple : c'est trop lourd pour moi. Si tu veux me traiter ainsi, tue-moi plutôt ! Ah ! si j'avais trouvé grâce à tes yeux, que je ne voie plus mon malheur ![14]

E est une composition puissante, qui reflète un intérêt particulier, une sympathie, une affection pour Moïse. L'auteur de E souligne l'alliance *mosaïque* de Horeb et ne fait jamais allusion à l'alliance d'Abraham. Le récit E de l'Exode met davantage l'accent sur le degré d'implication personnelle de Moïse dans la libération de son peuple, alors que dans la version J, Dieu est au premier plan de la libération. En J, Yahvé dit :

> Je suis descendu pour le délivrer de la main des Égyptiens et le faire monter de cette terre ...[15]

En E, il dit :

> Maintenant va, je t'envoie auprès de Pharaon, fais sortir d'Égypte mon peuple les Israélites.[16]

Il y a une différence d'accent entre les deux. L'auteur de E se concentre sur le rôle crucial de Moïse. C'est une constante dans le traitement du personnage de Moïse tout au long de son ouvrage. Pour lui, l'arrivée de Moïse est le grand moment de l'histoire, l'époque de l'alliance, l'époque de la naissance d'une nation, l'époque du premier geste de service loyal des Lévites pour Dieu.

C'est aussi une première mondiale dans la connaissance de Dieu par son nom.

Le Nom de Dieu

J'ai indiqué deux endroits où le nom de Yahvé apparaît dans des récits E. Jusqu'à présent, j'ai dit que le nom de Dieu est un élément clé pour distinguer J de E. Je dois maintenant être plus spécifique. En J, la déité est appelée Yahvé du début à la fin. J ne l'appelle jamais Élohim dans le cours de la narration.[17] En E, la déité est appelée Élohim, *jusqu'à l'arrivée de Moïse*. Dès la première rencontre de Moïse avec Dieu, cela change. Dans le fameux récit E du jour où Moïse rencontre Dieu—le récit du buisson ardent—Moïse ne connaît pas le nom de Dieu, et donc le demande :

> Moïse dit à Dieu (Élohim) : « Voici, je vais trouver les Israélites et je leur dis : "le Dieu de vos pères m'a envoyé vers vous". Mais s'ils me disent "Quel est son nom ?", que leur dirai-je ? »[18]

La déité donne d'abord la fameuse réplique : « Je suis celui qui est. » La racine de ces mots en hébreu est la même que celle du mot Yahvé. Puis il répond :

> « Tu parleras ainsi aux enfants d'Israël : "Yahvé, le Dieu de vos pères, le Dieu d'Abraham, le Dieu d'Isaac, le Dieu de Jacob, m'a envoyé vers vous. C'est mon nom pour toujours, c'est ainsi que l'on m'évoquera de génération en génération." »[19]

En E, Yahvé révèle son nom pour la première fois à Moïse. Avant cette scène de l'Exode, il est appelé El ou Élohim.

Pourquoi l'auteur de E a-t-il fait cela ? C'est un sujet controversé. Certains pensent que cette histoire reflète le système religieux du royaume du Nord d'Israël. En choisissant les veaux d'or (jeunes taureaux) comme piédestal, le Roi Jéroboam identifiait peut-être Yahvé avec le dieu principal cananéen El. El était associé à des taureaux et on le connaissait comme El-le-Taureau. Jéroboam disait ainsi que Yahvé et El étaient des noms différents pour un même Dieu. Ce récit E aurait donc pour fonction de fusionner les déités. Cela expliquerait pourquoi la déité avait deux noms : elle fut d'abord appelée du nom général Dieu, puis révéla son nom personnel à Moïse. Cette explication du changement de nom en E est séduisante, dans la mesure où elle établit un autre lien logique entre E et le Royaume d'Israël, au Nord. Voilà qui rejoint toutes les autres pistes déjà étudiées : E provenait d'Israël.

Toutefois, cela pose un problème. En Judée, le Roi Salomon employait des chérubins d'or comme piédestal royal. Or, le dieu El n'était pas associé qu'à des taureaux, mais aussi à des chérubins. Les statues qu'utilise chaque royaume ne sont donc pas un bon argument pour expliquer le pourquoi de la révélation du nom à Moïse dans E. De plus, toute l'information récoltée jusqu'ici montre que l'auteur de E était *contre* le système religieux que Jéroboam avait institué en Israël. L'auteur de E a montré Moïse *détruisant* le veau d'or. Il est donc difficile de soutenir que cet auteur suivait la théologie de ce système religieux sur l'identité de Dieu.

Certains chercheurs travaillant sur l'histoire israélite primitive en ont conclu que, historiquement, un petit nombre d'Israélites seulement furent esclaves en Égypte. Les Lévites furent peut-être les seuls. C'est parmi les Lévites, du reste, qu'on trouve des noms à consonance égyptienne. Les noms lévites Moïse, Hophni et Phinehas sont tous égyptiens, et non pas hébreux. Et les Lévites n'avaient pas de territoire comme les autres tribus. Des chercheurs suggèrent donc que le groupe qui était en Égypte puis au Sinaï adorait le Dieu Yahvé. Puis ils arrivèrent en Israël, y trouvant des tribus israélites qui adoraient le Dieu El. Au lieu de se battre pour savoir lequel était le vrai Dieu, les deux groupes acceptèrent la croyance que Yahvé et El étaient un seul et même Dieu. Les Lévites devinrent les prêtres officiels de la religion unifiée, peut-être par la force ou peut-être par influence. Ou peut-être s'agissait-il d'une compensation pour le fait qu'ils n'avaient pas de territoire propre. Au lieu de terre, ils recevaient, en tant que prêtres, 10% des animaux et des produits sacrifiés.

Cette hypothèse aussi conforte l'idée que l'auteur de E était un Israélite lévite. Son récit de la révélation du nom de Yahvé à Moïse refléterait cette histoire : le Dieu que les tribus adoraient dans le pays était El. Elles avaient des traditions sur le Dieu El et leurs ancêtres Abraham, Isaac et Jacob. Puis vinrent les Lévites avec leurs traditions sur Moïse, l'Exode, et le Dieu Yahvé. Le traitement des noms divins en E explique pourquoi le nom Yahvé ne faisait pas partie de la tradition primitive de la nation.

Nous sommes ici dans le domaine de l'hypothèse, et nous devons faire preuve d'une grande prudence. L'essentiel, pour notre présent propos, est que, pour E, Moïse revêt une importance beaucoup plus grande que dans J. En E, Moïse constitue un tournant de l'histoire. E est beaucoup moins disert que J sur le monde qui précède Moïse. E n'a pas d'histoire de la création, pas de récit du déluge, et en dit relativement peu sur les patriarches. Mais E en dit plus que J sur Moïse.

Voilà qui est parfaitement compréhensible de la part d'un prêtre lévite. Cadrant aussi avec l'origine sacerdotale de E, il y a le fait que E contient trois chapitres de lois, contrairement à J.[20] Tout ce qui est du domaine légal ailleurs dans la Bible est écrit par des prêtres, comme nous le verrons.

L'impression générale que l'on tire des récits E est qu'il s'agit d'un ensemble cohérent, avec une optique et un faisceau d'intérêts bien définis, en relation profonde avec le monde de leur auteur.

De même, plus nous lisons les récits J, et plus nous voyons leur unité et leur rapport avec le monde de leur auteur. Nous pouvons comprendre par exemple pourquoi il n'a pas développé la distinction entre les noms de Dieu avant et après Moïse. Pour lui, quelque chose de très important s'était passé avant Moïse. Cet auteur était concerné par la famille régnante de Juda, la famille de David. Plutôt que d'insister sur Moïse, il souligna l'importance de l'alliance de Dieu avec les patriarches. Car cette alliance était attachée à la cité d'Hébron, la première capitale de David. Elle promettait l'héritage d'un territoire, d'un fleuve à un autre. En d'autres termes, elle promettait ce qui devait se réaliser à l'époque du Roi David. Pour cette raison, la révélation d'Abraham était un tournant de l'histoire. Il ne fallait pas la considérer comme inférieure à la révélation reçue par Moïse et le peuple dans le Sinaï. Voir dans la révélation du Sinaï le premier sceau d'alliance avec le nom de Dieu, cela aurait diminué l'importance de l'alliance entre Dieu et les patriarches. J, par conséquent, emploie le nom de Yahvé d'un bout à l'autre.

La similarité de J et E

Une question demeure : pourquoi autant de similarités entre J et E ? Tous deux rapportent en effet souvent des récits similaires. Ils traitent pour la plupart des mêmes personnages. Une abondante terminologie leur est commune. Les styles en sont suffisamment similaires, de sorte qu'on n'a jamais pu les départager sur le seul terrain du style.

Une explication possible est que l'un d'eux se base sur l'autre. J, par exemple, était peut-être le recueil des traditions nationales sacrées de la cour de Juda, et ainsi les prêtres lévites du Nord sentirent la nécessité de produire leur propre récit national parce qu'un royaume ne saurait avoir de légitimité sans un tel document. Ou alors, le document E aurait existé d'abord, et la cour de Juda aurait senti la nécessité de produire sa propre version, parce que le traitement par E d'Aaron, par exemple, était inacceptable. Le fait est que les récits E pouvaient difficilement être acceptés en Juda, sur plusieurs points ; quant aux récits J, avec leur façon de favoriser Juda, ils pouvaient difficilement être du goût d'Israël. L'existence de l'une ou l'autre version dans l'un ou l'autre royaume était de nature à encourager la production d'une version alternative dans l'autre royaume.

Dans ce cas, les deux versions ne sont rien de plus que deux versions, et aucunement deux oeuvres indépendantes. Elles exploitent un trésor commun de traditions et d'histoire parce qu'Israël et Juda avaient jadis été un peuple uni, et de bien des façons ils le demeuraient encore. Ils partageaient les traditions d'une promesse divine à leurs ancêtres Abraham, Isaac et Jacob. Ils partageaient des traditions relatives à un esclavage en Égypte et un exode mené par un certain Moïse, à une extraordinaire révélation sur une montagne du désert, et à des années d'errance avant de s'établir dans la terre promise. Aucun auteur ne pouvait se permettre de fabriquer— ou n'avait intérêt à fabriquer—une peinture complètement nouvelle et fictive de l'histoire.

Dans le style également, dès lors qu'une version faisait figure de document porteur des traditions nationales sacrées, l'auteur de la seconde version, alternative, pourrait avoir consciemment (ou même peut-être inconsciemment) décidé d'en imiter le style. Si l'esprit du peuple percevait dans le style de la première version le canon en matière de langage formel propre à transmettre la tradition sacrée de l'époque, il était dans l'intérêt de la deuxième version de préserver ce mode d'expression. De la même façon, le langage et le style de la Constitution des États-Unis sont souvent imités dans les constitutions des États individuels, parce que ce langage est perçu comme le canon approprié pour composer ce genre de document.

Autre explication possible à la similitude des styles de J et E : au lieu que J soit basé sur E, ou E basé sur J, les *deux* peuvent s'être inspirés d'une source commune antérieure. Ainsi, il peut y avoir eu un cycle traditionnel ancien de récits des patriarches, de l'exode, etc., où les deux auteurs de J et E auraient puisé la substance de leurs oeuvres. Un tel cycle originel aurait pu être soit un texte écrit, soit un recueil transmis oralement. Dans l'un ou l'autre cas, une fois que les royaumes d'Israël et de Juda furent établis, les auteurs de J et E adaptèrent chacun le recueil à leurs préoccupations et buts respectifs.

Combien d'auteurs ?

Nous pouvons cerner encore plus précisément qui étaient ces deux personnes et quand elles vécurent. D'abord, se pose la question de savoir si elles étaient deux personnes seulement. J'ai évoqué un seul auteur de E et un seul auteur de J. Certains spécialistes voient en J et E les oeuvres de groupes et non d'individus. Ils parlent de J1, J2, J3, etc., ou parlent d'une « école J » et d'une « école E ». Je ne vois pour ma part pas d'indice probant pour cette analyse.

Au contraire, j'aperçois dans J comme dans E unité et cohérence, à la lecture des textes que nous avons passés en revue. Certes, un éditeur ultérieur peut avoir ajouté un mot ou une phrase çà et là, et les auteurs de J et E peuvent avoir inséré à l'occasion des textes qu'ils auraient reçus. L'auteur de

J, par exemple, n'a peut-être pas rédigé la bénédiction de Jacob sur son lit de mort, dans le poème de Genèse 49. Cet auteur peut simplement l'avoir apprise, l'avoir estimée judicieuse pour son dessein, et l'avoir insérée dans l'oeuvre J. Les narrations J et E, en tout état de cause, ne me semblent pas appeler de subdivisions en plus petites unités.

Le genre des auteurs

L'auteur de E était presque certainement un homme. Nous avons vu la vigueur de son lien avec le clergé lévite de Silo. Dans l'Israël d'antan, le clergé était strictement masculin. Une épouse ou une fille lévite a certes pu partager ces intérêts et écrire à leur sujet, mais l'optique foncièrement masculine et la concentration sur des personnages masculins suggèrent tout de même un auteur masculin. En outre, étant donné qu'il s'agissait d'une société patriarcale, et d'une prêtrise masculine, on peut douter qu'un document destiné à un usage formel et sacré puisse avoir été commandité à une femme, ou accepté s'il venait d'une femme.

Se prononcer sur J est bien plus difficile. Originaire de— ou tout au moins reflétant les intérêts de—la cour de Juda, il venait d'un milieu dans lequel tant les hommes que les femmes jouissaient d'un certain statut. Ainsi, même dans une société dirigée par des hommes, les femmes de la noblesse pouvaient avoir plus de pouvoir, de privilèges, et d'éducation que les hommes d'une classe inférieure.[21] La possibilité qu'une femme ait écrit est donc plus grande que pour E. Par dessus tout, les récits de J sont, dans l'ensemble, bien plus concernés par les femmes et sensibles à leur situation que les récits de E. Il n'y a rien en E de comparable à l'histoire de Tamar que J rapporte en Genèse 38. Ce n'est pas seulement que la figure de Tamar occupe une place majeure dans l'histoire. C'est que le récit s'émeut du tort que subit cette femme et raconte son plan pour combattre l'injustice, concluant sur un aveu de l'homme du récit (Juda), qui reconnaît ses fautes et les droits de Tamar.

Cela ne fait pas nécessairement de l'auteur une femme. Mais cela signifie qu'il est impossible de trancher péremptoirement en décrétant que l'auteur était un homme. Il est vrai que le métier de scribe, dans l'ancienne Israël, était masculin, mais cela n'exclut pas la possibilité qu'une femme ait pu composer un ouvrage digne d'être chéri dans ce pays.

Quand vivaient-ils ?

Quand vécurent et écrivirent ces deux auteurs ? Puisque le récit de J rapporte la dispersion de Siméon et Lévi, mais pas celle des autres tribus, son auteur écrivit très probablement avant que les Assyriens n'eussent détruit et exilé Israël en 722 avant notre ère. On pourrait concevoir que J ait pu être écrit aussi primitivement que pendant les règnes de David ou Salomon, mais l'accent mis sur l'importance de l'arche et l'interdit lancé contre les dieux de métal fondu ont des airs de polémique contre le Royaume d'Israël. Cela indique une composition postérieure à la division des royaumes. En outre, les récits J de Jacob et Ésaü reflètent la rupture d'Édom avec Juda (« Tu secoueras son joug de dessus tes épaules »). Cela se produisit sous le règne du roi de Juda Jéhoram entre 848 et 842 avant notre ère.[22] Cela situerait l'auteur de J entre 848 et 722. Quant à l'auteur de E, il composa en Israël, le royaume du Nord, dont l'existence s'étend de 922 à 722. Il est difficile de resserrer davantage les recherches au sein de cette période.[23]

L'essentiel est que J et E furent tous deux écrits avant qu'Israël ne fût détruite par les Assyriens. À cette date, les Assyriens menèrent une déportation de la population d'Israël. Certes, maints Israélites ont fui vers la Judée comme réfugiés. Les fouilles archéologiques dans la Cité de David confirment que la population de Jérusalem s'accrut énormément à cette période. Le scénario historiquement le plus vraisemblable est que le texte E est parvenu en Judée dans ce flot de population et d'événements. Des Lévites fuyant les Assyriens laisseraient peu volontiers leurs documents de valeur derrière eux.

L'assimilation d'Israélites du Nord récemment arrivés dans la population de Judée après 722 ne posait pas forcément en soi d'insurmontables difficultés. Israélites et Judéens étaient parents. Ils parlaient la même langue, l'hébreu. Ils adoraient le même Dieu, Yahvé. Ils partageaient les traditions ancestrales des patriarches et les traditions historiques de l'exode et du désert. Mais que faire de deux documents, chacun rapportant les traditions nationales sacrées, tout en soulignant des événements et des personnages différents et, à l'occasion, se contredisant l'un l'autre ? La solution adoptée, apparemment, fut de les combiner.

La combinaison de J et E

On pourrait se demander pourquoi la ou les personnes responsables de cette tâche ne se contentèrent pas d'exclure l'une ou l'autre de ces deux sources. Pourquoi ne pas faire de E, ou plus probablement de J, le texte officiel en rejetant ou ignorant l'autre version ? Une réponse courante à cette question est que la communauté biblique avait un trop grand respect de la parole écrite pour ignorer un document reçu qui portait la marque de l'antiquité. Le problème dans cette vision est que ni J ni E ne sont de toute façon complets dans le texte dont nous disposons. Manifestement, les éditeurs n'ont pas répugné à retravailler les textes reçus avec les ciseaux et la colle. On peut donc difficilement avancer qu'ils aient retenu des textes par simple déférence pour des documents qu'on leur avait transmis.

Une raison plus plausible d'avoir retenu à la fois J et E est que tous deux étaient devenus trop connus pour qu'on puisse s'en tirer simplement en excluant l'un ou l'autre. On n'aurait pas pu réciter l'histoire des événements du Sinaï sans mentionner l'épisode du veau d'or, par exemple, car quelqu'un dans l'assistance (surtout un ancien nordiste) se serait souvenu de l'histoire et aurait protesté. On n'aurait pas pu dire l'histoire d'Abraham sans citer les événements d'Hébron, parce que quelqu'un dans l'assistance (surtout quelqu'un d'Hébron) aurait eu des objections. La notoriété des récits de J et E à l'époque imposait de préserver les deux.

On peut s'interroger alors : pourquoi donc les combiner ? pourquoi ne pas préserver J et E séparément ? Pourquoi furent-ils segmentés et combinés selon le mode que nous avons observé par exemple dans le récit du déluge ? Probablement parce que préserver séparément J et E aurait fragilisé l'authenticité de l'un et de l'autre. Si tous deux avaient dû tenir côte à côte sur une même étagère, cela aurait été un rappel de l'histoire duelle qui avait produit deux versions alternatives. Et cela aurait affaibli le pouvoir d'autorité de chacun d'eux.

Bref, la combinaison des deux ouvrages était liée tout autant aux réalités politiques et sociales du temps que leur écriture avait pu l'être jadis. L'unification des deux ouvrages reflétait l'unification (mieux : la *ré*unification) des deux communautés après deux cents ans de division.

Il y a encore bien des choses à découvrir pour cerner qui écrivit J et E. Nous ignorons les dates précises de leur existence, et ne connaissons pas leur nom. Mais je crois que ce que nous connaissons est plus important. Nous en savons beaucoup sur leur monde et sur la façon dont ce monde produisit ces récits qui continuent de nous enchanter et de nous instruire. Nous restons toutefois sur notre faim, à défaut d'avoir plus de précisions sur les auteurs. Tournons-nous alors vers la source D ; nous pouvons en savoir plus sur la personne qui l'a assemblé que sur ceux qui ont écrit J et E. Peut-être même son nom.

Chapitre 4

LE MONDE QUI A PRODUIT LA BIBLE 722 - 587 av. J.-C.

Changement

Quand l'Empire assyrien détruisit le Royaume d'Israël en 722, le monde qui produisit J et E s'acheva à jamais. Juda, désormais privé de son frère-compagnon-rival, se modifia. Le changement politique induisait aussi un changement économique et social et, comme toujours, un changement religieux. Et cela eut bien sûr un impact sur la manière dont la Bible allait se former.

La terre et le peuple étaient différents après 722. Le pays était plus petit. Le roi de Juda régissait un territoire d'environ la moitié de la taille du royaume uni que David et Salomon avaient dirigé. La politique internationale était d'une autre nature. Juda était désormais en position de faiblesse. C'était l'âge des grands empires en Mésopotamie : Assyrie d'abord, puis Babylone. Et ces empires avaient la capacité et le désir de conquérir l'Ouest. Soumettre Juda était une promesse de revenus (butin d'abord, tribut ensuite), du contrôle assuré des routes commerciales entre Afrique et Asie, et d'un placement stratégique au seuil de l'Égypte.

La nouvelle politique internationale affectait aussi la religion. Un petit royaume devenant vassal d'un vaste empire pouvait être contraint de placer les statues des dieux de l'empire dans ses temples. Par ce signe, le vassal acceptait l'hégémonie de l'empire. L'équivalent dans les temps modernes serait l'obligation pour un petit pays défait d'arborer le drapeau de l'État qui l'aurait conquis. Mais une idole n'est pas tout à fait la même chose qu'un drapeau. Les périodes où l'Assyrie domina Juda entraînaient souvent un conflit religieux à Jérusalem. Le roi de Juda se mettait à honorer un dieu païen, et les prophètes de Judée l'accusaient de promouvoir l'idolâtrie. Un historien moderne dirait que le roi de Juda acceptait la suzeraineté assyrienne. L'historien biblique, lui, enseignant l'histoire d'un point de vue religieux, dirait que le roi « faisait ce qui est mal aux yeux de Yahvé. »

Autre différence dans la vie en Judée : la chute d'Israël était un fait, un spectre avec lequel il fallait compter. Les Judéens (et les réfugiés d'Israël) pouvaient l'interpréter de diverses manières, mais personne ne pouvait ignorer ses implications politiques et religieuses. Pour certains, le fait qu'Israël était tombé et que Juda était debout montrait que Juda était meilleur, en termes d'éthique ou de fidélité à Yahvé. Pour d'autres, cela montrait simplement qu'il était *possible* au peuple de Dieu de périr ; c'était donc un avertissement pour Juda. Après la catastrophe de 722, il devenait certainement plus malaisé de se gausser d'un prophète prédisant la chute du Royaume de Juda.

Le pouvoir et le prestige du roi étaient amoindris. Les descendants de David sur le trône de Jérusalem furent, la plupart du temps, vassaux des empereurs d'Assyrie ou de Babylone. Ils dépendaient en permanence de l'évolution des rapports entre les grandes puissances—Assyrie, Babylone, Égypte—au lieu d'être des forces politiques majeures de leur propre région (sans parler du Proche-Orient antique dans son ensemble). Même aux jours des royaumes divisés, Juda et Israël avaient eu chacun des périodes de puissance dans la région, mais il en restait si peu de choses, à l'heure où l'ombre de l'Assyrie s'étendait jusqu'à la Méditerranée.

D'autres situations avaient changé. Il n'y avait plus la moindre fonction pour les chefs de tribu après 722. Pour toutes sortes de raisons, il n'y avait plus de tribus. Concernant les prêtres, il est difficile de dire s'il y eut des rivalités entre groupes sacerdotaux en Judée (comme ce fut le cas en Israël) avant 722. Après 722, en tout cas, chaque afflux de Lévites du Nord amenait son lot de conflits entre maisons sacerdotales, d'où émergeaient de nouveaux équilibres.

Un autre facteur encore apparut après 722 : la présence de JE, le récit combiné de la mémoire sacrée de la nation. Cet ouvrage lui-même devait jouer un rôle dans la création d'autres oeuvres. Et il y avait aussi un autre livre en Judée qui allait désormais jouer un rôle dans cette histoire.

Le Roi Ézéchias

Les événements politiques et religieux continuèrent de s'influencer mutuellement. Le Roi Ézéchias régna sur Juda de 715 à 687 environ. Selon les livres bibliques d'Isaïe, 2 Rois, et 2 Chroniques, il mena une réforme religieuse et politique. L'archéologie nous fournit des indices qui confirment et même complètent ce tableau. La réforme religieuse d'Ézéchias semble s'être traduite par la suppression de diverses formes de pratiques religieuses autres que le culte en vigueur au Temple de Jérusalem. La réforme politique comportait également une rébellion contre les Assyriens et une tentative d'étendre le contrôle judéen sur les territoires qui avaient fait partie de feu le Royaume d'Israël, ainsi que sur les cités philistines. Tant les aspects religieux que politiques de la réforme d'Ézéchias eurent d'énormes conséquences sur le destin historique du pays et sur la Bible.

La réforme religieuse signifiait plus que la destruction des idoles et la purification du Temple. Elle signifiait aussi la destruction des lieux du culte de *Yahvé* hors du Temple de Jérusalem. En dehors du Temple étaient en effet apparus divers lieux saints où l'on pouvait sacrifier à Dieu localement.

Ces lieux de culte dans les communautés locales étaient appelés des « hauts lieux ». Ézéchias les supprima. Il promut la centralisation de la religion au Temple de Jérusalem.

Pour saisir le bouleversement que cela introduisit, il faut avoir quelques notions sur la pratique du sacrifice dans le monde biblique. La fonction du sacrifice dans la Bible est l'une des choses les moins bien comprises. Le lecteur moderne n'y voit souvent qu'une cruelle et vaine atteinte à la vie animale, ou bien il pense qu'offrir des sacrifices consistait à se défaire de quelque chose comme compensation de quelque péché ou pour gagner la faveur de Yahvé. En réalité, dans le monde biblique, le type le plus commun de sacrifice était pour les *repas*. La logique qui commandait cette pratique, semble-t-il, était qu'on ne pouvait manger de la viande sans ôter la vie, et que cela ne pouvait être considéré comme un acte ordinaire de la vie quotidienne séculière ; c'était un acte sacré, à accomplir de façon codifiée, par une personne désignée (un prêtre), sur un autel. Une partie du sacrifice (une dîme) était offerte au prêtre. Cela s'appliquait à tous les plats de viande, mais pas au poisson ni à la volaille.

La centralisation de la religion impliquait que, si vous vouliez manger du mouton, vous ne pouviez plus sacrifier le mouton à la maison ou dans un sanctuaire local. Il fallait amener l'animal à un prêtre du Temple de Jérusalem. Cela signifiait aussi un rassemblement important de prêtres lévites à Jérusalem, à présent le seul lieu reconnu où ils pouvaient faire les sacrifices et recevoir leurs dîmes. Cela signifiait aussi un pouvoir et un prestige considérables pour le grand-prêtre de Jérusalem et la famille sacerdotale dont il était issu. Cette idée de centraliser la religion autour d'un seul temple et d'un seul autel fut une étape importante dans le développement de la religion judéenne. Plus de deux mille ans après, cela s'avère aussi une piste majeure conduisant à l'auteur de la Bible.

Un autre point de la réforme religieuse d'Ézéchias mérite une mention spéciale. D'après le Deuxième Livre des Rois, il y avait un serpent d'airain (bronze) en Judée, que l'on disait avoir été fait par Moïse lui-même. On en trouve un écho dans un récit de la source E.[1] Dans ce récit, le peuple murmure contre Moïse et contre Dieu dans le désert. Dieu envoie des serpents empoisonnés qui mordent et tuent beaucoup de gens. Le peuple se repent. Dieu dit à Moïse de faire un serpent d'airain et de le brandir sur une perche. Dès lors, chaque fois qu'un Israélite est mordu par un serpent, il doit regarder le serpent d'airain pour être guéri. L'association du serpent et de Moïse en E est doublement intéressante, car récemment l'archéologie a permis de découvrir un petit serpent de bronze à Madian. Madian est la patrie de la femme de Moïse, et ce dernier est lié au clergé madianite par son beau-père Jéthro, le prêtre madianite. Or, selon 2 Rois, le Roi Ézéchias

> mit en pièces le serpent d'airain que Moïse avait fabriqué. Jusqu'à ce temps-là, en effet, les enfants d'Israël lui offraient des sacrifices.[2]

Comment Ézéchias osa-t-il détruire une relique vieille de cinq siècles que l'on disait faite par Moïse lui-même ? Si le peuple agissait mal en y brûlant de l'encens, pourquoi ne pas les en avoir empêché ou avoir déplacé le serpent dans le Temple ou au palais ? La réponse à cette question sera liée à la quête de deux des auteurs de la Bible.

Le rejet par Ézéchias de la suzeraineté assyrienne attira une réplique militaire massive. Sennachérib, empereur de l'Assyrie, déploya une force puissante pour mettre Juda à genoux. Il y parvint largement, mais pas complètement. Les Assyriens prirent le fort judéen de Lakish lors d'un puissant assaut militaire qui n'est pas sans évoquer la fameuse capture de Massada par les Romains, huit cents ans plus tard. Lakish était juchée sur un tertre élevé qui dominait la région (voir la carte). Les Assyriens construisirent une rampe d'énormes pierres montant sur le flanc du tertre, jusqu'aux portes de Lakish. Les fouilles en cours à Lakish livrent une partie de cette histoire.

L'autre côté de l'histoire est livré par les fouilles de Ninive, la capitale de l'Empire assyrien. L'empereur assyrien y décora les murs de son palais de fresques de la bataille de Lakish. Ces fresques murales, impressionnantes par la taille et le talent artistique, sont parmi les rares fresques connues montrant à quoi ressemblaient les Juifs des temps anciens. Elles sont situées à présent au British Museum, et il en existe des moules au Musée d'Israël. Ces deux sources archéologiques réunis, celle de Ninive et celle de Lakish, témoignent de la puissance et de la détermination extraordinaires des Assyriens.

Pourtant, les Assyriens ne purent abattre le Royaume de Juda comme ils l'avaient fait d'Israël. La confrontation entre Assyriens et Judéens à Jérusalem est particulièrement intéressante car elle est un des rares cas où nous avons des témoignages à la fois bibliques et archéologiques d'un même événement.

La Bible rapporte en trois endroits le déroulement des faits.[3] Le récit assyrien apparaît dans un document exhumé des fouilles de Ninive, l'« Inscription du Prisme » de Sennachérib. Sa forme octogonale vaut son nom à cette stèle d'argile. Sur ses huit côtés, Sennachérib inscrivit le récit de ses campagnes militaires. L'inscription est en akkadien, le langage dominant de Mésopotamie à cette époque. Écrite en caractères cunéiformes, elle est présentement exposée au British Museum. Nous avons donc le rare privilège de disposer de la version des faits de chaque camp : la vision des Judéens assiégés à l'intérieur des remparts de Jérusalem et la vision assyrienne des assaillants de l'autre côté des murs. Le récit biblique conclut :

> Cette même nuit, l'Ange de Yahvé sortit et frappa dans le camp assyrien cent quatre vingt cinq mille hommes. Le matin au réveil ce n'était plus que des cadavres. Et Sennachérib roi d'Assyrie leva le camp et partit. Il s'en retourna et resta à Ninive.[4]

Ainsi la Bible rapporte que Jérusalem, sous le Roi Ézéchias, fut sauvée de la capture assyrienne et d'une possible destruction. Voici maintenant une traduction de la partie qui nous intéresse dans l'Inscription du Prisme :[5]

> Et Ézéchias le Judéen, qui ne se soumit pas à mon joug : j'assiégeai et capturai quarante-six de ses places fortes et les petites villes environnantes d'un nombre incalculable, installant des rampes, approchant des engins de siège, déployant l'infanterie, et employant des brèches, des percées, des échelles d'assaut. Je

> m'emparai de 200 150 personnes, grands et petits, hommes et femmes, des chevaux, des ânes, des mules, des chameaux, des boeufs, des moutons et des chèvres en quantités innombrables, et les comptai comme butin.
>
> *Lui-même, je l'enfermai comme un oiseau en cage retranché dans Jérusalem, sa ville royale.* Je reliai entre eux les ouvrages de siège contre lui, de sorte que je retournai ceux qui sortaient de la porte de la ville en un tabou pour lui. Je détachai du pays les villes que j'avais pillées et les donnai à Mitinti, roi d'Ashod, à Padi, roi d'Ekron, et à Silli-Bel, roi de Gaza, diminuant ainsi son territoire. À l'ancien tribut, j'ajoutai et fixai contre lui l'octroi de leur tribut annuel, des cadeaux de bienvenue pour ma seigneurie.
>
> La peur de la splendeur de ma majesté submergea Ézéchias, et les Arabes et troupes d'élite qu'il avait fait venir pour renforcer Jérusalem sa capitale royale cessèrent le travail. Il envoya un lourd tribut et ses filles, et son harem et ses chanteurs, ainsi que trente talents d'or, huit cents talents d'argent, de l'antimoine, des blocs de pierre, des sofas et fauteuils d'ivoire, du cuir d'éléphant, de l'ivoire, de l'ébène, du buis, et toutes sortes de choses au milieu de Ninive, ma ville seigneuriale, et il envoya ses ambassadeurs pour donner le tribut, et les manifestations de sa vassalité.

Voilà deux rapports du Proche-Orient ancien aussi contradictoires que des rapports du Proche-Orient moderne. La Bible décrit des Assyriens revenant peu fiers chez eux après qu'un ange eût frappé de mort une grande partie de leur armée. L'Inscription du Prisme parle d'Assyriens victorieux ramenant chez eux un immense butin.

Comment retrouver l'événement réel derrière ces deux versions ? Il ne nous appartient pas de déterminer l'historicité d'un rapport sur l'activité d'un ange. Et nous ne pouvons faire vérifier l'exactitude du butin assyrien. Nous pouvons toutefois examiner ce que les deux récits ont en commun. Sennachérib, dans les deux premières phrases, revendique la capture de nombreuses places fortes de la province judéenne. Le récit biblique l'admet en 2 Rois 18/13 :

> En la quatorzième année du Roi Ézéchias, Sennachérib, roi d'Assyrie, monta contre toutes les villes fortes de Juda et s'en empara.

Il n'y a pas de contradiction ici entre nos sources concernant les succès militaires initiaux. La question est de savoir ce qui s'est passé lors du siège de Jérusalem. La ligne clé de l'Inscription de Sennachérib est qu'il se vante d'avoir maintenu le Roi Ézéchias « enfermé comme oiseau en cage retranché dans Jérusalem, sa ville royale ». La formule est suspecte. La fonction d'un siège en d'autres lieux (comme à Lakish) n'est pas de garder l'ennemi « enfermé ». Le but d'un siège est plutôt de *pénétrer*. Le fait est que Sennachérib ne prétend pas avoir pris Jérusalem. Il donne plutôt l'impression de vouloir sauver la face par l'image de « l'oiseau en cage » et en soulignant la quantité de tribut payé.

Le siège fut peut-être un match nul où les Assyriens ne purent prendre la ville et où les Judéens ne purent lever le siège. En conséquence, les Judéens payèrent une somme qu'extorquèrent les Assyriens contre leur retrait. De fait le Deuxième Livre des Rois rapporte que Sennachérib exigea initialement une somme de trente talents d'or et trois cents talents d'argent, et le texte biblique ne dit pas très clairement si Ézéchias fut en fait capable de rassembler le montant complet.[6] Cela recoupe suffisamment les dires de Sennachérib d'avoir reçu trente talents d'or et huit cents talents d'argent, pour nous permettre de croire que quelque transaction eut lieu.

Jérusalem devait sa capacité de soutenir un siège en partie à son excellente position stratégique sur une colline surplombant une vallée d'où les Assyriens devaient attaquer *en montant*. Un autre facteur crucial de la guerre de siège était la réserve d'eau. Ézéchias fit faire un tunnel sous la ville pour acheminer l'eau depuis la source située en bas.[7] Le tunnel d'Ézéchias, oeuvre architecturale importante pour l'époque, est maintenant ouvert au public dans le cadre des fouilles de la Cité de David à Jérusalem.

Le point important de toute cette affaire est que le règne du Roi Ézéchias fut un tournant de l'histoire. Face au pouvoir assyrien, Israël était tombée, et Juda avait survécu—fût-ce comme tributaire de l'Assyrie. Les campagnes judéennes avaient beau avoir souffert, Jérusalem avait tenu le siège assyrien. La population de Jérusalem s'accrut durant cette période. La ville devint le centre religieux exclusif de la région. De toute la Judée, il fallait y amener les sacrifices, aussi connut-elle un grand afflux de bétail et de denrées.

La fin de la réforme

Le fils et le petit-fils d'Ézéchias, qui lui succédèrent à Jérusalem, ne suivirent pas ses traces. Peut-être ne le pouvaient-ils pas. Les forces assyriennes resurgirent en Judée durant le règne du fils d'Ézéchias, Manassé. Selon des récits bibliques, les Assyriens emprisonnèrent même le Roi Manassé quelque temps à Babylone (le frère de l'empereur assyrien régnait alors à Babylone). Soit du fait de l'insistance assyrienne, soit du fait de pressions internes, soit encore par conviction religieuse, Manassé et son fils Amon réintroduisirent le culte païen à Jérusalem, y compris des statues païennes dans le Temple. Ils rebâtirent aussi les hauts lieux, les endroits de sacrifices autres que Jérusalem, mettant donc fin à la centralisation religieuse d'Ézéchias.

Le règne du Roi Amon fut abrégé par un assassinat. Il devint roi à l'âge de vingt-deux ans et fut tué à vingt-quatre. Son fils Josias devint alors roi de Juda. Il avait huit ans.

Le Roi Josias

Nous ne savons pas qui dirigea le pays ni influença le roi jusqu'à ce qu'il fût en âge de régner. Un membre de la famille royale ou un prêtre peuvent avoir été régents. Les Livres des Rois et des Chroniques rapportent le cas antérieur d'un roi qui n'était pas encore en âge de gouverner (le Roi Joas, devenu roi à l'âge de trois ans) : le grand-prêtre fit alors office de régent. Des influences sacerdotales peuvent s'être exercées sur Josias aussi, car ayant atteint un âge suffisant pour gouverner, il renversa la politique religieuse de son père et de son grand-père. Son action ressemblait davantage à celle de son arrière-grand-père Ézéchias.

Comme Ézéchias, il institua une réforme religieuse. Comme Ézéchias, il brisa les idoles, purifia le Temple et étendit sa sphère d'influence au territoire qui avait été naguère celui du Royaume d'Israël avant 722. Comme Ézéchias, il centralisa la religion à Jérusalem. Une fois encore, les hauts lieux furent détruits. Les gens devaient apporter tous les sacrifices sur l'autel central et exclusif du Temple. Les prêtres de tous les hauts lieux furent emmenés à Jérusalem pour occuper des tâches subalternes au côté des prêtres du Temple.

Outre les influences humaines qui s'exercèrent sur Josias—la cour et le cercle sacerdotal, les rapports de forces intérieurs et internationaux—un autre facteur pesa sur sa réforme : un livre. D'après les chroniqueurs bibliques, en la dix-huitième année du règne de Josias, en 622 avant Jésus-Christ, Josias reçut du scribe Shaphân l'information que le prêtre Hilqiyyahu avait trouvé un « rouleau de la *torah** » dans le Temple de Yahvé.[8] Quand Shaphân lut au roi le texte de ce livre trouvé par Hilqiyyahu, le Roi Josias déchira ses vêtements, un signe d'extrême angoisse dans le Proche-Orient ancien. Il consulta une prophétesse sur le sens du livre et tint ensuite une cérémonie nationale géante d'alliance entre Dieu et le peuple. Selon une des sources bibliques, c'est après la lecture du livre que Josias aurait détruit les hauts lieux. Josias détruisit également l'autel de Béthel où se tenait jadis l'un des veaux d'or du Roi Jéroboam. Cet acte religieux était aussi un acte politique : il exprimait l'intérêt du monarque judéen pour cette terre qui avait été le Royaume d'Israël.

Qu'était donc ce livre ? Pourquoi inspira-t-il une action de réforme religieuse ? Qui était le prêtre Hilqiyyahu ? Où était

---

* Écrit en italique et sans majuscule, *torah* est simplement le mot hébreu signifiant « loi » ou « instruction ». Écrit avec une majuscule, « Torah » désigne le Pentateuque, les Cinq Livres de Moïse. (NdE)

ce livre avant qu'on le découvre ? L'identité de ce livre et de son auteur sont le sujet du prochain chapitre. Mais avant cela il est nécessaire d'en savoir plus sur le monde du Roi Josias et de ses successeurs sur le trône de David.

La politique internationale avait connu un changement important. L'Empire assyrien s'était affaibli et Babylone menaçait de le remplacer comme grande puissance du Proche-Orient. C'est peut-être la faiblesse de l'Assyrie qui procura à Josias la liberté d'agir de façon si indépendante.

Quant à l'Égypte, elle se rangea aux côtés de son ancienne rivale l'Assyrie contre la puissance montante de Babylone et d'autres nations. Quand l'armée égyptienne traversa le territoire de Juda pour aller soutenir les Assyriens, Josias alla à la rencontre des Égyptiens pour les attaquer à Megiddo. Une flèche égyptienne le fit périr. Il n'avait alors que quarante ans.

Les dernières années de Juda

La mort prématurée de Josias signifiait une fin prématurée pour l'indépendance politique de son pays, et pour la réforme religieuse. Les hauts lieux réapparurent. Trois de ses fils et un petit-fils régnèrent dans les vint-deux années suivantes. Tous commencèrent jeunes et ne survécurent pas longtemps.

Le premier, Joachaz, régna trois mois. Le roi égyptien le défit, le détrôna, le déporta en Égypte et plaça son frère Joiaqim sur le trône à sa place.

Joiaqim, vassal de l'Égypte, régna onze ans. Il fut défait par les Babyloniens qui, entre-temps, avaient mis fin à l'Empire assyrien. Il périt durant la campagne babylonienne contre Juda.

Son fils Joiakîn lui succéda et régna trois mois, avant d'être capturé et détrôné par les Babyloniens. L'empereur babylonien, Nabuchodonosor, exila Joiakîn à Babylone avec des milliers d'autres Judéens : nobles, chefs militaires, scribes, artistes, bref tous ceux qui pouvaient être une menace en Judée et utiles à Babylone. Nabuchodonosor plaça un autre des fils de Josias, Sédécias, sur le trône.

Sédécias, vassal de Babylone, régna onze ans. Vers la neuvième année, il se rebella contre Nabuchodonosor. L'armée babylonienne revint et détruisit Jérusalem. Des milliers d'autres Judéens furent déportés à Babylone. La mort de ses enfants fut la dernière chose que Sédécias put voir : Nabuchodonosor lui creva les yeux, après avoir fait exécuter ses enfants devant lui.

C'est de cette horrible manière que prit fin le règne de la famille de David à Jérusalem. Nabuchodonosor ne plaça plus de membres de cette famille sur le trône. Au lieu de cela, il désigna un gouverneur juif, Godolias, fils de Ahiqam, fil de Shaphân. Notons qu'il est le petit-fils de Shaphân, l'homme par qui la découverte du « rouleau de la *torah* » avait été rapportée au Roi Josias des années auparavant. Josias était un roi qui avait résisté aux Assyriens et aux Égyptiens, ce qui pouvait lui donner un profil pro-babylonien. La famille Shaphân également comptait au moins trois générations d'appartenance à un parti pro-babylonien de Juda. Ce parti comptait aussi dans ses rangs le célèbre prophète Jérémie. Le livre biblique de Jérémie fait l'éloge du Roi Josias mais pas de ses successeurs sur le trône. Shaphân, Jérémie ou Godolias se définissaient simplement comme pro-judéens, mais le fait est qu'ils favorisaient un roi anti-assyrien et s'opposaient à la rébellion contre Babylone. Nabuchodonosor les perçut donc comme pro-babyloniens. Et il fit de Godolias, un membre de ce parti, son gouverneur local.

C'était un énorme affront à la maison de David. Deux mois plus tard, un membre de cette famille assassinait Godolias.

Cela laissait la population restante de Judée dans une position délicate. Nabuchodonosor, le grand empereur, avait laissé au pouvoir le gouverneur de son choix. Ce dernier avait été assassiné. Le peuple de Juda ne pouvait qu'être terrifié à l'idée des représailles de l'empereur. Il semblait n'y avoir qu'une seule destination possible pour échapper à sa vengeance : l'Égypte. Le Deuxième Livre des Rois et le Livre de Jérémie rapportent que pratiquement toute la population qui était restée en Judée se réfugia en Égypte. C'était un sort tragiquement ironique pour un peuple qui, selon ses propres traditions, y avait débuté comme esclave.

C'est en 587 avant notre ère que Nabuchodonosor prit et brûla Jérusalem. Cette année constitue donc un autre tournant dans le destin du peuple d'Israël-Juda. La ville fut détruite, le peuple fut conduit en exil à Babylone ou se réfugia en Égypte, leur temple fut détruit, l'arche fut perdue (son sort reste un mystère jusqu'à nos jours), leur famille royale vieille de quatre cents ans fut détrônée, et leur religion se trouva devant les plus grands défis qu'elle ait jamais connus.

Les dates marquantes de l'histoire biblique semblent être ses désastres. Les moments historiques qui ouvrent et clôturent ce chapitre sont la chute d'Israël en 722 et la chute de Juda en 587. Certes, ces deux dates repères nous en disent peut-être plus sur les perceptions des historiens modernes que sur le monde biblique. Mais cela confirme certainement que les grandes crises historiques jouèrent des rôles critiques dans la formation de la Bible. En tout cas, nous devons noter que les années qui s'écoulèrent entre 722 et 587 furent loin de constituer une succession de désolations. Ce furent des temps marqués par des personnalités puissantes et de grands événements, notamment la montée et la chute de grands empires. Ces années comportèrent des phases d'espoir et de vision glorieuse, en particulier durant les règnes d'Ézéchias et de Josias. Ces périodes produisirent un Isaïe, un Jérémie et un Ézéchiel. C'est précisément à cette époque d'empires en conflit, de rébellions, de violence et de cruauté, qu'un homme entrevit une ère où

> Ils briseront leurs épées pour en faire des socs
> et leurs lances pour en faire des serpes
> On ne lèvera plus l'épée nation contre nation
> On n'apprendra plus à faire la guerre.[9]

Dans cet âge, on s'attend naturellement à ce qu'un auteur biblique évoquât ses rois, son peuple et son Dieu d'une façon différente des auteurs écrivant sous David, Salomon et

Jéroboam. Il est un auteur qui, à cette époque, rassembla une histoire de son peuple depuis Moïse jusqu'à ses propres jours. Comme pour les auteurs de J et E, le monde dans lequel vécut cet auteur eut un impact sur le récit qu'il rapporta et sur sa façon de rapporter.

Chapitre 5

À LA COUR DU ROI JOSIAS

Le Livre du Temple

Le livre que le prêtre Hilqiyyahu disait avoir trouvé dans le Temple en 622 avant notre ère était le Deutéronome.

Ce n'est pas une découverte nouvelle. Des Pères de l'Église primitive, notamment Jérôme, disaient déjà que le livre lu au Roi Josias était le Deutéronome. Thomas Hobbes, le premier chercheur moderne à dire que la majorité du Pentateuque n'était pas de Moïse, pensait aussi que le code de loi du Deutéronome était bien ce que le Roi Josias avait entendu. Hobbes soutenait toujours que le Deutéronome était vraiment de Moïse lui-même, qu'il avait été égaré pendant longtemps, et que Hilqiyyahu l'avait retrouvé. Mais des chercheurs ultérieurs devaient le contester.

En Allemagne en 1805, W. M. L. De Wette rechercha l'origine du Deutéronome. Il suggéra que le Deutéronome était le livre transmis par Hilqiyyahu au Roi Josias, mais il contesta que ce livre fût de Moïse. Selon lui, le Deutéronome n'était pas un vieux livre mosaïque perdu depuis longtemps puis retrouvé par le prêtre Hilqiyyahu. Il fut plutôt écrit peu de temps avant d'être « trouvé » dans le Temple, et sa « découverte » était une simple mascarade. Le livre fut écrit pour préparer le terrain à la réforme religieuse de Josias.

Par exemple, dans le code de loi du Deutéronome, le premier commandement est de ne sacrifier à Dieu qu'en un seul lieu. C'est exactement ce qu'accomplit Josias : il abattit tous les lieux de culte autres que le Temple. Cela revenait à placer toute l'influence et tous les revenus de la religion entre les mains du clergé du Temple de Jérusalem. Or, *c'était un prêtre de Jérusalem qui avait trouvé le livre.*

La centralisation du culte était-elle une pratique ancienne qui s'était perdue quelques générations avant Josias ? Ou était-ce quelque chose de nouveau, mis au point par les chefs religieux de l'époque de Josias pour justifier une réforme allant dans leur propre intérêt ?

De Wette fit remarquer que dans les Livres de Samuel et des Rois, les figures primitives de l'histoire d'Israël ignorent tout d'une loi de centralisation. Samuel, le prophète-prêtre-juge qui oint Saül et David, sacrifie en maints endroits. Les trois premiers rois, Saül, David et Salomon, sacrifient aussi à plusieurs autels. Or, la partie historique des Livres de Samuel et des Rois n'en fait pas reproche à Samuel, David et Salomon. Aussi loin qu'on remonte dans l'histoire du peuple depuis son arrivée dans le pays, concluait De Wette, on ne trouve pas trace de l'existence d'une loi stipulant que le culte doive avoir lieu en un endroit central.

Cette loi de centralisation et d'autres choses encore amenèrent De Wette à conclure que le Livre du Deutéronome n'était pas un document perdu depuis longtemps, mais qu'il avait plutôt été écrit peu de temps avant sa « découverte » par Hilqiyyahu. Même écrit pour des buts légitimes, il n'en était pas moins faussement attribué à Moïse. De Wette parlait de « pieuse fraude ».

« Pieuse fraude », c'est vraiment user d'un langage fort, lorsqu'on parle d'une partie de la Bible. Son caractère « pieux » adoucit la nature de la « fraude », mais si peu. Hilqiyyahu, ou quelqu'un de son cercle, a-t-il composé un livre et prétendu le trouver, pour amener par la ruse le roi à le soutenir ? Ou la composition et la découverte du livre furent-ils un plan conjoint du roi et de Hilqiyyahu pour leurs desseins mutuels ? Ou le livre fut-il vraiment composé avant l'ère de Josias et Hilqiyyahu, puis rendu public et effectif par eux ?

Pour trouver des réponses et identifier les auteurs, il nous faut savoir plus précisément ce qui était écrit sur les rouleaux qu'on lut au Roi Josias. Nous avons besoin d'autres indices qu'il s'agissait bien du Deutéronome et nous devons donc savoir ce que contient le Deutéronome.

Et pas seulement le Deutéronome

Le Livre du Deutéronome se présente comme le discours d'adieu de Moïse avant sa mort. Son décor, ce sont les plaines de Moab, sur la rive du Jourdain qui fait face à la terre promise. Moïse et son peuple y sont arrivés après quarante ans d'errance dans le désert.

Moïse revoit les événements de ces quarante ans que lui et son peuple ont vécus ensemble. Il leur donne un code de loi pour vivre dans la nouvelle terre. Il désigne Josué pour lui succéder. Puis il gravit un mont d'où il peut voir le pays et il meurt là.

La première percée décisive pour cerner l'identité de la personne qui produisit ce récit fut la découverte d'un lien particulier entre le Deutéronome et les six livres de la Bible qui le suivent : Josué, les Juges, 1 et 2 Samuel, et 1 et 2 Rois. Ces six livres sont connus sous le nom de Prophètes Antérieurs.

En 1943, le savant bibliste allemand Martin Noth montra qu'il y avait une forte unité entre le Deutéronome et les six livres des Prophètes Antérieurs. Le Deutéronome et certaines parties des autres livres étaient trop semblables pour qu'on puisse parler de coïncidence. Noth montra qu'il ne s'agissait pas là d'un recueil d'écrits indépendants, mais plutôt d'une oeuvre unique savamment arrangée. Il s'agissait d'un récit continu et homogène retraçant l'histoire du peuple d'Israël dans son territoire. Tout, certes, n'était pas d'un seul auteur. Noth identifiait différentes sections, écrites par diverses personnes (comme l'Histoire de la Cour de David, et les récits de Samuel). Mais le produit fini était certainement l'ouvrage d'une seule personne.

Cette personne était à la fois un écrivain et un éditeur. Il (c'était un homme, nous le verrons) sélectionna les récits et autres textes dont il avait besoin, à partir des sources à sa disposition. Il inséra çà et là des commentaires de son crû. Et il rédigea des textes d'introduction qu'il plaça au début de l'ouvrage. Au total, il bâtit une histoire qui courait depuis Moïse jusqu'à la destruction de Juda par les Babyloniens.

Pour cet homme, le Deutéronome était *le* livre. Il composa son oeuvre de façon à ce que les lois du Deutéronome servent de fondement à l'histoire. Quand il évalua les rois d'Israël et de Juda comme « bons aux yeux de Yahvé » ou « mauvais aux yeux de Yahvé », il prit comme mesure leur obéissance aux lois du Deutéronome. Il décrivit une nation dont le destin entier avait reposé sur leur degré d'observation des commandements du Deutéronome. Un tel lien d'unité parut se dégager entre le Deutéronome et les six livres qui le suivent que Noth désigna l'ensemble des sept livres comme *l'histoire deutéronomique.*

L'analyse de Noth et le terme « histoire deutéronomique » en vinrent à être communément acceptés parmi les savants. Le dossier était solide. Le premier livre des Prophètes Antérieurs, le Livre de Josué, débute là où le Deutéronome s'achève. Il aborde des thèmes qui sont introduits dans le Deutéronome, et il traite de sujets qui sont mentionnés pour la première fois dans le Deutéronome. Des passages clés dans Josué, Samuel et les Rois usent d'une terminologie qui vient du Deutéronome et mentionnent des passages spécifiques du Deutéronome.

Ainsi, *la réponse à la question : « Qui écrivit le Deutéronome ? » devrait aussi nous indiquer qui écrivit six autres livres de la Bible.*

L'alliance

L'histoire deutéronomique couvre la période allant de Moïse à la fin du royaume. Elle décrit les derniers jours de Moïse, rapporte les épisodes de la conquête du pays, les récits des juges, des rois, la division du pays entre Israël et Juda, la chute d'Israël et enfin la chute de Juda. C'est un fabuleux recueil d'aventures : batailles, amours, miracles et politique. C'est de l'histoire, mais racontée dans une optique religieuse. Qu'est donc précisément une optique religieuse ? L'historien deutéronomique présente son histoire de bout en bout en termes d'*alliance*. Dans sa vision des choses, le sort des rois et du peuple est décidé par le maintien loyal de leur alliance avec Dieu.

Il est difficile de surestimer l'importance de l'alliance dans la Bible. Dans la tradition chrétienne, les termes mêmes d'Ancien *Testament* et Nouveau *Testament* reflètent cette importance, le mot latin *Testamentum* signifiant « alliance ». Outre leur signification théologique, littéraire et historique, les alliances bibliques donnent des indices qui aident à cerner qui écrivit la Bible.

Dans la Bible, les alliances sont des contrats écrits entre Dieu et les humains. Ils sont rédigés dans la terminologie standard des documents légaux en vigueur dans le Proche-Orient antique. J évoque une alliance entre Dieu et Abraham. J et E peignent une alliance entre Dieu et le peuple d'Israël au Mont Sinaï (ou Horeb) à l'époque de Moïse. Le Livre du Deutéronome laisse entendre que la loi mosaïque ne se limite pas aux seules lois données à Sinaï/Horeb. Elle comprend aussi les lois que Yahvé donne à Moïse dans les plaines de Moab, à la fin des quarante ans de traversée du désert. En d'autres termes, elle inclut les lois du Deutéronome. Plus tard dans l'histoire deutéronomique, une autre alliance apparaît : une alliance entre Dieu et le Roi David. Cette alliance fournit une clé sur l'identité de l'historien deutéronomique.

Selon 2 Samuel 7, Dieu promet à David que, comme récompense de sa loyauté, David et ses descendants dirigeront le royaume à jamais. Lorsque le prédécesseur de David,

Saül, meurt, son fils Ishbaal est assassiné sans être jamais remplacé par aucun autre membre de la famille de Saül. Mais David reçoit une promesse divine que son fils, son petit-fils, son arrière-petit-fils, etc., occuperont le trône sans discontinuité. La promesse est sans équivoque :

> Ta maison et ta royauté subsisteront à jamais devant moi,
> Ton trône sera affermi à jamais.[1]

On ne peut se tromper sur le message : la dynastie davidienne doit diriger le royaume à jamais. Il y aura toujours un descendant de David (un « Davidien ») sur le trône. Même si un roi davidien se conduit mal, il pourra en souffrir, mais lui et sa famille ne perdront pas le trône. Il s'agit d'une promesse d'alliance inconditionnelle de Dieu.

L'historien deutéronomique explique la division du royaume de David à l'époque de Jéroboam et Réhoboam à la lueur de cette promesse. À cause des offenses de Salomon, sa famille souffre la perte des tribus du Nord, mais la famille royale ne peut perdre le trône complètement. Ils doivent préserver au moins la tribu de Juda. Pourquoi ? Parce que Dieu a fait alliance avec David. Selon l'historien deutéronomique, quand le prophète Ahiyya de Silo dit à Jéroboam que Yahvé entend retirer le Royaume d'Israël au fils de Salomon et le donner plutôt à Jéroboam, Ahiyya dit ceci :

> C'est de la main de son fils que j'enlèverai le royaume et je te le donnerai, c'est-à-dire les dix tribus. Pourtant je laisserai à son fils une tribu, *pour que mon serviteur David ait toujours une lampe* devant moi à Jérusalem, la ville que j'ai choisie pour y placer mon nom.[2]

Ainsi, d'après la tradition d'alliance deutéronomique, même quand un roi de la maison de David s'égare, le trône, le royaume et sa capitale Jérusalem demeurent préservés, à jamais.

L'historien deutéronomique nous rappelle plusieurs fois ce principe dans son récit. Quand il évoque le petit-fils de David, Réhoboam, et son arrière-petit-fils, Abiyyam, l'historien critique ces deux rois. Il dit qu'il leur manquait la loyauté de David. Mais il explique qu'ils ont pu préserver leur royaume grâce aux termes de l'alliance davidique :

> [Abiyyam] imita les péchés que son père avait commis avant lui et son coeur ne fut pas tout entier à Yahvé son Dieu comme le coeur de son ancêtre David. *Pourtant, en considération de David, Yahvé son Dieu lui donna une lampe à Jérusalem,* en maintenant son fils auprès de lui et en épargnant Jérusalem.[3]

Quand il évoque l'arrière-arrière-arrière-arrière-petit-fils de David, Jéhoram, l'historien a ces mots :

> ... il fit ce qui déplaît à Yahvé. Cependant, Yahvé ne voulut pas détruire Juda, à cause de son serviteur David, selon la promesse qu'il lui avait faite de lui laisser toujours une lampe en sa présence.[4]

Ce thème de l'alliance éternelle avec David est intéressant en soi, mais ce qu'il a de particulièrement intéressant pour notre enquête, c'est qu'il soulève un mystère dans l'histoire deutéronomique. D'après Martin Noth, l'historien deutéronomique avait construit une histoire qui allait de Moïse à la conquête babylonienne de Judée. Dans cette conquête, l'empereur babylonien avait tué les enfants du roi davidien Sédécias, crevé les yeux de ce dernier, et l'avait conduit enchaîné à Babylone. Le royaume de David était tombé. D'où la question : pourquoi l'historien deutéronomique, s'il avait vu la chute du roi, a-t-il écrit un ouvrage où il est dit que Yahvé ne perdrait *jamais* son trône sur Juda, même si le roi « commettait des péchés », « faisait ce qui déplaît à Yahvé », et « n'avait pas un coeur tout entier pour Yahvé » ? Comment une personne ayant assisté à la chute du royaume pouvait-elle écrire un ouvrage affirmant que le royaume était *éternel* ? Il ne s'agissait pas là de déclarations figurées ou apocalyptiques, se référant à un âge futur de type messianique, comme il s'en développa dans le judaïsme et le christianisme plus tard. Dans ces passages d'alliance davidique, il y va de la sécurité de rois spécifiques sur le trône d'un royaume existant. Pourquoi quelqu'un écrirait-il ainsi après 587 ?

La première édition

Ces questions furent posées par l'expert biblique américain Frank Moore Cross de l'Université de Harvard en 1973.[5] Le raisonnement de Cross était qu'un individu qui avait vu la destruction du pays avait fort peu de raisons d'échafauder une théorie sur la sécurité éternelle du royaume. Cross souligna d'autres indices qui contredisaient que l'auteur deutéronomique ait pu écrire des années après la destruction.

Il mentionna un problème qui avait déjà intrigué des chercheurs avant lui. Il arrive à l'auteur deutéronomique de mentionner des choses existant « jusqu'à ce jour », alors que les choses en question existaient uniquement tant que le royaume était debout. Pourquoi quelqu'un écrivant une histoire, mettons en 560 avant notre ère, parlerait-il d'une situation existant jusqu'à ce jour, si cette situation avait pris fin en 587 ? Par exemple, 1 Rois 8/8 évoque des perches employées pour hisser et porter l'arche. Il affirme que les perches étaient dans le Temple de Salomon le jour de sa consécration et qu' « elles y sont restées jusqu'à ce jour ». Pourquoi quelqu'un écrirait-il ces mots après que le Temple eût été incendié ? Même si ces mots n'étaient pas les siens mais figuraient dans l'une de ses sources, pourquoi les conserverait-il, au lieu d'introduire une correction ? [6]

Cross suggéra que la raison de ces apparentes contradictions était qu'il y avait eu deux éditions de l'histoire deutéronomique. L'édition originale était due à quelqu'un qui vécut sous le règne du Roi Josias. C'était un récit positif, optimiste, de l'histoire du peuple, soulignant la solidité de l'alliance davidique et affirmant que le royaume s'épanouirait sous Josias et survivrait dans le futur. Mais après la mort de Josias, les règnes désastreux de ses fils et la chute du royaume, cette version originale de l'histoire nationale n'était plus d'actualité. Les tragiques événements connus de tous rendaient son optimisme ironique et même stupide. Aussi quelqu'un écrivit-il une nouvelle version de l'histoire après la destruction de 587.

La deuxième édition était à 95 pour cent identique à la première. La différence principale était que l'éditeur ajouta les derniers chapitres de l'histoire—les deux derniers chapitres du Deuxième Livre des Rois— qui donnent un très bref aperçu du règne des quatre derniers rois de Juda. L'histoire revisitée se concluait maintenant avec la chute de Juda. La personne qui produisit la deuxième version de l'histoire deutéronomique ajouta aussi quelques courts passages à des textes antérieurs pour rendre ces derniers plus pertinents dans la nouvelle situation historique.

La première édition parlait de choses existant « jusqu'à ce jour » car à l'époque de Josias, elles étaient toujours d'actualité. L'éditeur de la deuxième édition ne se donna pas la peine de les corriger parce que ce n'était tout simplement pas sa préoccupation. Son but n'était pas de réécrire toute l'histoire ni de dénicher des contradictions à effacer. Il ne fit qu'ajouter la fin de l'histoire et quelques lignes au commencement.

Si l'hypothèse de Cross était correcte, alors les enquêteurs précédents avaient cherché le Deutéronomiste au mauvais endroit et dans la mauvaise période.

À la cour du Roi Josias

Quels indices ont conduit à localiser à l'époque du Roi Josias l'auteur-éditeur de la version originale de l'histoire ? Pourquoi pas le règne du Roi Ézéchias ou celui d'un autre roi ?

Premièrement, bien des indices plaidaient déjà en faveur d'un lien entre le Livre du Deutéronome lui-même et Josias, comme Hobbes et De Wette l'avaient montré depuis longtemps. Le « rouleau de la *torah* » que le prêtre Hilqiyyahu avait trouvé dans le Temple passait depuis longtemps pour être le Deutéronome, ou tout au moins le code de loi du Deutéronome (chapitres 12-26).

Ensuite, Cross vit un indice dans la longueur du texte consacré à Josias. Deux chapitres entiers concernent ce roi dans l'histoire deutéronomique, alors que d'autres rois vécurent plus longtemps et firent plus de choses. Après tout, la réforme de Josias fit long feu. Les Livres de Jérémie, Ézéchiel, 2 Rois, et 2 Chroniques montrent tous que ses innovations furent pour la plupart délaissées après sa mort. Par exemple, les hauts lieux furent rebâtis. Pourquoi donc mettre l'accent sur ce roi particulier et sur sa tentative de réforme ? Parce que, répond Cross, il régnait quand le livre fut écrit. La première version de l'histoire deutéronomique fut spécifiquement écrite pour culminer avec Josias.

Il existe un autre indice de l'intérêt de l'auteur deutéronomique pour le Roi Josias : le texte le présente par son nom très tôt dans l'histoire. 1 Rois 13 rapporte un récit sur le Roi Jéroboam. Il venait de placer les veaux d'or à Dan et Béthel. Il se rend à Béthel pour célébrer un festival et gravit l'autel pour y brûler de l'encens. Et là se produit quelque chose d'étrange :

> Sur l'ordre de Yahvé, un homme de Dieu arriva de Juda à Béthel, au moment où Jéroboam se tenait près de l'autel pour offrir le sacrifice, et, par ordre de Yahvé, il lança contre l'autel cette proclamation : « Autel ! Autel ! Ainsi parle Yahvé : "Voici qu'il naîtra un fils à la maison de David, du nom de Josias, et il immolera sur toi les prêtres des hauts lieux qui ont offert sur toi des sacrifices, et il brûlera sur toi des ossements humains". »[7]

La mention « du nom de Josias » dans un récit qui se déroule trois cents ans avant sa naissance est remarquable, même dans un livre plein de prophéties et de miracles. Il n'est nul autre cas, dans l'histoire biblique, d'une aussi explicite prédiction désignant nommément une personne si longtemps à l'avance. En outre, l'auteur deutéronomique fera un usage spécial de cette allusion plus tard dans le récit. Relatant les péripéties de la réforme religieuse de Josias, le Deutéronomiste raconte que Josias va à Béthel détruire le haut lieu et l'autel qui sont là depuis les jours de Jéroboam. Le texte dit :

> De même pour l'autel qui était à Béthel, le haut lieu bâti par Jéroboam fils de Nébat qui avait entraîné Israël dans le péché, il démolit aussi cet autel et ce haut lieu, il en brisa les pierres et les réduisit en

> poussière ; il brûla le pieu sacré. Josias se retourna et vit les tombeaux qui étaient là, dans la montagne ; il envoya prendre les ossements de ces tombeaux et les brûla sur l'autel. Ainsi il le profana, accomplissant la parole de Yahvé qu'avait annoncé l'homme de Dieu lorsque Jéroboam se tenait à l'autel pendant la fête. et il prit les ossements qui étaient là dans les tombes et les brûla sur l'autel et le profana, conformément aux paroles de Yahvé que l'homme de Dieu avait criées. En se retournant, Josias leva les yeux sur le tombeau de l'homme de Dieu qui avait annoncé ces choses et il demanda : « Quel est le monument que je vois ? » Les hommes de la ville lui répondirent : « C'est le tombeau de l'homme de Dieu qui est venu de Juda et qui a annoncé ces choses que tu as accomplies contre l'autel. » « Laissez-le en paix, dit le roi, et que personne ne dérange ses ossements. »[8]

L'historien deutéronomique a donc placé une prophétie concernant Josias presque en tête du récit, et l'accomplissement de cette prophétie presque en fin. Mais il y a plus encore : entre les deux, l'auteur place tous les rois de l'histoire sans exception, d'Israël comme de Juda, en dessous de Josias. Il évalue chaque roi comme bon ou mauvais. La plupart sont mauvais. Ceux qui sont bons sont néanmoins imparfaits. Même David est critiqué pour son adultère avec Bethsabée et pour avoir envoyé son mari à la mort afin de la posséder. Même Ézéchias est critiqué, à travers le prophète Isaïe.[9] L'historien deutéronomique classe Josias, et Josias seul, comme absolument bon, sans restriction aucune. Il le dit explicitement :

> Il n'y eut avant lui aucun roi qui se fût, comme lui, tourné vers Yahvé de tout son coeur, de toute son âme et de toute sa force, en toute fidélité à la *torah* de Moïse, et après lui il ne s'en leva pas qui lui fût comparable. »[10]

Pour toutes ces raisons, Cross affirma que l'édition d'origine de l'histoire deutéronomique était l'oeuvre de quelqu'un vivant à l'époque de Josias, et que la seconde édition était l'oeuvre de quelqu'un vivant après la chute du royaume. Il appela la première édition Dtr1 et la deuxième Dtr2.

Moïse et Josias

L'analyse de Cross n'eut pas un écho très favorable au départ. G. Ernest Wright, collègue de Cross à Harvard, exprima son désaccord. Il contesta l'existence de Dtr1 et Dtr2. Il n'acceptait pas l'argument clé de Cross, à savoir que l'idée deutéronomique d'une alliance davidique *éternelle et inconditionnelle* dût nécessairement dater d'avant la chute du royaume. Wright doutait qu'une alliance pût être considérée comme entièrement inconditionnelle. Par exemple, si un roi allait jusqu'à adorer d'autres dieux, abandonnant Yahvé, la promesse de Dieu de soutenir le roi resterait-elle encore valide ?

Wright demanda à l'un de ses étudiants de travailler sur cette question. L'étudiant présenta un essai arguant qu'en fait, dans la Bible, aucune alliance n'était complètement inconditionnelle. Wright demanda alors à cet étudiant de présenter son travail dans le séminaire que suivent tous les professeurs et étudiants de la Bible au Département des Langues et Civilisations du Proche-Orient de l'Université de Harvard. Chaque semaine un étudiant différent y présente un essai qui doit ensuite être passé au crible de la critique des professeurs et des étudiants. Le jeune étudiant en question se tenait devant deux géants, Cross et Wright. Et cet étudiant, c'était moi.

Le final fut ironique. Je défendis la position du professeur Wright ce jour-là, mais mes recherches me fournirent des années plus tard des indices qui me persuadèrent que Cross avait eu raison. La personne responsable de sept livres de la Bible était quelqu'un de la cour de Josias. Je me rendit compte que cette personne avait conçu délibérément son histoire pour culminer avec Josias. Josias n'était pas seulement bon et pas seulement important. Dans le portrait de cet auteur, Josias, à bien des égards, devait se comparer à Moïse lui-même. Pour être plus précis :

1. L'expression « nul ne s'est levé qui lui fût comparable » s'applique à deux personnes seulement dans la Bible : Moïse et Josias. La conclusion de Deutéronome est : « il ne s'est plus levé en Israël de prophète pareil à Moïse ... »[11] Le commentaire de clôture sur Josias dit : « après lui, il ne s'en leva pas qui lui fût comparable. »[12] En bref, il ne s'est levé nul prophète semblable à Moïse, et il ne s'est levé nul roi semblable à Josias.

2. En Deutéronome, Moïse dit au peuple : « Tu aimeras ton Dieu de tout ton coeur, de toute ton âme et de tout ton pouvoir. »[13] La Bible ne décrit qu'une seule personne qui ait accompli cela : Josias. Le Deutéronomiste dit que Josias fut « un roi tourné vers Yahvé de tout son coeur, de toute son âme et de toute sa force. »[14] Cette triple expression n'apparaît nulle part dans tout l'Ancien Testament, sinon en ces deux endroits.

3. Moïse dit que, dans les domaines ardus de la loi, quand on n'est pas certain du cours à prendre, on doit se fier à l'« enquête » des prêtres ou du juge en un lieu choisi par Yahvé, et il faudra alors suivre l'instruction donnée quelle qu'elle soit.[15] Le Deutéronomiste dépeint un seul roi, en une seule occasion, qui ait jamais accompli cela : Josias. Quand le livre de la *torah* vient d'être trouvé et lui est lu, il demande une enquête auprès d'une prophétesse via le prêtre Hilqiyyahu à Jérusalem, l'endroit que Yahvé a choisi, afin de savoir quel chemin prendre. Il dit à Hilqiyyahu : « Va *enquêter* auprès de Yahvé pour moi ... »[16]

4. Moïse dit dans le Deutéronome que, une fois que l'on a enquêté auprès des prêtres, on doit suivre exactement ce qu'ils disent. Il dit : « Ne te détourne pas de la direction qu'ils te donnent, à droite ou à gauche. »[17] Moïse dit aussi dans la Loi du Roi que le roi doit lire une copie de la loi tous les jours de sa vie « et il ne s'écartera de ses commandements, ni de droite ni de gauche. »[18] L'avertissement de ne pas se tourner à droite ou à gauche apparaît en deux autres endroits du

Deutéronome et deux fois encore dans le Livre de Josué. Et cela n'apparaît plus nulle part ailleurs dans les Saintes Écritures, sauf dans le cas d'une seule personne : Josias. La première chose que l'historien dit de Josias est ceci : « Il fit ce qui est agréable à Yahvé, et imita en tout la conduite de son ancêtre David, sans en dévier ni à droite ni à gauche. »[19]

5. Le livre de la *torah* est mentionné seulement dans le Deutéronome, dans Josué, et puis plus jamais dans la Bible, sauf dans une seule histoire : Josias. Moïse l'écrit, la donne aux prêtres et dit : « Prenez ce livre de la *torah*, et placez-le sur le côté de l'arche ... »[20] Le livre reste auprès de l'arche et il n'en est plus alors question dans l'histoire, jusqu'à ce que, six cents ans plus tard, Hilqiyyahu s'exclame : « J'ai trouvé le livre de la *torah* dans la maison de Yahvé. »

6. Dans le Deutéronome, alors que Moïse tend le livre de la *torah* aux prêtres, il leur donne instruction de le lire publiquement tous les sept ans. Il dit littéralement : « Lis-le dans leurs oreilles. »[21] Cette expression pour une lecture publique n'apparaît plus alors dans l'histoire deutéronomique, jusqu'à l'histoire de Josias. L'historien dit que le Roi Josias assembla tout le peuple à Jérusalem, et « il *lut dans leurs oreilles* toutes les paroles du livre de l'alliance trouvé dans le Temple de Yahvé. »[22]

7. Dans le Deutéronome, Moïse décrit ce qu'il a fait du veau d'or d'Aaron. Il l'a brûlé, il l'a broyé, il l'a réduit « en fine poussière », et il a jeté la poussière dans un oued.[23] En 2 Rois, Josias se rend à l'autel et dans le haut lieu de Béthel, le site du veau d'or que Jéroboam avait établi. Josias brûle le haut lieu et le « réduit en poussière ». Le veau d'or d'Aaron et le veau d'or de Jéroboam (ou son sanctuaire) connaissent donc un sort semblable. L'auteur deutéronomique décrivit le geste de Josias en 2 Rois, en usant du même langage que pour le geste de Moïse dans le Deutéronome. Manassé, le grand-père de Josias, avait érigé une statue de la déesse Ashéra dans le Temple. Josias brûle la statue dans un torrent « et la réduit en fine poussière. »[24] Manassé et d'autres rois judéens avaient fait des autels. Josias les brise et disperse les poussières dans

un oued.[25] L'expression « fine poussière » n'apparaît jamais dans la Bible, sauf dans les passages que nous avons cités. L'historien dépeint l'action de Josias avec le langage des faits et gestes de Moïse dans le Deutéronome. Moïse dit : « ... vous briserez leurs autels ... et brûlerez leurs Ashérim ... »[26] Josias brise les autels et brûle l'Ashéra.

8. Enfin, dans le Deutéronome, Moïse répète à l'envi les textes de loi contre la fabrication de statues. C'est l'un des Dix Commandements qu'il cite.[27] Il l'affirme encore plusieurs fois dans d'autres parties du livre.[28] Toute statue de divinité païenne doit être brûlée.[29] Le terme même de « statue » apparaît ensuite en peu d'occasions. Il apparaît seulement une fois dans les quatre Livres de Samuel et des Rois, jusqu'à ce que le Roi Manassé érige une statue d'Ashéra dans le Temple.[30] C'est *Josias* qui enlève la statue et la brûle.

J'ai étudié, dans chacun de ces cas, la possibilité que la similitude de vocabulaire entre 2 Rois et Deutéronome soit due au simple fait que ce sont des termes naturels pour décrire ces actes. Mais cela se révéla être une explication insuffisante. Quelques chapitres avant l'avènement de Josias, dans 2 Rois, on trouve le récit de la réforme d'Ézéchias.[31] Ézéchias accomplit maintes actions identiques à celles de Josias, ou semblables. Mais, pour décrire Ézéchias et ses actes, l'historien deutéronomique ne reprend pas constamment les paroles et gestes de Moïse. Pour peindre Josias, en revanche, il use d'une couleur spéciale, une couleur mosaïque. Josias est pour lui une apothéose de ce qui commença avec Moïse. La geste menée de son vivant en fait l'émule de l'action de Moïse en son temps. Il est l'espoir que l'alliance qui débuta avec Moïse se réalisera comme jamais avant.

Point final sur Josias

Pour certains, tout cela pourrait prouver seulement que Josias était *important* pour l'auteur deutéronomique, et pas nécessairement que l'oeuvre s'achevait originellement avec Josias. Dans mon esprit, tous les indices évoqués jusqu'ici pèsent pour suggérer que le Roi Josias était plus que simplement un personnage important dans le récit. L'accent sur l'alliance éternelle, les répétitions de « jusqu'à ce jour », la longueur du passage sur Josias, l'annonce de Josias par son nom trois siècles avant sa naissance, l'évaluation totalement positive de Josias parmi tous les rois, les parallèles entre Moïse et Josias ; le poids de tous ces facteurs montrent que l'auteur destinait originellement l'ouvrage à culminer avec Josias.

Je trouvai en outre dans le texte des indices que Josias en avait été le point final, et qu'il y avait eu reprise du récit après sa mort. Le premier indice était la note critique de l'auteur sur les rois. Le facteur le plus important semble être de son point de vue la centralisation de la religion. La première loi du code de loi du Deutéronome est qu'il doit y avoir un seul lieu pour le sacrifice, un seul lieu « où Yahvé fait résider son nom. »[32] Quand il voit Jéroboam mettre ses veaux d'or à Dan et Béthel, c'est pour l'auteur un péché horrible. Il signale pour *chaque* roi d'Israël qu'il « fait ce qui déplaît à Yahvé », car aucun d'entre eux n'a enlevé les veaux. Quant aux rois de Juda, il en note plusieurs qui « ont fait ce qui déplaît à Yahvé » par diverses offenses, qui comprennent toujours la création ou le maintien de « hauts lieux » de culte en dehors de Jérusalem. Même quand il évalue qu'un roi de Juda a « fait ce qui plaît à Yahvé », il ajoute toutefois « sauf qu'il ne supprima pas les hauts lieux. »[33] De tous les rois d'Israël et de Juda, il n'en est que deux qui ne reçoivent pas ces critiques : Ézéchias et Josias, les deux rois qui sont dits avoir détruit les hauts lieux.

La centralisation de la religion constitue donc le critère inchangé, appliqué systématiquement à chaque roi. Mais, *après Josias*, ce critère n'est plus mentionné.

Les deux derniers chapitres de 2 Rois ne mentionnent même pas les hauts lieux. Selon les Livres des prophètes Jérémie et Ézéchiel, les hauts lieux furent rétablis pendant cette période.[34] Or, la fin de 2 Rois n'en dit mot, ni pour louer aucun des quatre derniers rois d'avoir rejeté les hauts lieux, ni pour les blâmer de les avoir rebâtis.

Si toute l'histoire deutéronomique était l'ouvrage d'une seule personne, pourquoi appliquerait-il ce critère à chaque roi sans exception, sauf aux quatre derniers, les quatre dont les règnes virent la chute finale du royaume ?

Ce n'est pas le seul ingrédient qui change après l'histoire de Josias. Le Roi David est une figure fondamentale du récit deutéronomique. La moitié du Premier Livre de Samuel, la totalité du Deuxième Livre de Samuel, et les premiers chapitres du Premier Livre des Rois ont trait à sa vie. La majorité des rois qui lui succèdent lui sont comparés. L'historien souligne plusieurs fois explicitement que grâce au mérite de David, même un mauvais roi de sa dynastie ne peut voir le trône échapper à sa famille. Particulièrement, parmi les quelques derniers rois avant l'époque de Josias, l'historien nous reparle de David. Et il compare Josias lui-même à David, disant : « Il suivit en tout le chemin de son père David. »[35] Il compare l'arrière-arrière-grand-père de Josias, Ahaz, son arrière-grand-père Ézéchias et son grand-père Manassé à David.[36] En tout, le nom de David réapparaît environ cinq cents fois dans le récit deutéronomique. Puis, dans l'histoire des quatre derniers rois, après Josias, plus rien. Le texte ne compare pas ces rois à David. Il ne cite pas l'alliance davidique, ne serait-ce que pour expliquer pourquoi elle ne sauve plus le royaume désormais comme elle le faisait du temps de Salomon, Réhoboam, Abiyyam et Jéhoram. David n'est jamais mentionné.

Ainsi, deux aspects constants et cruciaux du récit deutéronomique—la centralisation à Jérusalem, d'une part, et David, d'autre part—disparaissent après la section sur Josias.

Nous devons interpréter tout cela prudemment. Les « arguments par le silence » sont à manier avec délicatesse. Autrement dit, exploiter les indices à partir de ce que dit un texte a plus de poids que faire parler ses non-dits. Dans le cas présent toutefois, le silence est bruyant. Quand chaque roi est évalué par référence à la centralisation de la religion jusqu'à Josias, mais pas après, quand David occupe une place régulière et essentielle jusqu'à Josias, mais pas au-delà, c'est l'indice d'une vraie coupure, d'un changement de perspective. Et cela concorde avec tous les autres indices d'une apothéose et d'une rupture sous Josias. Tout ceci indique que l'auteur-éditeur de l'édition originale de cette oeuvre était quelqu'un qui vécut sous le règne de Josias. Et c'était quelqu'un de *favorable* à Josias.

Tel était le filon d'indices convergents que mes prédécesseurs et moi avions suivi à travers la Bible pour découvrir où et quand chercher la personne qui nous avait donné le Deutéronome et les six livres qui le suivent. Nous savions désormais quand : vers 622 avant Jésus-Christ. Et nous savions où : en Judée, presque certainement dans la ville de Jérusalem. La question qui restait en suspens était : qui ?

Chapitre 6

D

Nous avons appris que quelqu'un a façonné le Deutéronome et les six livres suivants de la Bible comme un seul ouvrage continu. Et nous avons appris que la personne qui a fait ce travail était quelqu'un qui vécut sous le règne du Roi Josias. L'édition originale du livre contenait l'histoire de Moïse jusqu'à Josias.

Pour cerner qui était l'auteur-éditeur du Deutéronome et des six livres suivants de la Bible, il faut examiner ce que contient l'oeuvre de cette personne. Elle comprend, en premier lieu, le code de loi, situé au coeur du Livre du Deutéronome.

Le contenu du code de loi

Le code de loi occupe environ la moitié du livre, les chapitres 12 à 26.

Sa première loi est la loi de centralisation du culte. Elle dit au fidèle que s'il veut manger de la viande, il n'est pas libre d'abattre simplement son mouton ou sa vache de lui-même. Au lieu de cela, il doit conduire l'animal au lieu de culte officiel, le « lieu où réside le nom de Yahvé » et là, un prêtre consacré fera le sacrifice sur l'autel. La seule exception à cette loi, selon le Deutéronome, est le cas où quelqu'un réside trop loin du lieu officiel pour y mener l'animal. Il peut alors abattre l'animal chez lui à condition de répandre le sang sur le sol.[1]

Le code de loi deutéronomique contient aussi la « Loi du Roi ». Elle stipule que le roi doit être choisi par Yahvé (ce qui veut dire probablement par un prophète), qu'il ne doit pas être un étranger, qu'il ne doit pas posséder un nombre excessif de chevaux, qu'il ne peut avoir de nombreuses femmes (épouses et concubines) ni de grandes quantités d'or et d'argent, et qu'il doit écrire une copie de cette loi devant les Lévites et la lire régulièrement.[2]

Le code de loi deutéronomique exprime aussi des interdits contre la pratique de la religion païenne. Il donne des instructions concernant les prophètes, surtout les faux prophètes. Il aborde la charité, la justice, les lois familiales et communautaires, les fêtes, les règles alimentaires, les lois de la guerre, et diverses lois sur des sujets variés qui vont du traitement des esclaves à la magie en passant par les questions agricoles. De plus, il évoque souvent le bien-être des *Lévites* ; il demande au peuple de s'occuper d'eux.

Qui écrivit le code de loi ?

Quand vint le tour de Baruch Halpern de présenter un essai devant le séminaire du Département du Proche-Orient de Harvard en 1974, il exposa sa recherche sur l'origine du code de loi deutéronomique.

Il demanda d'abord : ce code venait-il de la cour royale ? Josias, ou un autre roi l'avait-il fait écrire pour servir ses propres desseins politiques ? Cela semblait improbable. Après tout, on y trouve la Loi du Roi. La Loi dit que le roi « ne multipliera pas d'argent et d'or pour lui-même en grande quantité. » Pourquoi un roi qui se fait faire un code de loi « pieusement frauduleux » pour son intérêt politique, inclurait-il une loi stipulant que le roi ne doit pas trop s'enrichir ? La loi lui interdit aussi d'avoir trop de femmes et d'acquérir trop de chevaux, et lui dicte de lire une copie de la loi devant les prêtres lévites. Pourquoi un roi s'encombrerait-il de toutes ces restrictions ?

Le code de loi du Deutéronome n'a pas le profil d'un livre produit à la cour. En fait, son contenu renvoie à des conditions qui existaient avant qu'il y eût le moindre roi en Israël ou en Judée.

Un exemple en est le groupe de lois sur la guerre qui apparaît en Deutéronome 21 et 22. Ces lois concernent l'appel au peuple pour se battre. Avant d'aller au combat, les juges doivent faire une annonce au peuple : tout homme qui a bâti une maison mais ne l'a pas consacrée, ou qui est fiancé à une femme mais ne l'a pas épousée, devrait rester à la maison auprès de sa femme. Il ne doit pas prendre le risque de mourir à la guerre et de laisser sa nouvelle épouse ou sa nouvelle maison être prises par quelqu'un. Est aussi exempté de conscription l'homme qui a peur : celui-là devrait rester chez lui plutôt que d'affaiblir l'esprit des autres. Les lois de la guerre stipulent aussi qu'après une victoire militaire, un Israélite n'a pas le droit de violer une femme capturée. Les femmes du groupe défait doivent se voir octroyer le temps de pleurer les membres de leur famille disparus et ensuite, elles peuvent être prises pour femmes ou alors retrouver la liberté.

Ce groupe de lois sur la guerre suppose une conscription militaire universelle, c'est-à-dire la levée en masse. Il est question d'une armée qui rassemble des citoyens ordinaires. Il existait en fait un tel système de rassemblement des forces tribales israélites dans les premières années. Dans les temps d'urgence, les Israélites étaient conscrits pour le service militaire. Avec la montée de la monarchie toutefois, ce type de conscription sera remplacé par une armée professionnelle. Les rois voulaient disposer de forces professionnelles sur pied qui étaient responsables devant eux, plutôt que de devoir passer par le soutien des tribus. Les lois de la guerre dans le Deutéronome ne servent donc pas l'intérêt du roi. Ces lois reflètent plutôt une optique primitive, pré-monarchique.

Il y a pareillement dans ce code de loi des instructions sur les poursuites pénales qui semblent émaner d'un autre lieu que le palais. La juridiction des affaires légales y revient aux Lévites et non au roi et à son appareil.

En définitive, les Lévites, tribu sacerdotale d'Israël, semblent être un milieu plus indiqué que la cour du roi pour notre recherche de l'auteur du Deutéronome. Le livre semble à bien des égards écrit dans leur intérêt. Il s'ouvre sur les lois de centralisation de la religion, qui empêchent les laïques d'effectuer leurs propres sacrifices. Il ne cesse de demander à la population de s'occuper des Lévites. On y trouve des lois sur les dîmes et les offrandes. Il exige du roi qu'il écrive sa copie de la loi devant les Lévites.

Il proclame que les Lévites sont la légitime tribu sacerdotale. Il traite régulièrement des intérêts de ce groupe. La plupart des chercheurs ont donc vu, d'une façon ou d'une autre, un lien entre le code de loi du Deutéronome et les Lévites.

Quels prêtres ?

Mais quels Lévites ? Différents cercles sacerdotaux ont existé en Israël et Juda. À Jérusalem se trouvait un clergé que l'on disait descendre d'Aaron. À Béthel, il y avait eu des prêtres désignés par le Roi Jéroboam. Il y avait les Lévites du royaume du Nord qui avaient été en fonction à Silo. Il y avait les Lévites ruraux, clergé local qui officia dans les divers hauts lieux durant toute l'histoire d'Israël et de Juda. Halpern se demanda vers quelle maison sacerdotale et quelle période on devait se tourner pour trouver l'auteur du code de loi deutéronomique.

On avait peu de chances de le trouver parmi les prêtres du Temple de Jérusalem. Certes, ce groupe pourrait avoir souhaité centraliser la religion dans leur Temple ; mais il présentait aussi la particularité d'être aaronien. Ils faisaient remonter leur généalogie à Aaron et faisaient un distinguo entre les Aaroniens et tous les autres Lévites. Le code de loi deutéronomique ne fait pas quant à lui ce genre de distinction entre familles lévites et ne cite jamais le nom d'Aaron. Il ne parle jamais non plus de l'arche, des chérubins ou des autres ustensiles religieux qu'abritait le Temple de Jérusalem. Il n'évoque jamais non plus le poste de grand-prêtre (et le grand-prêtre de Jérusalem était un Aaronien depuis le jour où le Roi Salomon avait expulsé le prêtre Ébyatar, faisant du prêtre aaronien Sadoq le seul grand-prêtre). Par conséquent, le code de loi du Deutéronome ne représente pas le point de vue des prêtres aaroniens, à quelque époque que ce soit.

Les lois ne reflètent pas non plus les vues des prêtres qui étaient en charge à Béthel durant la période de deux cents ans entre l'accession de Jéroboam au trône d'Israël et la chute d'Israël en 722. Ces prêtres n'étaient pas lévites. Les lois deutéronomiques exaltent les Lévites, les tenant comme les *seuls* prêtres légitimes.

L'auteur du code de loi deutéronomique n'appartenait pas non plus aux Lévites ruraux. La première loi du code, et peut-être la plus fondamentale, est la centralisation de la religion, avec instruction d'amener tous les sacrifices à un seul autel central. C'était la loi qui privait de fonction les prêtres ruraux. Elle impliquait la destruction des hauts lieux où ils officiaient. Le code de loi montre certes une certaine préoccupation pour ces Lévites ; il donne instruction au peuple de s'occuper d'eux. Mais il ne leur *donne pas voix au chapitre.* C'est-à-dire qu'il ne leur permet pas de devenir des prêtres officiels, présidant des sacrifices à l'endroit central du culte. La personne qui écrivit le Deutéronome ne représentait sûrement pas les intérêts de ce groupe.

Les prêtres de Silo

En définitive, il faut chercher l'auteur du Deutéronome parmi un groupe (1) qui voulait la centralisation de la religion, mais qui n'était pas liée à l'arche ou au clergé de Jérusalem ; (2) qui était concerné par la situation de tous les Lévites, mais qui n'accordait d'autorité qu'à un groupe de Lévites *centraux* ; (3) qui acceptait la monarchie, mais avec des limites à son exercice (4) qui avait une approche pré-monarchique des questions militaires.

Voilà qui ressemble aux prêtres de Silo, le même groupe qui produisit E.

Les prêtres de Silo croyaient à la centralisation du culte, Silo ayant jadis été le centre religieux national, au temps de Samuel.

Ils ne liaient pas la centralisation à l'arche ou au clergé de Jérusalem, leur chef Ébyatar ayant été exclu de Jérusalem par Salomon et le clergé de Jérusalem étant depuis lors aaronien.

Ils prétendaient que seuls les prêtres lévites étaient légitimes, eux-mêmes étant lévites et ayant été remplacés par des non-Lévites à Béthel.

Ils avaient une bonne raison d'inciter le peuple à s'occuper des Lévites dans le besoin, eux-mêmes étant dans le besoin, sans terre ni emploi.

Ils acceptaient d'avoir un roi, leur chef Samuel ayant désigné et oint les deux premiers rois d'Israël. Ils voulaient une limite au pouvoir royal, car Samuel n'avait accepté la monarchie qu'avec réticence, et les Rois Salomon et Jéroboam les avaient maltraités.

Ils avaient une vision pré-monarchique de la guerre, préférant les mobilisations tribales à une armée professionnelle, car c'est avec la levée d'armées professionnelles que les rois avaient acquis un pouvoir indépendant, n'ayant plus à dépendre du soutien du peuple.

Le code de loi du Deutéronome fut donc probablement écrit par quelqu'un qui, à tout le moins, était lié aux prêtres de Silo. Et il ne s'agissait pas forcément d'une pieuse fraude écrite juste avant sa pseudo-découverte par Hilqiyyahu. Cette partie du Deutéronome pouvait refléter les intérêts des prêtres de Silo à tout moment après la division d'Israël et de Juda.

D'autres chercheurs avant Halpern avaient suggéré que le Deutéronome aurait pu être écrit en Israël avant la destruction du royaume par les Assyriens, puis amené au Sud en Judée en 722. Mais Halpern demanda : que signifiait « amené au Sud » ? Si le code de loi du Deutéronome fut réellement écrit par un groupe de prêtres sans pouvoir, dans un royaume qui fut ensuite détruit, comment ce document put-il ensuite trouver son chemin jusqu'au Temple de Judée, et comment devint-il la loi du pays ?

Il était nécessaire de retracer l'histoire de ce manuscrit et de comprendre ce qu'il en advint. Et il se trouve que la piste de Silo devait sortir renforcée des recherches sur la façon dont le code de loi vint s'insérer au milieu du Deutéronome. Cela conduisit aussi à découvrir l'identité du Deutéronomiste.

La piste de Silo

L'historien deutéronomique ajouta au code de loi une introduction. L'introduction, qui consiste dans les onze premiers chapitre du Deutéronome, précise d'abord qu'il s'agit du dernier discours de Moïse. On y voit ensuite Moïse passer en revue les événements marquants de ces quarante ans avec son peuple. Puis l'auteur deutéronomique met en scène Moïse donnant au peuple le code de loi, Deutéronome 12-26. Et il ajoute une liste de bénédictions et malédictions pour ceux qui seraient respectivement fidèles ou infidèles au code, en Deutéronome 27-28.

Il ajoute également une conclusion montrant Moïse dans ses gestes et ses paroles ultimes. Moïse encourage le peuple. Il écrit « cette *torah* » sur un manuscrit. Il la donne aux *Lévites*. Il leur dit de la mettre *près de l'arche*. Puis il meurt.

L'historien deutéronomique place alors le Deutéronome au début d'un cycle historique qui court à travers les Livres de Josué, des Juges, de Samuel, et des Rois. Puis il écrit l'apothéose finale : le prêtre Hilqiyyahu trouve le parchemin, et Josias l'accomplit.

En quoi ce scénario renforce-t-il la piste de Silo ? Par le fait que l'historien deutéronomique (et non seulement l'auteur du code de loi) s'avère être lui aussi lié aux prêtres de Silo.

Tout d'abord, l'historien deutéronomique semble avoir été uni avec le clergé de Silo dans un commun sentiment de défiance à l'égard des prêtres aaroniens. Dans l'introduction et la conclusion du Livre du Deutéronome, Aaron n'est cité que deux fois : une fois pour dire qu'il est mort,[3] et une autre pour dire que Dieu était si emporté qu'il en aurait détruit Aaron dans l'affaire du veau d'or.[4] Le Deutéronomiste ajouta aussi une allusion gratuite à l'incident de Miryam, une autre histoire où Aaron s'était mal conduit, provoquant la colère de Dieu contre lui.[5]

Deuxièmement, le Deutéronomiste (comme son héros le Roi Josias) partageait l'antipathie des prêtres de Silo contre Salomon et Jéroboam, les deux rois qui avaient écarté les Siloïstes du pouvoir. Dans le cas de Salomon, l'historien affirmait qu'il avait dévié dans son grand âge, qu'il s'était tourné vers la religion païenne, en suivant la déesse Astarté des Sidoniens, le dieu moabite Kemosh et le dieu ammonite Milkom, et qu'il avait bâti des hauts lieux pour ces déités sur une colline faisant face à Jérusalem.[6] L'historien rapportait à la fin de son récit qu'une partie de la réforme de Josias a consisté à éliminer de tels hauts lieux. Son langage laisse apparaître clairement sa volonté de peindre les actes de Salomon dans le pire éclairage possible. Il écrivit que Josias profana

> les hauts lieux qui étaient en face de Jérusalem, au sud du Mont des Oliviers, et que Salomon roi d'Israël avait bâtis pour Astarté, *l'horreur des Sidoniens*, pour Kemosh, *l'horreur des Moabites*, et pour Milkom, *l'abomination des Ammonites*.[7]

Voilà pour Salomon. Le Deutéronomiste s'emportait aussi contre les activités de construction religieuse de Jéroboam, notamment les hauts lieux des veaux d'or de Dan et Béthel, et il rapportait que Josias avait aussi détruit au moins le haut lieu de Béthel.[8]

Les prêtres de Silo ne pouvaient en espérer davantage de Josias. Il réparait les torts qu'ils avaient subis trois siècles plus tôt. Et l'historien deutéronomique peignait ce roi comme l'apothéose de trois siècles d'histoire.

Jérémie

Une autre personne entretenait un lien étroit avec le Roi Josias et l'histoire deutéronomique. Ce que nous savons de ce personnage allait confirmer encore davantage la piste de Silo, et permettre un pas de plus vers la connaissance de l'identité du Deutéronomiste. Cette personne était le prophète Jérémie.

Selon le Livre de Jérémie, ce prophète admirait le Roi Josias, et commença son ministère de prophète durant le règne de Josias.[9] D'après les Livres des Chroniques, Jérémie composa une lamentation pour Josias quand il fut tué.[10]

Jérémie était lié aux conseillers de Josias qui furent mêlés à l'affaire du livre de la *torah*. Rappelons que le prêtre Hilqiyyahu avait découvert le livre, et que le scribe Shaphân l'avait porté au Roi Josias pour le lui lire. Or, quand Jérémie envoya une lettre aux exilés de Babylone, elle fut portée pour lui par Gémarya, fils de *Hilqiyyahu* et Éléasa, fils de *Shaphân*.[11] Quand Jérémie écrivit un rouleau de prophéties contre le fils de Josias, Joiaqim, il fut lu dans la salle de Gémarya, fils de *Shaphân*.[12] Gémarya, fils de Shaphân, se tint aux côtés de Jérémie aux moments critiques de sa vie, comme le fit également Ahiqam, fils de Shaphân, qui sauva Jérémie de la lapidation.[13] Et lorsque Godolias, fils d'Aqiham, fils de Shaphân, fut désigné gouverneur de Judée par Nabuchodonosor, il prit Jérémie sous sa protection.[14]

Jérémie était donc intimement lié aux familles de ceux qui avaient fait connaître le livre de la *torah*. En quoi cela concerne-t-il la piste de Silo ?

Premièrement, Jérémie est le seul prophète, dans la Bible, qui se réfère à Silo (quatre fois).[15]

Deuxièmement, parlant au nom de Dieu, il appelle Silo « le lieu qui fut le mien », où « autrefois je [Dieu] fis habiter mon Nom », ce qui est l'expression typiquement deutéronomique pour désigner l'endroit central du culte.[16]

Troisièmement, la dernière chose que l'on entend sur le clergé de Silo, c'est que son chef Ébyatar, qui avait été l'un des deux grands-prêtres de David, fut expulsé de Jérusalem par Salomon. Salomon bannit Ébyatar dans sa propriété familiale de la ville d'Anatot, qui aujourd'hui encore est un petit village à la sortie de Jérusalem. À Anatot, Ébyatar était probablement surveillé et empêché de semer la confusion, car c'était une ville de prêtres aaroniens.[17] Quel rapport y a-t-il entre la fin du dernier chef de Silo à Anatot, d'une part, et d'autre part Jérémie et le livre trouvé par Hiqiyyahu ? La réponse se trouve dans le premier verset du Livre de Jérémie :

> Les paroles de Jérémie, *fils d'Hilqiyyahu,* l'un des prêtres résidant à *Anatot.*

Jérémie, le prophète qui favorisait Josias, qui était proche de ceux qui découvrirent le livre de la *torah* et qui désignait Silo comme le grand lieu central de culte, était un prêtre d'Anatot. Et son père était un prêtre nommé Hilqiyyahu. (Pour ne pas forcer la démonstration, nous ne savons pas si le père de Jérémie était le même prêtre Hilqiyyahu qui trouva le livre). Et les habitants d'Anatot, une ville aaronienne, étaient hostiles à Jérémie.[18]

Jérémie est un prêtre, mais il ne sacrifie jamais, ce qui est conforme à la position des prêtres de Silo. Il est en outre le seul prophète à faire allusion à l'histoire du serpent d'airain de Moïse.[19] L'histoire de ce serpent vient de E, une source siloïste. Le Roi Ézéchias avait abattu ce serpent. Sa destruction d'un vestige ancien associé à Moïse lui-même était probablement un coup porté aux prêtres de Silo : ils étaient les rapporteurs du récit et ils tenaient Moïse en très haute estime, étant même peut-être ses descendants. Le Roi Josias, de son côté, la coqueluche des prêtres originaires de Silo, avait un tout autre rapport au serpent d'airain. Le terme hébreu pour le serpent d'airain était « Nehushtân ». Josias maria son fils à une femme qui peut avoir été liée au cercle siloïste car elle s'appelait Nehushta.[20]

J'ajouterai aux observations d'Halpern que Jérémie est non seulement l'unique prophète à se réclamer de Silo et à mentionner le serpent d'airain de Moïse ; il est aussi le seul prophète à évoquer Samuel, le prêtre-prophète-juge, qui fut la plus grande figure de l'histoire de Silo. Jérémie compte Moïse et Samuel comme les deux plus grands hommes de l'histoire du peuple.[21]

Il est encore un trait qui lie le prophète Jérémie au Deutéronome et aux événements entourant sa « découverte », et c'est même probablement là l'indice le plus fort. Comme l'ont observé nombre de lecteurs, tant traditionnels que critiques, le Livre de Jérémie semble écrit, en plusieurs passages, dans la même langue et le même style que le Deutéronome. Certaines parties de Jérémie sont si semblables au Deutéronome qu'il est difficile de croire qu'ils ne sont pas de la même personne. Pour ne citer que quelques exemples :

Deutéronome	**Jérémie**
Or donc, si tu écoutes vraiment la voix de Yahvé ton Dieu ... (Deut 28/1)	Or donc, si vous m'écoutez bien —oracle de Yahvé— ... (Jér 17/24)
Circoncisez le prépuce de votre coeur ... (Deut 10/16)	Circoncisez-vous pour Yahvé, ôtez le prépuce de votre coeur ... (Jér 4/4)
et toute l'armée des cieux ... (Deut 4/19 ; 17/3)	toute l'armée des cieux ... (Jér 8/2 ; 9/13)
et il vous a fait sortir de cette fournaise pour le fer, l'Égypte ... (Deut 4/20)	je les tirai du pays d'Égypte, de cette fournaise pour le fer ... (Jér 11/4)
De tout ton coeur et de toute ton âme (Deut 4/29; 10/12; 11/13; 13/4)	de tout mon coeur et de toute mon âme ... (Jér 32/41)

Devant le poids de cette accumulation d'indices, Halpern conclut que le code de loi du Deutéronome venait des prêtres lévites de Silo. Des indices montraient par ailleurs que ce groupe était lié à toute l'histoire deutéronomique, incluant sept livres de la Bible, ainsi que le Livre de Jérémie (ou au moins une partie).

E et D

Les recherches d'Halpern sur D et les miennes sur E se révélèrent complémentaires. Nous avions chacun rattaché une source biblique au même groupe : les prêtres de Silo. Et le fait est que ces deux sources, E et D, ont bien des points en commun.

Toutes deux appellent la montagne où se rendent Moïse et le peuple dans le désert du nom de Horeb.[22] (J et P l'appellent Sinaï.)

Toutes deux emploient l'expression capitale « lieu où Yahvé fait habiter son nom » (ou « rappelle son nom », ou « place son nom et l'y fait habiter »).[23] (L'expression n'apparaît ni en J ni en P.)

Toutes deux considèrent Moïse comme bon, et même mieux que bon. Il occupe un tournant de l'histoire, et il y joue un rôle crucial. Sa personnalité fait l'objet de développements minutieux et étendus. (Il n'y a rien de comparable en J et P.)

Toutes deux mettent l'accent sur le rôle des prophètes ; ce qui est logique, étant donné que leurs héros incluent des figures telles que Moïse, Samuel, Ahiyyahu et plus tard Jérémie. (Le terme même de « prophète » n'apparaît qu'une fois en P et jamais en J.)

Toutes deux apportent aux Lévites leur faveur et leur soutien. (En J, les Lévites se voient disperser, comme conséquence du massacre des gens de Sichem par Lévi ; en P, les Lévites sont distincts de, et inférieurs à la famille des prêtres aaroniens.)

Toutes deux voient le mal en Aaron, le mentionnant dans l'épisode du veau d'or et dans celui de Miryam. (Aucun de ces deux épisodes n'est mentionné dans J ou P).

Les prêtres de Silo

Les lois et récits de D étaient par conséquent autant liés à la vie du monde biblique que J et E. Ils exprimaient les convictions et les espoirs d'une famille sacerdotale ancienne et distinguée, à travers des générations de frustrations. Et, dans les dernières parties (de Dtr1), ils se faisaient l'écho des jours heureux où, grâce au Roi Josias, certains membres de cette famille étaient enfin revenus à des positions d'autorité et de respect.

Mais, dira-t-on : les prêtres de Silo pouvaient-ils vraiment avoir préservé leur identité à travers trois siècles d'exclusion du pouvoir et sans disposer d'un centre religieux majeur ? La réponse est oui. Cela s'est vu avec des familles, particulièrement des familles actives politiquement, en maints pays, à diverses périodes de l'histoire. En réalité, il est des familles qui, aujourd'hui encore, font remonter leur généalogie jusqu'aux prêtres bibliques, même si ces groupes sont sans pouvoir depuis mille neuf cents ans. À plus forte raison, les familles sacerdotales d'Israël et de Juda devaient être particulièrement conscientes de leur lignage, la charge sacerdotale étant héréditaire. De plus, les prêtres de Silo étaient probablement moshites, c'est-à-dire descendants de Moïse ; il est naturel qu'une famille ayant un si noble et célèbre ancêtre garde une forte conscience de son héritage.

En outre, le destin particulier des prêtres siloïstes pendant ces siècles peut expliquer certaines particularités des sources. Par exemple, l'arche n'est pas mentionnée en E ou dans le code de loi deutéronomique, lesquels furent écrits quand les prêtres de Silo n'avaient pas accès à l'arche. Mais l'arche *est* mentionnée dans les parties du Deutéronome qui furent écrites durant le règne de Josias (Dtr1), quand les Siloïstes *avaient* accès à l'arche.

En tant que groupe, les prêtres de Silo avaient apparemment perpétué une tradition littéraire. Ils écrivirent et conservèrent des textes sur plusieurs siècles : des lois, des récits, des comptes-rendus historiques, et de la poésie. Ils étaient associés à des scribes. Ils avaient apparemment accès à des archives de textes anciens. Peut-être maintenaient-il eux-mêmes de telles archives, à la façon de cet autre groupe de prêtres exclus du pouvoir, à Qumrân, des siècles plus tard. Les archives de Qumrân, mieux connues sous le nom de Manuscrits de la Mer Morte, étaient la bibliothèque de lois, de récits et de poésie du groupe de Qumrân ; et cette bibliothèque aussi comprenait un code de loi qui devait s'appliquer le jour où le groupe de Qumrân reviendrait à une position d'autorité à Jérusalem ; il s'agit du Rouleau du Temple, retrouvé par l'archéologue Yigael Yadin et publié en 1977.

La création de l'histoire deutéronomique

L'historien deutéronomique, à l'époque du Roi Josias, assembla son récit à partir des textes à sa disposition. Son récit commençait avec le texte du Deutéronome et se concluait avec l'histoire de Josias.[24] Sa façon d'agencer les textes entre les deux nous montre également l'impact des événements du monde antique sur la manière dont la Bible en vint à être écrite.

Le Deutéronomiste disposait de textes racontant l'histoire de l'arrivée de son peuple dans cette terre—les histoires de Josué, de Jéricho et de la conquête—et il leur ajouta quelques lignes au commencement et à la fin, pour donner un certain éclairage à cette histoire. Cela devint le Livre de Josué.

Il fit de même avec la série de textes suivants, qui narraient les premières années du peuple dans le pays : les histoires de Déborah, Gédéon, et Samson. Cela devint le Livre des Juges.

Après cela, il plaça les récits de Samuel à Silo ; les récits de Saül et David, les premiers rois. Cela devint le Premier Livre de Samuel.

Puis il plaça l'Histoire de la Cour de David, qui devint le Deuxième Livre de Samuel.

Il prit ensuite plusieurs textes qui contenaient les histoires des rois postérieurs à David, et il les assembla en un seul récit continu qui menait jusqu'à l'époque de son propre roi, Josias. Cela constitua les deux Livres des Rois.

J'ai pu démêler ainsi la trame de son oeuvre en isolant les lignes qu'il ajouta aux textes d'archives. Il n'est possible de les repérer dans le puzzle qu'en examinant avec soin le choix des mots, la grammaire, la syntaxe, les thèmes et la structure littéraire. Je ne parle ici que des lignes pour lesquelles existe un haut degré de certitude. En règle générale, nous franchissons le pas de dire qu'une ligne est une insertion seulement si plusieurs indices sont présents à la fois. Il est assez impressionnant, en lisant ces lignes, de voir comment l'historien deutéronomique donna forme et direction à six siècles d'histoire, avec seulement quelques brèves insertions, minutieusement écrites et insérées avec art.

Les insertions dans le Livre de Josué se trouvent dans les premiers mots de Dieu à Josué lorsqu'il remplace Moïse, dans un passage qui concerne une cérémonie d'alliance nationale que Josué conduit au Mont Ébal, et dans des discours que Josué tient au peuple à Silo avant de mourir.[25] Toutes les lignes insérées se réfèrent à la *torah* de Moïse. Elles soulignent que Josué en lut chaque ligne au peuple et la grava dans la pierre. Elles avertissent que le sort du peuple dans le pays dépend de son soin à l'observer.

L'insertion au début du Livre des Juges dit que le peuple échoua souvent à suivre Yahvé en se tournant vers d'autres dieux, que Yahvé dès lors permit à d'autres peuples de le conquérir, et que cela mena le peuple à regretter son infidélité ; alors Dieu pardonnait et suscitait un juge pour les sauver. Ce schéma d'infidélité-défaite-repentance-pardon devint un *leitmotiv* où tous les récits du Livre des Juges trouvent leur place. L'historien deutéronomique ajouta d'autres notes brèves plus loin dans le cours du récit, pour rappeler comment ce schéma opérait dans l'histoire, et pour souligner que les malheurs dont souffrait le peuple étaient toujours le résultat de son infidélité.[26]

Ainsi l'historien deutéronomique souligna avec seulement quelques phrases dans Deutéronome, Josué et les Juges (1) que Dieu avait donné au peuple des instructions, (2) que le peuple avait été averti que son sort dépendait de son obéissance à ces instructions, et (3) que la suite de leur histoire était l'illustration de cet avertissement, la situation du peuple étant toujours le résultat de leur fidélité ou de leur infidélité.

Les insertions du Deutéronomiste dans le Premier Livre de Samuel sont peu nombreuses mais cruciales. Comme dans le Livre de Josué, il les a placées dans des communications faites à des moments importants de l'histoire : dans le discours de Samuel au peuple après l'établissement de l'arche, dans les instructions de Yahvé à Samuel pour donner au peuple un roi, et dans le discours de Samuel le jour de l'inauguration de la monarchie. Chacune de ces insertions aborde la question de la loyauté du peuple à Yahvé exclusivement.[27]

Dans 2 Samuel, il ne fit qu'une seule insertion, la promesse de l'alliance davidique, à savoir que ses descendants garderaient le trône *éternellement* et *inconditionnellement.*[28]

Dans les Livres des Rois, sa tâche était plus complexe. Il ne s'agissait plus d'insérer çà et là des lignes dans un texte par ailleurs continu. Il lui fallait plutôt façonner cette partie de l'histoire, en puisant dans divers textes de ses archives. Il n'existait apparemment pas d'histoire unique des deux royaumes d'Israël et de Juda. Il y avait seulement des histoires de l'un ou l'autre des royaumes. Le Deutéronomiste prit l'histoire des rois d'Israël, puis l'histoire des rois de Juda, il les découpa en tranches et les entremêla.

Par exemple, il rapporte l'histoire d'Asa, roi de Juda. Cela fait, il se tourne vers Israël et dit : « Achab, fils d'Omri, devint roi en Israël dans la trente-huitième année d'Asa, roi de Juda. »[29] Puis il rapporte l'histoire d'Achab, roi d'Israël, et à la fin, il retourne à Juda en écrivant : « Josaphat fils d'Asa devint roi sur Juda en la quatrième année d'Achab, roi d'Israël. »[30] Et ainsi de suite.

Il unifia les récits en débutant chacun d'eux par la formule « il fit ce qui déplaît à Yahvé » ou « il fit ce qui plaît à Yahvé ». Et il ne rapporta que des informations qu'il estimait pertinentes pour son histoire de chaque roi. Pour les lecteurs qui voulaient en savoir plus, il les renvoyait à ces sources en disant par exemple : « Le reste de l'histoire d'Achab, tout ce qu'il a fait, [...] tout cela n'est-il pas écrit dans les Annales des rois d'Israël ? »[31]

Il ne se contentait donc pas de recopier des annales. Il créait une histoire de son peuple, une histoire comportant un but et un message. Il rendit ce message clair par d'autres insertions encore dans ces livres. Il inséra plusieurs références à l'alliance davidique, dont certaines que j'ai citées au début de ce chapitre. Ces références mettaient en valeur la promesse éternelle et inconditionnelle que la famille de David aurait toujours « une lampe », même si des erreurs étaient commises. C'était pour le Deutéronomiste un point capital à développer. Cela lui permettait de critiquer les rois de Juda pour leurs erreurs, tout en expliquant le fait historique que leur famille était restée sur le trône pendant plusieurs siècles.

L'alliance

Ces insertions sur l'alliance davidique désorientèrent beaucoup de chercheurs modernes. Parfois les insertions réitéraient cette promesse que les rois davidiques régneraient à jamais, même s'ils péchaient ; mais elles semblaient parfois dire l'exact opposé : que les rois pouvaient régner seulement à condition de *ne pas* pécher.

Par exemple, la promesse d'alliance en 2 Samuel 7/15-16 dit explicitement que même si le roi fait des erreurs, il conserve le trône :

> s'il commet le mal, je le châtierai avec une verge d'homme et par les coups que donnent les humains. Mais ma faveur ne lui sera pas retirée comme je l'ai retirée à Saül, que j'ai écarté de devant toi. Ta maison et ta royauté subsisteront à jamais devant moi, ton trône sera affermi à jamais.

Mais la promesse d'alliance en 1 Rois 8/25 dit que le maintien du roi sur le trône dépend bel et bien de son comportement :

> Tu ne seras jamais dépourvu d'un descendant qui soit devant moi, assis sur le trône d'Israël, *à condition que* tes fils veillent à leur conduite et marchent devant moi comme tu as marché toi-même devant moi.

Comment le Deutéronomiste pouvait-il insérer des versets qui se contredisaient de façon si flagrante ? L'alliance était-elle conditionnelle ou inconditionnelle ?

L'examen de l'ensemble des passages où l'alliance davidique est évoquée montre que tous les passages *conditionnels* parlent du maintien des rois sur le trône *d'Israël*. Tous les passages *inconditionnels* évoquent le maintien des rois sur *le trône*. Cette mince différence verbale n'était pas insignifiante pour l'auteur. Il devait tenir compte du fait historique que la famille de David commença par diriger tout le royaume uni d'Israël, mais en perdit par la suite la totalité à l'exception de sa propre tribu de Juda. Il présenta donc le serment d'alliance davidique comme partiellement conditionnel et partiellement inconditionnel. Le trône de Juda à Jérusalem était inconditionnel. Il devait appartenir aux descendants de David pour toujours. Mais le trône du Grand Israël ne devait leur appartenir que s'ils en étaient dignes. Ce qu'ils ne furent pas, c'est pourquoi ils le perdirent.

L'auteur deutéronomique ajouta une petite contorsion énigmatique à ce point. Quand il représenta le prophète Ahiyya de Silo arrachant le trône d'Israël aux Davidiens pour le donner à Jéroboam, il fit dire à Ahiyya :

> Je te donnerai Israël et j'humilierai la descendance de David à cause de cela : *cependant pas pour toujours.*[32]

Ahiyya semble dire que les rois davidiens ne seront pas toujours dépossédés d'Israël. Et de fait, le Roi *Josias* tentera la reprise du territoire septentrional d'Israël. À nouveau, nous voyons que les événements du monde biblique avaient une influence sur la façon dont un auteur biblique rapportait l'histoire. Dans ce cas, les aléas politiques du pays firent varier l'auteur dans la formulation de l'alliance entre Dieu et son roi oint, son messie, un élément qui devint central dans le judaïsme et le christianisme. L'homme qui assembla l'histoire deutéronomique, comme ceux qui écrivirent J, E et le code de loi deutéronomique, était inextricablement lié aux problématiques du monde qui l'entourait, à ses moments de joies et de catastrophes. Et ces événements et problèmes eurent une influence sur sa façon de peindre Dieu et l'histoire.

D'aucuns verraient donc là un auteur coupable de « pieuse fraude », fabriquant une alliance entre Dieu et le Roi David, en termes choisis pour s'adapter aux événements ultérieurs de l'histoire. Ce n'est pas ainsi que je vois les choses. L'auteur deutéronomique n'a pas inventé la tradition de l'alliance davidique. Il a écrit sur elle. La *tradition* le précédait de beaucoup. Des traditions d'alliance davidique apparaissent dans certains psaumes bibliques qui furent composés avant que le Deutéronomiste ait jamais pris la plume.[33] Il est du reste difficile d'imaginer le Deutéronomiste lançant impunément l'idée d'une alliance davidique en 622 avant notre ère et affirmant qu'elle existait depuis quatre siècles, sans que personne ne l'ait su. Qui aurait pu le croire ? En fait, le mode d'écriture de l'histoire était plus complexe que cela. L'auteur deutéronomique était gouverné autant par les événements que par la tradition. Sa tâche était à la fois de rapporter l'histoire et de l'interpréter à la lueur de la tradition.

Donner forme à l'histoire

Dans les Livres des Rois, l'historien deutéronomique développa d'autres thèmes que celui de l'alliance davidique. À plusieurs reprises, il définit Jérusalem et son Temple comme « le lieu où Dieu fait habiter son Nom » ; cela signifie qu'il utilisa le langage du code de loi deutéronomique. Dans le code de loi, l'expression « le lieu où Dieu fait habiter son Nom » désigne l'endroit central où tout sacrifice est censé être effectué. L'historien deutéronomique voulait affirmer que le Temple de Jérusalem était devenu ce lieu. Il ajouta aussi des références à la *torah*.

Ainsi façonna-t-il l'histoire de son peuple autour des thèmes de (1) fidélité à Yahvé, (2) alliance davidique, (3) centralisation de la religion au Temple de Jérusalem, et (4) *torah*. Ensuite, il interpréta les événements majeurs de l'histoire à la lueur de ces facteurs. Pourquoi le royaume fut-il éclaté ? Parce que Salomon avait abandonné Yahvé et sa *torah*. Pourquoi les descendants de David purent-ils garder Jérusalem et Juda ? Parce que Dieu avait fait une promesse d'alliance inconditionnelle à David. Pourquoi le royaume septentrional d'Israël était-il tombé ? Parce que le peuple et ses rois n'avaient pu suivre la *torah*. Pourquoi y avait-il un espoir pour l'avenir ? Parce que la *torah* avait été redécouverte sous Josias, et qu'elle serait maintenant accomplie comme jamais. Tous les thèmes majeurs du Deutéronome—fidélité, *torah*, centralisation, alliance davidique—culminaient en Josias.

Mais voilà que Josias mourut d'une flèche égyptienne.

Chapitre 7

UN PRÊTRE EN EXIL

Josias, le héros culminant de l'histoire deutéronomique, était mort.

Le récit deutéronomique prenait une allure ironique, vingt deux ans après. Les Babyloniens avaient détruit et exilé Juda. Le royaume « éternel » avait pris fin. La famille qui « ne serait jamais privée du trône » avait perdu le trône. Le lieu « où Yahvé fait habiter son Nom » était brûlé. Et les choses que l'on disait exister « jusqu'à ce jour » n'existaient plus. Que faire de ce livre d'histoire optimiste qui culminait avec Josias ? *Quelqu'un* décida d'en faire une deuxième édition.

En guise d'analogie moderne la plus proche possible, imaginons quelqu'un qui admirerait le Président américain Kennedy. Il ferait une histoire des États-Unis de George Washington à Kennedy, bâtissant un récit qui culminerait avec la présidence de Kennedy, comme une apothéose de tout le passé et comme le début d'une ère nouvelle et radieuse. Puis, la mort prématurée du président rendrait cette histoire ironique et dépassée, et même pénible à lire. Il ne suffirait pas d'ajouter un ou deux chapitres, décrivant brièvement les quelques présidences suivantes. Quelqu'un devrait plutôt reprendre le travail à la base et modifier certains passages cruciaux, de sorte qu'on n'aboutisse pas spécifiquement à Kennedy. Les changements dans le corps du texte devraient préparer les lecteurs pour une nouvelle fin, et fournir un arrière-plan permettant de comprendre les nouveaux événements.

Telle fut la tâche de l'homme qui créa la seconde édition de l'histoire biblique. Il ne pouvait se contenter d'ajouter un résumé des règnes des quatre derniers rois. Il lui fallait expliquer pourquoi le rêve s'était brisé.

L'histoire revue

Des indices dans le texte révèlent comment il s'y est pris. C'est le même type d'indices que d'autres chercheurs et moi-même avions utilisés pour déceler la main du créateur de la première édition du récit (Dtr1) : ruptures grammaticales (par exemple quand un texte parlant au singulier se met soudain au pluriel), terminologie spéciale (des termes et phrases qui ne se trouvaient que dans des passages déjà soupçonnés, selon d'autres critères, d'être des ajouts), thèmes particuliers (destruction et exil), syntaxe et structure littéraire.

Les indices sont plus difficiles à repérer chez l'auteur qui écrivit après la destruction que chez l'auteur du temps de Josias, car l'écrivain post-destruction imita le langage et le style de l'auteur antérieur (je montrerai plus tard pourquoi il put faire cela si bien). D'autre part, il ne fit qu'ajouter çà et là quelques paragraphes à l'édition de Josias. Il n'écrivait pas une nouvelle version complète. C'est pourquoi on ne peut trouver de doublets ou de contradictions flagrantes comme ceux de J et E.

Pour déceler une insertion Dtr2 dans un verset, il faut trouver des faisceaux d'indices convergents, tels que la grammaire, le thème et la terminologie, tous allant dans une même direction. On ne peut pas, sous prétexte qu'un passage prédit un exil, en conclure pour autant que l'auteur exilé l'a inséré pour expliquer sa présente situation. Au contraire, l'exil était une réalité connue et redoutée dans l'ancien Proche-Orient, dont la menace pouvait être évoquée presque à tout moment. Mais si un passage annonciateur d'exil rompt le contexte dans lequel il apparaissait, s'il introduit un changement grammatical et contient des phrases n'apparaissant que dans d'autres passages suspects, alors nous avons un faisceau d'indices convaincant.[1]

Identifiant des insertions Dtr2 par cette méthode, avec de grandes précautions, j'ai pu dévoiler la manière dont l'auteur exilé a refait l'histoire.

L'exil

L'auteur a d'abord développé l'idée même de l'exil. Il ne voulait pas se contenter d'ajouter un simple commentaire final disant que les Babyloniens avaient conquis et exilé Juda ; cela aurait été une fin inattendue, sans rapport avec le reste du texte. Il parsema plutôt le récit, à divers endroits, d'allusions à la possibilité de l'exil, de sorte que la conquête et l'exil devenaient maintenant un élément fondamental du récit, une épée de Damoclès suspendue au-dessus des têtes d'Israël et de Juda pendant des siècles :

> ... Vous devrez promptement disparaître de ce pays ...
> (Deut 4/26 ; Jos 23/16)

> Yahvé vous dispersera parmi les nations ...
> (Deut 4/27)

> Toi et le roi que tu auras mis à ta tête, Yahvé vous mènera en une nation que tes pères ni toi n'avez connue ...
> (Deut 28/36)

> Vous serez arrachés à la terre ...
> (Deut 28/63)

> Yahvé te dispersera parmi tous les peuples, d'un bout du monde à l'autre ...
> (Deut 28/64)

> Vous ne vivrez pas de longs jours sur la terre ...
> (Deut 30/18)

> je retrancherai Israël du pays que je lui ai donné ...
> (1 Rois 9/7)

Cet auteur ne se bornait pas à énumérer des faits historiques. Il produisait une *interprétation* de l'histoire. Dans sa vision, l'exil n'était pas un événement unique et ponctuel, c'était un thème.

D'autres dieux

Puis l'auteur exposa la raison de l'exil : Pourquoi cette calamité se produisit-elle ? Parce que le peuple avait adoré d'autres dieux. Sur ce point, il lui fallait simplement mettre l'accent sur ce que Dtr1 avait déjà écrit. L'adoration de Yahvé seul était le premier des Dix Commandements dans Dtr1 (tout comme dans les Dix Commandements de E et les Dix Commandements de J[2]), et chaque livre, depuis le Deutéronome jusqu'au Deuxième Livre des Rois, s'en réclamait. L'auteur exilé introduisit dans Dtr1 dix références supplémentaires à l'interdiction d'apostasie, assortissant chacune d'elles d'une allusion à l'exil.[3]

Il les inséra dans des passages significatifs du récit : dans les derniers discours de Dieu à Moïse, dans les derniers mots de Josué à son peuple après l'entrée au pays, dans les paroles de Salomon après la construction du Temple, et dans les chapitres décrivant la chute du royaume du Nord.

Comble de tout, il en fit l'essence des derniers mots de Dieu à Moïse avant de l'appeler à son trépas. C'est l'ultime prophétie qu'entend Moïse :

> Voici que tu vas te coucher avec tes pères, et ce peuple est sur le point de se prostituer en suivant des dieux du pays étranger où il va pénétrer. Il m'abandonnera et rompra l'alliance que j'ai conclue avec lui. Ce jour-là même, ma colère s'enflammera contre lui, je l'abandonnerai et lui cacherai ma face. Pour le dévorer, une foule de maux et d'adversités l'atteindront, de sorte qu'il dira en ce jour-là : « Si ces maux m'ont atteint, n'est-ce pas parce que mon Dieu n'est pas au milieu de moi ? » *Et moi, oui, je cacherai ma face en ce jour, à cause de tout le mal qu'il aura fait, en se tournant vers d'autres dieux.*[4]

Le décor était planté. Dieu avait interdit au peuple d'adorer d'autres dieux, et allait, par la destruction, l'exil et l'abandon—« je cacherai ma face »— punir leur transgression de cet interdit.

Manassé

L'auteur exilé se retourna ensuite sur l'histoire passée à la recherche d'une possible explication, déjà contenue dans le récit, pour la chute du royaume ; quelque chose qui s'était passé avant Josias, quelque chose de si terrible que la tentative de réforme de Josias n'avait pas suffi à retourner le sort.

Il trouva cela dans le récit de Manassé, le grand-père de Josias. Dans le récit Dtr1, Manassé anéantit toutes les bonnes choses qu'a faites son père, le Roi Ézéchias. Manassé reconstruit les hauts lieux, consacre une statue à la déesse Ashéra et bâtit des autels aux dieux païens dans l'enceinte du Temple. En Dtr1, cela prépare judicieusement le récit de Josias, car dans les deux chapitres suivants, Josias rétablit tout en bon ordre. Il abat les hauts lieux, brûle les statues d'Ashéra, brise les autels païens. Mais la personne qui produisit la nouvelle édition, Dtr2, étoffa les crimes de Manassé *et leurs conséquences*. Il ajouta ces mots :

> Manassé les égara, au point qu'ils agirent plus mal que les nations que Yahvé avaient exterminées devant les Israélites. Alors Yahvé parla ainsi par le ministère de ses serviteurs les prophètes : « Parce que Manassé, roi de Juda, a commis ces abominations, qu'il a agi plus mal que tout ce qu'avaient fait avant lui les Amorites et qu'il a entraîné Juda lui aussi à pécher avec ses idoles, ainsi parle Yahvé, Dieu d'Israël : Voici que je fais venir sur Jérusalem et Juda un malheur tel que les deux oreilles en tinteront à quiconque l'apprendra. [...] j'écurerai Jérusalem comme on écure un plat, qu'on retourne à l'envers après l'avoir écuré. Je rejetterai les restants de mon héritage, je les livrerai entre les mains de leurs ennemis, ils serviront de proie et de butin à

> tous leurs ennemis, parce qu'ils ont fait ce qui me déplaît et qu'ils ont provoqué ma colère, depuis le jour où leurs pères sont sortis d'Égypte jusqu'à ce jour-ci. »[5]

Manassé avait été si vil, et avait amené le peuple à être si vil, qu'il avait déclenché une prophétie de chute de son royaume.

La personne qui inséra ces remarques sur les crimes de Manassé revint ensuite sur la fin du manuscrit. Celui-ci se concluait par « aucun roi ne s'est levé comme Josias », mais il ajouta ces mots :

> *Pourtant* Yahvé ne revint pas de l'ardeur de sa grande colère qui s'était enflammée contre Juda pour les déplaisirs que *Manassé* lui avait causés.[6]

Sans rien retirer au mérite de Josias, l'historien Dtr2 avait expliqué pourquoi la chute de Juda restait à l'ordre du jour : le poids des crimes du passé l'emportait sur le mérite des réformes éphémères. Il ajouta alors deux courts chapitres décrivant les quatre derniers rois de Juda, soulignant à la manière de Dtr1 que chacun « fit ce qui déplaît à Yahvé. » La réforme était finie, et le pays de nouveau sur la route du désastre.

Les deux alliances

Restait la question de l'alliance davidique. Selon l'histoire vue par Dtr1, elle était éternelle et inconditionnelle. Quoi qu'eussent fait Manassé ou un autre roi davidique, le trône et la famille royale étaient censés être à l'abri pour toujours. L'exilé qui réécrit cette histoire ne voulait pas aller jusqu'à effacer cette promesse, ou l'ignorer comme si elle n'avait jamais été là (c'est là une autre indication qu'il ne se livrait pas simplement à une pieuse fraude). Comment alors pouvait-il expliquer la chute de la royauté, du Temple et de Jérusalem ?

Il le fit en attirant l'attention de ses lecteurs sur une autre alliance : l' alliance mosaïque. Cette alliance que Yahvé avait conclue avec son peuple dans le désert, selon la tradition, était bel et bien conditionnelle. Elle instruisait le peuple d'obéir aux commandements de Dieu, faute de quoi il s'exposerait à de sévères conséquences. L'auteur de Dtr2 ajouta plusieurs lignes au Deutéronome, soulignant que la destruction et l'exil comptaient parmi ces conséquences.

C'était couper l'herbe sous les pieds de l'alliance davidique. Le sort de la nation dépendait en définitive du peuple et non du roi. Le règne de la famille davidique était assuré, oui, mais si le peuple, par ses actes, attirait la destruction du pays, alors *sur qui* régnerait cette famille ?

L'alliance davidique passait donc logiquement après l'alliance mosaïque. La première question était de savoir si la nation allait survivre. Seulement après venait la question de savoir qui la gouvernerait.

Un problème semblable attendait l'historien exilé dans le récit du Roi Salomon. D'après le récit de Dtr1, Dieu apparaît à Salomon après qu'il ait fini de bâtir le Temple, et Dieu répète les promesses de l'alliance davidique, ajoutant que le Temple durera toujours. Il dit :

> Je consacre cette maison que tu as bâtie, en y plaçant mon Nom *à jamais* ; mes yeux et mon coeur y seront *toujours*.[7]

L'historien exilé, là encore, ne se permit pas d'effacer cette promesse éternelle, même si elle avait de toute évidence échoué (le Temple était en ruines). Au lieu de cela, il la dissimula dans les plis de l'alliance mosaïque conditionnelle. Il ajouta quatre phrases où Dieu parle non seulement à Salomon mais au peuple entier : Dieu avertit le peuple que s'il ne garde pas les commandements qu'il leur a donnés, il les exilera et rejettera le Temple. Et de dire :

> alors je retrancherai Israël du pays que je lui ai donné ; ce temple que j'ai consacré à mon Nom, je le rejetterai de ma présence, et Israël sera la fable et la risée de tous les peuples.[8]

Notons la différence entre les deux citations de cette page. Toutes deux désignent le Temple comme le lieu consacré au nom de Yahvé. Mais la deuxième, celle de la version exilique, laisse de côté l'expression « à jamais ».

Il est clair là encore que les péripéties du monde biblique eurent un retentissement sur l'évolution de la Bible ; et la forme que prit en définitive la Bible devait avoir, en retour, une influence décisive sur le caractère du judaïsme et du christianisme. Ici, la chute de la maison de David après des siècles de règne entraîna dans la Bible une accentuation de l'alliance médiatisée par Moïse entre Dieu et le peuple. Selon la réalité historique désormais reflétée dans la formulation de l'histoire deutéronomique, quelque espoir que le peuple pût nourrir pour sa sécurité, il ne pourrait plus se reposer sur l'alliance davidique. Sa survie et son bien-être s'appuyaient non sur la promesse à un roi du maintien éternel du trône et du Temple à Jérusalem, mais sur l'alliance du peuple avec Dieu. L'alliance davidique se réduisait à la promesse que le trône était éternellement *disponible* pour la famille de David. Même s'il était présentement vacant, il y avait toujours une possibilité qu'un descendant de David, un messie, pût venir un jour et régner avec justice. Les implications pour le judaïsme et le christianisme furent immenses.

De l'Égypte à l'Égypte

Restait pour le Deutéronomiste exilé à écrire le final : le sort du peuple. Il rapporta que les Babyloniens déportèrent les derniers rois et des milliers d'individus à Babylone. Il rapporta enfin que le gouverneur désigné par l'empereur babylonien, Godolias, fut assassiné et que le peuple entier s'enfuit alors en Égypte.

Il n'ajouta aucune interprétation à ces derniers événements, aucune récapitulation, brève ou longue, du genre : « ainsi Juda fut exilé de sa terre pour avoir adoré d'autres dieux. » Cette forme apparamment inachevée était possible précisément parce que le Deutéronomiste exilé avait déjà préparé son effet. Dans ses insertions soigneusement placées, il avait déjà dit à ses lecteurs qu'adorer d'autres dieux était la pire offense possible, que cela amènerait défaite et exil, et que les rois, en particulier Manassé, avaient entraîné le peuple dans l'erreur. À la lueur de cette préparation, la peinture brève et directe du désastre du royaume ne manquait pas de puissance. La fin du royaume avait été prévisible, et prédite.

L'une des insertions de l'auteur exilé en particulier prépara le terrain pour sa brusque conclusion. Il ajouta une malédiction au texte du Deutéronome. Le Deutéronome comportait déjà une liste terrifiante de malédictions dans Dtr1. La liste des conséquences de la non-observance de l'alliance demeure effrayante à lire : maladies, folie, cécité, défaites militaires, destruction des récoltes et du cheptel, famine menant les gens à manger leurs propres enfants. Le Deutéronomiste exilé ajouta des allusions à l'exil en général, et il ajouta une malédiction spécifique à la fin de sa liste. Quelle est la pire chose possible dont on pouvait menacer un Israélite ? La dernière menace du Deutéronome est :

> Et Yahvé vous renverra en Égypte dans des vaisseaux ou par le chemin dont je vous avais dit : « Tu ne le verras plus ! ». Et là vous irez vous vendre à vos ennemis comme esclaves, sans trouver d'acheteurs.[9]

De retour en Égypte ! Le comble de la malédiction pour un peuple qui avait commencé là en esclavage. L'auteur exilé rapporta simplement alors le sort du peuple à la fin de 2 Rois : l'Empereur babylonien nomma Godolias gouverneur de Juda ; Godolias fut assassiné ; le peuple s'enfuit, redoutant les représailles babyloniennes. Le récit s'achève par cette phrase ultime :

> Alors tout le peuple, du plus petit au plus grand, et les chefs des troupes partirent et allèrent en Égypte, parce qu'ils eurent peur des Chaldéens [un autre nom pour les Babyloniens].[10]

La nouvelle édition de l'histoire d'Israël commençait en Égypte et finissait en Égypte. L'auteur exilé avait donné une toute nouvelle forme et direction à l'histoire sans, apparemment, effacer un mot de l'édition originale.

La grâce de Yahvé

Était-ce la fin de l'histoire alors ? Cet auteur, dont le nom n'est pas encore dévoilé, voyait-il l'exil du peuple en Égypte et à Babylone comme l'agonie définitive de l'alliance et du peuple ? Certainement pas. Il laissa poindre un espoir. Ses insertions dans le texte comportaient un rappel que Dieu est un Dieu de grâce, de compassion et de pardon. C'était loin d'être une idée nouvelle dans le monde biblique. Tant J que E avaient peint le Dieu d'Israël comme un Dieu de pitié et endurant à la souffrance. De même Dtr1 à l'époque de Josias. La personne qui produisit Dtr2 voulut souligner pour ses lecteurs que s'ils retournaient vers Yahvé, se repentaient et abandonnaient les autres dieux, alors leur Dieu leur pardonnerait.[11] Il conçut donc son récit non seulement pour raconter le passé mais pour donner de l'espoir en l'avenir.

Le même homme

Qui était-il ? Comment parvint-il à détenir une copie de la version originale de l'histoire deutéronomique ? Comment put-il imiter si parfaitement le langage et le style de l'édition précédente ? Et d'abord, pourquoi avoir choisi de produire une nouvelle version d'un vieux récit, au lieu de faire quelque chose de complètement nouveau ?

La réponse la plus plausible à toutes ces questions est que les deux éditions de l'histoire deutéronomique furent écrites par la même personne.

Il détenait une copie de Dtr1, parce qu'il en était l'auteur. Il choisit de travailler sur la première version au lieu d'écrire une oeuvre complètement nouvelle, parce qu'il avait créé lui-même cette première version et qu'il avait encore lieu d'en être globalement satisfait, à quelques phrases près. (Et, du reste, quel auteur a jamais eu le tempérament de jeter une oeuvre en sept volumes qu'il aurait produite, pour en réécrire une nouvelle depuis le début ?) Quant au langage et au style, ils sont les mêmes parce qu'ils appartiennent au même homme.

Les experts de la Bible voient en général, dans le matériau deutéronomique, l'oeuvre non d'un seul homme, mais d'une « école ». Il a pu exister, suggèrent-ils, un cercle de gens unis dans un dessein et des intérêts communs, et diverses sections deutéronomiques de la Bible seraient l'oeuvre de divers membres de ce groupe. Les divers membres de « l'école deutéronomique », avancent-ils, employèrent un style et un langage similaires, en vertu de leur appartenance commune à un groupe.

Il est vrai que différents membres d'une école de pensée commune peuvent écrire dans des styles assez semblables (on cite en exemple les Pythagoriciens de la Grèce antique). Mais dans le cas de l'histoire deutéronomique, le degré de similitude de Dtr1 et Dtr2 est extraordinaire. En outre, aucune raison majeure n'impose l'hypothèse de l'existence d'une « école », inconnue par ailleurs, puisqu'il était parfaitement possible et logique pour un seul homme d'avoir fait ce travail. La première édition de l'histoire a dû être écrite avant la mort de Josias en 609 avant notre ère. La deuxième édition, Dtr2, a dû être écrite après la destruction babylonienne et l'exil en 587. Cela fait un écart de seulement vingt-deux ans. Quelqu'un aurait très bien pu être en vie durant cette période et écrire depuis le temps de Josias jusqu'à l'exil.

L'identité du Deutéronomiste

Il est temps de nommer cette personne. Tout d'abord, nous connaissons un homme qui vécut et écrivit précisément durant ces années : le prophète Jérémie.

Jérémie possédait le talent littéraire pour mener cette entreprise à bien. Il était aux bons moments dans les bons endroits. C'était un prêtre, du clergé de Silo-Anatot. Il se trouvait à Jérusalem sous le règne de Josias, quand Dtr1 fut produit. Il était en Égypte après la destruction et l'exil, quand Dtr2 fut produit. Le livre que nous lui connaissons, le livre biblique de Jérémie, est traversé par le langage de l'histoire deutéronomique, les mêmes termes et expressions favoris, les mêmes métaphores, le même point de vue sur pratiquement chaque thème important. Il est assez vraisemblable qu'il fût le fils de l'homme qui dévoila le code de loi deutéronomique. Il fut favorable à Josias, mais pas à ses successeurs sur le trône.

De plus, le Livre de Jérémie baigne *entièrement* dans le langage commun à Dtr1 et Dtr2. Comment des tournures typiques de Dtr1 pourraient-elles apparaître dans le Livre de Jérémie, régulièrement mêlées à des tournures par ailleurs typiques de Dtr2, si les trois ne provenaient d'une même source ? Y voir le résultat d'une « école deutéronomique », d'un groupe de gens ayant puisé dans une banque commune de vocabulaire, c'est ignorer tous les indices associant Jérémie avec cette histoire. Et, encore une fois, où donc est la preuve de l'existence d'une telle école littéraire ? Ce que le Livre de Jérémie nous présente, plutôt, c'est l'image du prophète Jérémie associé à un scribe du nom de Baruch, fils de Neriyya. Un portrait le montre explicitement dictant des prophéties à son scribe, qui les écrivit sur un parchemin.[12]

Un volume du Talmud[13] rapporte les anciennes traditions juives concernant l'auteur de la Bible. Selon cet ouvrage, élaboré voilà quelque quinze siècles, l'auteur des Cinq Livres était Moïse, et l'auteur du Livre de Josué était Josué. Cette vue n'est pas pour nous surprendre dans un ouvrage pieux de l'époque. Ce qui est par contre surprenant, c'est que dans cette même discussion, l'auteur des deux Livres des Rois est présenté comme étant Jérémie. Soit les rabbins qui produisirent le Talmud détenaient une tradition associant Jérémie aux Livres des Rois, soit ils firent cette association à cause de l'évidente similitude de langage et d'allure des deux ouvrages. Dans les deux cas, le fait est que l'association de Jérémie avec au moins une grande partie de l'histoire deutéronomique est une idée ancienne.

Les hypothèses académiques abondent concernant la paternité du Livre de Jérémie. Ce livre se présente comme constitué en partie des oracles du prophète, écrits principalement en poésie, et en partie d'histoires sur la vie du prophète, écrites en prose. Certains ont suggéré que Jérémie en personne avait composé la poésie et que le scribe, Baruch fils de Neriyya, était l'auteur de la plupart de la prose.[14] Baruch est cité maintes fois dans le Livre de Jérémie. Il est dit explicitement qu'il rédigea des documents pour Jérémie. Et il est affirmé qu'il partit en exil en Égypte avec Jérémie.[15] Si Baruch a vraiment écrit une grande partie du Livre de Jérémie, alors il est aussi vraisemblablement l'auteur-éditeur de l'histoire deutéronomique. Dans la première édition américaine de *Qui a écrit la Bible?*, j'avais évoqué la possibilité que Jérémie puisse être l'historien deutéronomique. J'admets maintenant que j'avais tort et qu'une telle hypothèse est peu fondée. Il est de loin plus probable que l'auteur de la prose dans le Livre de Jérémie fût le même que l'auteur de l'histoire deutéronomique, qui lui ressemble tant. Je retiens de mon ancienne interprétation l'idée suivante qu'il faut probablement considérer les écrits deutéronomiques comme le résultat d'une coopération entre Jérémie, poète et prophète, dans le rôle d'inspirateur, et Baruch, le scribe, dans le rôle d'écrivain interprétant l'histoire à travers les conceptions de Jérémie.

Que Baruch fils de Neriyya ait été le secrétaire, l'auteur ou le collaborateur, il est important de prendre note d'une découverte archéologique fabuleuse à son sujet, qui fut faite très récemment. En 1980, l'archéologue Nachman Avigad publia l'empreinte d'un sceau d'argile qu'il avait acquise (voir la photographie). Dans les temps bibliques, les documents étaient parfois écrits sur des rouleaux de papyrus, qui étaient alors roulés et attachés par une corde. Cette corde était ensuite prise dans une boule d'argile mouillé, et quelqu'un imprimait alors son sceau dans l'argile, à l'aide d'un anneau ou d'un cylindre. L'empreinte d'argile qu'Avigad publia est écrite dans un style hébreu datant de la fin du septième siècle ou du début du sixième siècle avant Jésus-Christ. On y lit :

lbrkyhw bn nrywh hspr

Traduit, cela se lit : « appartenant à Baruch fils de Neriyya le scribe. » C'était la première découverte archéologique jamais faite d'un objet qu'on pouvait supposer avoir appartenu à une personne mentionnée dans la Bible. C'est, en effet, sa signature. On le trouve maintenant au Musée d'Israël.

Cela signifie que nous possédons la signature du scribe—et peut-être de l'auteur-éditeur de huit livres de la Bible.

Si nous faisons bien de voir en Baruch et Jérémie les principales figures dans la conception de ces livres, alors nous ne connaissons pas seulement le lien entre le monde biblique et la formation de ces livres, comme nous l'avions dans J et E, mais nous pouvons en plus nous représenter l'homme qui contribua à leur donner naissance, sa personnalité et l'histoire de sa vie. Une certaine impression de Jérémie se dégage du livre qui porte son nom—tant du contenu explicite du livre que de ce qu'on devine entre les lignes. C'est souvent l'image d'un homme torturé, spirituel, attaché à sa mission, rejeté par les humains, persécuté. Il donne souvent l'impression qu'il aimerait mieux faire autre chose que la mission qu'il a reçue, qu'il préfère ne pas voir le futur, et qu'il aimerait échapper au présent, serait-ce par la mort. Il doit dire la vérité quelles qu'en soient les conséquences. Les gens le craignent. Il est profondément solitaire.

L'image qui se dégage de Jérémie et de Baruch n'en fait certainement pas des fraudeurs. De fait, ce n'est pas une fraude qu'ils ont construit, même pas une pieuse fraude. L'historien deutéronomique a bâti son histoire sur le code de loi deutéronomique, qui était un document authentiquement ancien, et qu'il peut bien avoir sincèrement attribué à Moïse lui-même. Il utilisa également d'autres documents anciens et, de tout cela, il fit un récit continu. Ses propres ajouts à cette histoire lui ont donné structure, continuité et sens. Ses derniers chapitres évoquent des événements dont il avait personnellement été témoin. Il n'y a rien d'une fraude dans tout cela. Au contraire, c'est une tentative sincère, de la part d'un homme sensible et talentueux, pour dire l'histoire de son peuple, et pour la rendre compréhensible. Comme historien, il rapporta l'héritage de son peuple. Comme prophète, il conçut son destin.

Chapitre 8

LE MONDE QUI A PRODUIT LA BIBLE 587-400 av. J.-C.

La période la moins connue

L'époque qui suivit les désastres de 587 est pour nous la plus ardue à connaître. Elle a beau être plus récente que les périodes dont j'ai parlé jusqu'ici, c'est la plus difficile à décrire. Il y a deux raisons à cela. La première est simplement le manque de sources. Ni la Bible ni l'archéologie n'ont été très loquaces.

Les livres narratifs de la Bible nous disent très peu de choses sur ce qu'il advint de la génération d'exilés et de réfugiés de Juda. Dans les Livres des Rois aussi bien que dans les Livres des Chroniques, le récit s'arrête avec la chute du royaume, et les livres suivants d'histoire narrative (Esdras et Néhémie) reprennent l'histoire cinquante ans plus tard. Une petite partie du Livre de Daniel traite de ces années intermédiaires, mais il fait seulement allusion à quelques événements de la vie de Daniel et de ses amis. Il n'aborde pas le destin de la nation. Notre meilleur accès à cette période consiste à déduire quelques informations de certains passages des Livres des prophètes Jérémie et Ézéchiel.

L'archéologie, pour sa part, a livré peu de choses sur le destin des communautés exilées de Babylone ou d'Égypte. Et nous ne sommes même pas certains de ce qui se déroulait alors en Judée. Nous avons certains indices que le vieux voisin de Juda, Édom, n'avait pas été très amical mais avait eu sa part dans la conquête babylonienne de Judée, s'y taillant un peu de territoire. Et nous savons que les Samaritains continuèrent à occuper le territoire septentrional qui avait jadis été le royaume du Nord. Mais nous ne savons pratiquement rien sur le nombre de Juifs qui purent rester en Judée et sur leur vie au pays.

La deuxième raison de notre difficulté à cerner cette époque est qu'il est quasi impossible pour la plupart d'entre nous de savoir ce que *représentait* l'expérience de cette époque. À l'exception de ceux d'entre nous qui ont vraiment vécu une situation d'exilé ou de réfugié, il faudrait un énorme élan de sympathie (au sens grec du mot *sym-pathos* « sentir avec ») pour comprendre ce que ressentaient les exilés. Il nous faudrait imaginer toutes les défenses de la ville où nous vivons réduites à néant. Tous les édifices publics et les belles maisons sont brûlés. Les chefs religieux de notre communauté sont exécutés. Les enfants du dirigeant national sont massacrés devant lui, puis ses yeux sont crevés, et on l'emmène avec des menottes. Nous sommes déportés par milliers, probablement pour ne plus jamais revoir notre pays. Puis nous vivons comme des étrangers dans le pays de notre conquérant. C'est l'horreur.

Que pouvaient faire les exilés de Juda à Babylone ? Comment allaient-ils maintenir leur identité comme groupe national et n'être pas tout bonnement assimilés dans la masse de l'Empire babylonien ? Ou, pour être plus concret, à quoi allaient-ils se raccrocher ?

La religion

La chose la plus importante était sans doute la religion. D'autres pays conquis par les Babyloniens avaient aussi leur propre religion nationale, mais un des traits les plus remarquables des religions païennes du monde antique était d'être toutes extrêmement compatibles. Le dieu identifié au vent peut s'être appelé Marduk à Babylone, Baal-Haddad à Canaan et Zeus en Grèce, c'était essentiellement le même dieu. C'était le vent. Ishtar, la déesse mésopotamienne, était essentiellement la même qu'Astarté à Canaan et Aphrodite en Grèce. Elle représentait la fertilité. Et ainsi de suite. Ces déités païennes interchangeables permettaient au peuple conquis de s'assimiler à la religion du conquérant.

Mais la religion du peuple judéen était différente. Il n'y avait pas de dieu dans le panthéon païen qui correspondît à Yahvé. Les savants débattent toujours du caractère particulier de la religion des Hébreux à cette époque. Était-elle complètement monothéiste au sens moderne ? Croyait-on que Yahvé était tout-puissant ? D'autres déités moindres étaient-elles tolérées ? En tout cas, une chose est sûre : la religion israélite n'était pas compatible avec la religion païenne. Yahvé n'était pas une force de la nature. Il était en dehors du règne naturel et en contrôlait les forces. Ainsi, en maintenant sa religion nationale en exil, le peuple judéen, intentionnellement ou pas, renforça son identité ethnique.

La vie en exil

S'accoutumèrent-ils à l'exil ? Même en paix et acceptée à Babylone, la communauté n'en ressentait pas moins l'appel de la terre natale. Les Juifs établirent cinq journées annuelles de jeûne pour commémorer leur malheur.[1] Ils exprimèrent leurs sentiments dans la littérature, ce dont maints passages de la Bible portent la trace. La littérature de l'exil inclut le psaume 137 et le Livre des Lamentations. Elle inclut également plusieurs sections dans les Livres Prophétiques : la dernière partie du Livre de Jérémie, reflétant la vie des réfugiés en Égypte, le Livre entier d'Ézéchiel et la dernière partie du Livre d'Isaïe, reflétant la vie des exilés à Babylone. Ce n'est pas une littérature joyeuse. Une partie exprime l'amertume, on y trouve aussi beaucoup de culpabilité (pourquoi cela nous arrive-t-il ? *Nous* avons dû faire quelque chose de mal). La tristesse traverse aussi l'ensemble du texte.

Le Psaume 137, écrit par un poète judéen et préservé par la communauté, est un indicateur de l'expérience de l'exil :

Au bord des fleuves de Babylone
Nous étions assis et nous pleurions,
nous souvenant de Sion ;
Aux peupliers d'alentour
Nous avions pendu nos harpes.

Et c'est là qu'ils nous demandèrent,
Nos geôliers, des cantiques,
Nos ravisseurs, de la joie :
« Chantez-nous, disaient-ils,
Un cantique de Sion »

Comment chanterions-nous
Un cantique de Yahvé
Sur une terre étrangère ?
Si je t'oublie, Jérusalem
Que ma droite se dessèche !

Que ma langue s'attache à mon palais
Si je perds ton souvenir,
Si je ne mets Jérusalem
Au plus haut de ma joie !

Souviens-toi, Yahvé,
Contre les fils d'Édom
du jour de Jérusalem
quand ils disaient : « À bas !
Rasez jusqu'aux assises ! »

Fille de Babel qui dois périr,
heureux qui te revaudra
Les maux que tu nous valus,
heureux qui saisira et brisera
tes petits contre le roc !

Le poème ne transpire pas d'affection pour les Babyloniens. Il montre également une pointe d'amertume contre les Édomites, parents et voisins des Judéens, qui ont soutenu l'armée conquérante.

Quant aux Judéens qui fuirent en Égypte, les choses ne tournèrent pas au mieux pour eux non plus, car dix-neuf ans plus tard, les Babyloniens envahirent l'Égypte. Nous connaissons seulement le cas d'une colonie de mercenaires judéens établis à Éléphantine, située sur la première cataracte du Nil. Cela coïncide avec les rapports des Livres des Rois et de Jérémie selon lesquels c'était l'armée judéenne qui guidait la communauté en Égypte.

Dieu, le Temple, le roi et le prêtre

Comment les exilés et réfugiés allaient-ils associer leur sort à leur compréhension de Dieu ? Les questions de théologie n'étaient alors pas de simples jeux de spéculation purement théorique. La théologie et l'histoire entraient maintenant en collision. Selon que l'on comprenait Dieu d'une façon ou d'une autre, cela changeait la perception que l'on pouvait avoir de la situation des exilés. Yahvé est-il un Dieu *national* ? Dans ce cas, il est resté en Judée, et le peuple est coupé de lui en exil. C'est cette question que pose l'auteur du Psaume 137, que nous avons traduit précédemment : « Comment chanterions-nous un cantique de Yahvé en terre étrangère ? »

Ou bien Yahvé est-il un Dieu *universel* ? Et si oui, pourquoi a-t-il laissé faire ce désastre ? Autrement dit, si Dieu est le vrai Dieu du monde entier, pourquoi avoir laissé les Babyloniens abattre son Temple, emmener ses rois oints et ses prêtres, et exiler son peuple ? La communauté des exilés n'étant pas disposée à croire les Babyloniens plus forts que Yahvé, leur meilleure réponse fut que tout était de leur propre faute. Ils avaient échoué à garder leur alliance avec Yahvé. Ils avaient adoré d'autres dieux. Les Babyloniens étaient l'instrument de Dieu, qu'il utilisait pour accomplir les malédictions de l'alliance, car Juda avait rompu son contrat. Une des conclusions logiques du monothéisme est la conscience de ses fautes et le repentir.

Il y avait aussi des problèmes pratiques. Maintenant que le Temple était détruit, comment adorer Dieu ? Le groupe égyptien qui vivait à Éléphantine y fit construire un Temple (ce qui était franchement contraire aux lois de centralisation du Deutéronome). Ce qu'il y a d'extraordinaire à propos du Temple d'Éléphantine, c'est qu'ils y adoraient Yahvé et deux autres dieux, un masculin et un féminin. Les Juifs dans d'autres parties du monde n'apprécièrent apparemment pas ce développement, car quand le Temple d'Éléphantine fut détruit au cinquième siècle, ils n'aidèrent pas à le rebâtir. Quant à la communauté juive babylonienne, le prophète Ézéchiel, qui comptait parmi ses exilés, conçut un plan de reconstruction du Temple à Jérusalem. Il décrivit le nouveau Temple en détails, y compris ses mesures en coudées, mais le Temple qu'il conçut ne fut jamais bâti.[2]

L'autre problème pratique et pressant était celui-ci : maintenant que la monarchie avait disparu, qui devait guider le peuple ? Le Roi Joachaz était prisonnier en Égypte. Il y mourut. Les Rois Joiakîn et Sédécias furent emprisonnés à Babylone. Nous ne savons pas ce qui arriva à Sédécias, mais d'après les toutes dernières phrases du Deuxième Livre des Rois, Joiakîn fut libéré de prison après trente-sept ans de captivité. Cela ne signifie pas pour autant qu'il retrouva sa fonction royale.

Les prêtres aussi avaient perdu leur centre, le Temple, et cela signifiait qu'il n'y avait plus de sacrifices à accomplir. Cela signifiait aussi que leur autorité, leurs revenus et la plupart de leurs fonctions étaient menacés. Cela signifiait enfin que la querelle opposant le clergé moshite (qui faisait remonter son lignage à Moïse) à son rival aaronien perdait en grande partie toute raison d'être.

En bref, la destruction babylonienne de Juda avait entraîné cette nation dans une énorme crise. Les Juifs se trouvaient contraints de revoir leur image d'eux-mêmes et leur conception de leur lien avec Dieu. Ils devaient trouver un moyen d'adorer Dieu sans Temple. Ils devaient se donner un chef qui ne serait pas roi. Ils devaient apprendre à vivre comme une minorité ethnique dans un grand empire. Ils devaient redéfinir leur relation avec leur mère patrie. Et ils devaient vivre avec leur défaite.

Et puis, après seulement cinquante ans, l'impossible se produisit. L'exil prit fin, et ils purent retourner chez eux.

L'Empire perse : l'âge des mystères

En 538 avant notre ère, les Perses conquirent les Babyloniens. La Mésopotamie, l'Égypte et l'espace entre les deux, y compris la Judée, faisaient maintenant partie d'un empire perse immense et puissant. Le maître de cet empire était Cyrus le Grand. L'année même où il prit Babylone, Cyrus laissa les Juifs regagner la Judée. Par décret royal, il permit aux exilés de rebâtir leur pays et leur Temple. Les précieux ustensiles du Temple, que les Babyloniens avaient emportés, furent restitués. À une exception près : l'arche.

Pour une raison inconnue, les sources bibliques ne disent pas ce qu'il advint de l'arche contenant les tables des Dix Commandements. L'archéologie n'a pas apporté de lumière là-dessus. La disparition de l'arche est le premier grand mystère de cette époque et cela demeure l'une des grandes énigmes de la Bible. Aucun rapport n'indique que l'arche fut emmenée, détruite ou cachée. On ne trouve même pas de commentaire du type : « L'arche disparut et nous ne savons ce qu'elle devint », ou : « Nul ne sait où elle est aujourd'hui. » L'objet le plus important au monde, d'un point de vue biblique, cesse simplement de figurer dans le récit.

A-t-elle vraiment jamais existé ? Dans le cadre de notre recherche, il nous faut reconnaître que les livres historiques primitifs la montrent comme une réalité, enchâssée dans le Temple. Les Livres des Rois et les Chroniques disent explicitement que l'arche se situait dans la pièce interne (le Saint des Saints) du Temple, le jour où le Roi Salomon consacra le Temple. Elle cesse alors d'apparaître de façon directe dans le récit, et l'on ne sait rien de ce qu'il en advint lorsque le Temple fut détruit. Et maintenant, au moment où l'on nous décrit le retour des exilés en Judée, elle n'est pas mentionnée, alors que les ustensiles moins importants du Temple le sont. La communauté qui revint à Jérusalem rebâtit le Temple, mais ce deuxième Temple ne contenait pas l'arche. Il n'avait pas non plus de chérubins, ces géantes statues dorées de sphinx ailés dont le but, somme toute, était au moins en partie d'étirer leurs ailes au-dessus de l'arche. Le Saint des Saints du deuxième Temple était apparemment une pièce vide. Tout cela s'avérera significatif pour chercher qui a écrit la Bible.

Le deuxième grand mystère de ce temps est que la dynastie davidique disparaît. Selon les Livres bibliques d'Esdras et Néhémie, ceux qui revinrent de Babylone étaient conduits par deux hommes, Sheshbaççar et Zorobabel.[3] Tous deux appartenaient à la famille royale de David et descendaient du Roi Joiakîn. Le nom de Zorobabel apparaît aussi dans les livres bibliques des prophètes Aggée et Zacharie, qui prophétisèrent à cette époque.[4] Mais on ne parle plus de Sheshbaççar et Zorobabel après le cinquième chapitre d'Esdras. Rien n'est dit de la disparition de ces deux hommes, et le sort de la famille royale demeure inexpliqué. En fait, tout comme l'arche, la monarchie cesse tout simplement d'être mentionnée. Nous ne disposons pas de sources bibliques ni archéologiques pour savoir ce que devint la famille du messie, les descendants de David.

De plus, la prophétie reflue et peut-être disparaît à cette époque. L'âge des grands prophètes n'est plus. Les prophètes Aggée et Zacharie prêchèrent au temps de Zorobabel, mais les rois ayant disparu, les prophètes aussi disparurent.

Les cinquante ans d'exil à Babylone et en Égypte ne sont pas décrits. L'objet le plus sacré de la nation disparaît, tout comme la famille royale. La prophétie reflue. Et il y a d'autres inconnues. La période entière semble être une ère de mystères. Combien de personnes exilées à Babylone ont réellement saisi l'occasion de revenir en Judée ? La majorité est-elle restée ou partie ? Les chiffres de la Bible créent une confusion. Selon le Livre de Jérémie, 4 600 personnes avaient été déportées de Judée à Babylone en 587 ; selon le Deuxième Livre des Rois, il s'agirait de 11 600.[5] Mais selon le Livre d'Esdras, 42 360 revinrent cinquante ans plus tard.[6]

Voilà une communauté bien prolifique. Il se peut que ce nombre de rapatriés inclue certains de ceux qui étaient en Égypte. Ou il peut inclure des gens des tribus septentrionales d'Israël qui furent déportées en Mésopotamie par les Assyriens en 722 et qui se trouvaient maintenant réunies avec les exilés de Judée. Nous ne savons pas. Nous ne savons pas non plus qui se trouvait en terre de Judée quand les nouveaux rapatriés revinrent. Est-ce que *tout le monde* avait quitté le pays pour Babylone ou l'Égypte ? Probablement pas. Mais qui, et combien restèrent ?

Retour en terre promise

Nous savons certaines choses sur la vie au pays quand les exilés revinrent et se mirent à rebâtir. Ils menèrent à bien la construction du second Temple, qui fut consacré à la Pâque de 516. D'aucuns y virent la réalisation d'une prophétie de Jérémie.[7] Nous ne connaissons pas la taille du second Temple, et s'il était semblable ou non au premier Temple. Nous savons que l'arche, les chérubins et le Urim et le Thummim n'y étaient pas (le Urim et le Thummim étaient des objets sacrés dont se servait le grand-prêtre, apparemment pour obtenir des oracles). Nous savons qu'un grand-prêtre y exerçait. Et nous savons qu'il s'agissait d'un Aaronien, pas d'un Moshite.

Plus important, nos sources indiquent que le clergé du Temple était entièrement aaronien à cette époque. Tous les autres Lévites étaient exclus de la légitimité sacerdotale. Ils étaient considérés comme un clergé secondaire, assistants des Aaroniens, qui seuls exerçaient les prérogatives sacerdotales. La lutte entre prêtres moshites et aaroniens était finie. Tant bien que mal, les Aaroniens avaient complètement gagné. Leur prétention ancienne à être le clergé légitime se voyait à présent reconnue. Le triomphe du clergé aaronien à cette époque devait avoir des implications immenses sur la formation de la Bible.

Comment les prêtres aaroniens parvinrent-ils à exercer un contrôle aussi total ? Peut-être parce qu'ils étaient le clergé au pouvoir au moment de la chute du royaume. Les

Babyloniens ayant emmené les classes supérieures en exil, les prêtres aaroniens furent donc vraisemblablement déportés à Babylone. Le prophète Ézéchiel, par exemple, était un prêtre aaronien, et il figurait parmi les exilés babyloniens. Les prêtres moshites, pour leur part, se trouvaient plus probablement parmi les réfugiés en Égypte. Le prophète Jérémie, par exemple, dont on peut supposer qu'il était moshite, se retrouva parmi les réfugiés en Égypte. Puisque c'était le groupe babylonien qui conduisait le retour et gouvernait la nouvelle communauté (sous la direction initiale de Sheshbaççar et Zorobabel), les prêtres aaroniens étaient, à tout le moins, dans une position de dominer et peut-être dans une position de définir qui était prêtre et qui ne l'était pas.

Un autre facteur peut expliquer que les prêtres moshites aient cédé devant les Aaroniens à cette époque : les Moshites, et notamment Jérémie, étaient perçus comme pro-babyloniens. Maintenant que les Perses avaient conquis les Babyloniens, il se peut que le pouvoir perse ait favorisé une prise de contrôle par les Aaroniens. Les Aaroniens avaient été anti-babyloniens, comme en atteste le fait que les Babyloniens exécutèrent les grands-prêtres en 587.

On doit prendre en compte une raison de plus pour expliquer le succès des prêtres aaroniens dans la reconstruction de Juda. C'est l'influence et le pouvoir d'un seul homme : Esdras.

Esdras

Dans toute la Bible, deux hommes sont connus comme législateurs : Moïse et Esdras. Esdras vint de Babylone en Judée quatre-vingts ans après le retour du premier groupe d'exilés, en 458. C'était un prêtre et un scribe. La Bible le présente clairement comme un prêtre *aaronien*. Elle indique aussi qu'il n'était pas un scribe ordinaire. Ses talents d'écrivain étaient associés à un document en particulier : « la *torah* de Moïse ».

Esdras arriva à Jérusalem avec deux documents importants à la main. L'un était cette « *torah* de Moïse », l'autre une lettre de l'Empereur perse, Artaxerxes, lui donnant pouvoir sur la Judée. L'autorisation de l'empereur donnait à Esdras le pouvoir d'enseigner et d'appliquer « la loi de ton Dieu que tu as en mains. » Les pouvoirs d'application comprenaient des amendes, l'emprisonnement et la peine de mort.

Qu'était donc cette « *torah* de Moïse », cette « loi de ton Dieu que tu as en mains » ? On y trouve des allusions dans les Livres bibliques d'Esdras et Néhémie, qui comportent des éléments de J, E, D, et P.[8] Il est donc vraisemblable que le livre qu'Esdras emmena de Babylone en Judée était la Torah complète, c'est-à-dire les Cinq Livres de Moïse, telle que nous les connaissons.*

Esdras partageait en quelque sorte l'autorité politique avec un gouverneur, Néhémie, lui aussi désigné par l'empereur. Avec le soutien de l'empereur, qui était peut-être l'homme le plus puissant au monde, Esdras et Néhémie détenaient une autorité considérable. Ils rebâtirent les remparts de Jérusalem, que les Babyloniens avaient abattus. Ils imposèrent l'observance du sabbat. Ils imposèrent la dissolution des mariages mixtes entre Juifs et non-Juifs. En l'absence des rois judéens, ces deux hommes étaient les chefs du peuple. Juda n'était pas un pays indépendant. C'était désormais une province de l'Empire perse. Et Esdras et Néhémie étaient les délégués de l'autorité impériale.

Le Temple et la Torah

Dans la période du second Temple, la centralisation fut menée à bien. Il n'y avait apparemment aucune compétition avec un autre centre religieux en Judée. Ce qu'Ézéchias et Josias avaient essayé d'accomplir était maintenant une réalité. Le Temple d'Éléphantine était loin, et de toute façon il fut détruit à peu près à l'époque où Esdras était à Jérusalem.

Esdras convoqua une réunion publique à la porte d'eau de Jérusalem. Elle se tint pendant la fête d'automne, quand le peuple venait de toute la Judée à Jérusalem. À cette occasion,

---

* Voir note en bas de la page 106. (NdE)

il montra le rouleau de la Torah et la lut à l'assemblée. Cela fut suivi d'une cérémonie d'alliance au cours de laquelle le peuple renouvela sa loyauté envers son Dieu et sa fidélité au pacte enregistré dans la Torah.

L'époque de la restauration, l'âge du second Temple, apparaît dans les sources bibliques et post-bibliques comme une ère sans précédent de fidélité au livre. Pourquoi ? Probablement parce que l'autorité politique était désormais davantage aux mains des prêtres, qui y prenaient davantage d'intérêt que les rois en avaient eu. De plus, le livre peut avoir été particulièrement chéri par le peuple car il était un lien avec le passé. Il rappelait aux exilés qu'ils étaient engagés dans une *re*construction, et non pas seulement dans un nouveau départ. Comme ouvrage historique, il donnait le sentiment d'hériter un passé extraordinaire. Comme ouvrage légal, il montrait un moyen de participer au quotidien à l'alliance, c'est-à-dire à l'héritage.

Comment apparut ce livre qu'Esdras apporta en Judée ? Comment parvint-on à une compilation de toutes les sources ? Comment Esdras réussit-il si bien à la promouvoir comme « *torah* de Moïse », statut qu'elle a conservé pendant deux mille cinq cents ans ? Quand nous saurons qui a produit P et qui a combiné toutes les sources en une oeuvre unique, nous connaîtrons les réponses à ces questions, et davantage encore.

Chapitre 9

UNE BRILLANTE ERREUR

Jusqu'à présent, mon propos a été presque exclusivement de présenter les faits eux-mêmes—entendons les indices venant du texte et de l'archéologie—et non pas l'histoire des découvertes qui ont permis d'établir ces faits. J'ai pris cette approche car je voulais exposer les conclusions de la recherche plutôt qu'un historique de cette recherche. Mais je dois à présent revenir sur un tournant malencontreux qu'a connu l'enquête sur les auteurs de la Bible et qui a dominé la recherche pendant plus d'un siècle. La grande majorité des experts bibliques, et moi-même parmi eux, l'acceptions. La plupart l'acceptent encore, au moins partiellement.

C'est la partie la plus controversée de l'histoire de cette quête des auteurs bibliques ; il ne s'agit plus de controverse avec des fondamentalistes religieux, mais entre chercheurs critiques. S'il faut aborder l'histoire de ce malheureux tournant, c'est aussi parce qu'il a joué un rôle pour arriver à ce que je crois être la solution. Cela peut paraître surprenant, mais il faut parfois passer par une erreur pour faire une découverte. Ou pour exprimer les choses avec le respect que je porte aux grands experts bibliques du passé : même quand nous croyons voir plus loin que nos prédécesseurs, nous devrions nous souvenir que c'est uniquement parce que nous sommes juchés sur leurs épaules.

La question centrale et la plus controversée, tout au long de cette recherche, a été de savoir quand fut écrit P, la source sacerdotale. On accepte en général que J et E, les plus anciennes sources, proviennent de l'époque des deux royaumes, Juda et Israël. Et l'on accepte encore plus communément que D vient d'une période moyenne, l'époque de Josias. Mais trouver l'auteur (ou les auteurs ?) des lois et récits P s'est avéré la tâche la plus ardue.

P est la source la plus importante ; sa taille est celle des trois autres sources mises ensemble. Elle inclut le récit de la création dans le premier chapitre de la Bible. Elle comporte aussi la version cosmique du récit du déluge, la version dans laquelle les écluses du ciel et les sources de l'abîme s'ouvrent pour noyer le monde. On y trouve aussi des histoires d'Abraham, de Jacob et de l'exode, ainsi que le périple dans le désert, *la plupart* de ces histoires étant des doublets d'histoires de J et E (les différences sont extraordinaires, nous en reparlerons). Et P contient un énorme corpus légal, couvrant environ trente chapitres de l'Exode et des Nombres et tout le Livre du Lévitique. Il ne s'agit donc pas d'une question mineure. Or, pour dire les choses simplement, la recherche de l'auteur de la majeure partie des Cinq Livres de Moïse a débuté par une erreur.

L'erreur

Tout commence avec une conférence à Strasbourg en 1833. Le professeur Edouard Reuss déclara à ses étudiants que les prophètes bibliques ne citent pas la loi sacerdotale (P). Les prophètes ne citent pas P, et ne donnent même pas l'impression d'en être familiers. Il en conclut que *la loi était postérieure aux prophètes*. P fut écrit quand les prophètes eurent cessé de prophétiser ; autrement dit, à l'époque du second Temple.

La loi était postérieure aux prophètes. C'était le premier pas de l'erreur.

Reuss redoutait de mettre par écrit ses vues critiques à l'époque. Il attendit quarante-six ans avant de publier un long ouvrage sur le sujet en 1879, mais à l'époque un de ses étudiants avait déjà développé et publié cette idée indépendamment.

L'étudiant, Karl Graf, était convaincu par les arguments de son professeur, et ses propres recherches l'amenèrent à les pousser plus loin. À l'époque, les chercheurs avaient déjà conclu que D était de l'époque de Josias, et Graf acceptait cela comme point de départ. Il se mit alors à scruter les sections de J, E et P, pour voir lesquelles venaient avant D ou après. Il conclut que J et E furent écrits avant D, ce qui, nous le savons, devint la vision générale jusqu'aujourd'hui. Mais, suivant son maître Reuss, Graf affirma que le grand corpus de loi de P fut écrit tardivement dans le monde biblique, après D, à l'époque du second Temple. Graf proposait une image complètement nouvelle de l'Israël biblique, où le système légal et rituel élaboré et le rôle central des prêtres et du Temple dans la vie du peuple étaient des développements de la fin de la période biblique, pas de son commencement.

Cette idée que la personne (ou les personnes) qui écrivirent P venait de la communauté post-exilique posait un problème des plus sérieux. Certes, c'était un temps où les prêtres étaient au pouvoir et un temps de centralisation de la religion autour du Temple. Mais la question était : si quelqu'un avait écrit P à l'ère où le Temple était central, pourquoi ne parle-t-on jamais d'un Temple dans P ? Dans P, Yahvé n'instruit jamais Moïse pour dire au peuple de bâtir un Temple lorsqu'ils atteindront le pays. Pas une seule loi n'exige la présence d'un Temple pour son accomplissement. Des prêtres, oui. Une arche, un autel, des chérubins, l'Ummim et le Thummim, et autres instruments sacrés, oui. Mais pas une seule allusion à un Temple. La solution de Graf au problème du Temple manquant joua un rôle crucial dans son analyse. Il avança que le Temple *était* cité en P, à maintes reprises, mais de façon déguisée. On ne parlait pas de Temple ; on parlait de *Tabernacle*.

Le Tabernacle est la tente que Moïse construisit dans le désert pour abriter l'arche. La source E ne le cite que trois fois. J et D n'en parlent pas du tout. P, au contraire, en parle plus de deux cents fois. P donne des informations détaillées sur les matériaux dont il est fait, sur sa construction et sur les lois le concernant. Il figure régulièrement dans les récits P. Dans P, toutes les assemblées du peuple ont lieu dans le Tabernacle. Le Tabernacle est tout simplement essentiel dans P.

Selon Graf, puis d'autres après lui, le Tabernacle n'a jamais existé. Graf conclut que le Tabernacle était une fiction, fabriquée par quelqu'un qui vivait au temps du second Temple. Cet auteur du second Temple voulait établir un code de loi qui servît les intérêts des prêtres du Temple de son temps. Pour donner à ces lois un cachet d'antiquité, et les charger ainsi d'autorité, l'écrivain prétendit qu'elles étaient la *torah* que Dieu avait donnée à Moïse sur le Mont Sinaï. En bref, c'était un nouveau cas de « pieuse fraude ».

Mais l'auteur, continua Graf, faisait face à une difficulté : comment pouvait-il composer un récit dans lequel Dieu donne à Moïse des lois sur un Temple, alors que le premier Temple ne fut bâti que deux cents ans après la mort de Moïse ? Pour permettre à quiconque de croire que les lois sacerdotales étaient de la plume de Moïse, l'écrivain du second Temple dut inventer une astuce permettant de lier l'ère de Moïse et l'ère des Temples. Cette astuce était le Tabernacle. Et donc, selon le scénario inventé par cet auteur, Moïse fit le Tabernacle et donna les lois s'y rapportant. Puis, après l'ère de Moïse, le Tabernacle continua de servir d'autel central du peuple, jusqu'à ce que le Temple fût construit *pour lui succéder*. L'arche fut alors transférée du Tabernacle au Temple et les lois qui exigeaient la présence d'un Tabernacle devinrent des lois exigeant la présence d'un Temple. Le Tabernacle sacerdotal était donc une fiction littéraire et légale, créée par l'auteur (ou les auteurs) post-exiliques de P pour soutenir la reconstruction du Temple et le rétablissement du clergé à Jérusalem à leur époque.

L'un des arguments avancés à l'appui de cette thèse était que le Tabernacle, tel que le décrit le Livre de l'Exode (chapitre 26), était trop grand pour que les Israélites aient pu le porter dans le désert durant leurs quarante ans d'errance avec Moïse. Un deuxième argument venait de la comparaison entre les mesures du Tabernacle et celles du Temple. Les chercheurs, s'appuyant sur Exode 26, voyaient un Tabernacle de trente coudées de long et dix coudées de large. Selon 1 Rois 6, le Temple avait soixante coudées de long et vingt de large. Les deux structures ont donc les mêmes proportions, le Tabernacle étant deux fois moins long et deux fois moins large que le Temple. Les chercheurs virent donc dans le Tabernacle une miniature fictive du Temple.

Le Tabernacle était une fiction, un symbole du second Temple. Ceci était le deuxième pas dans l'erreur.

Puis vint Wellhausen. Ce que Freud est à la psychologie, et Weber à la sociologie, Wellhausen l'est à l'érudition biblique moderne : il en est la figure dominante. Une grande partie des idées de Wellhausen venaient de ses prédécesseurs. Il prit et utilisa des conclusions de Graf, De Wette et d'autres. Sa contribution constitue moins un commencement qu'un aboutissement. Il rassembla toutes les pièces, y ajouta ses propres recherches et arguments, et fit une synthèse claire et organisée. Ses livres eurent énormément d'influence. À travers l'Europe et l'Angleterre, ceux qui n'avaient pas encore accepté la recherche critique sur les auteurs de la Bible commencèrent à se laisser convaincre. La réputation de Wellhausen était immense. Il démissionna d'ailleurs de son poste académique à Greifswald, en partie à cause de l'impact qu'il avait sur ses étudiants. Dans sa lettre de démission, il s'expliqua :

> Je suis devenu théologien parce que je m'intéressais à l'approche scientifique de la Bible ; c'est seulement peu à peu que j'ai pris conscience qu'un professeur de théologie a aussi la tâche pratique de préparer ses étudiants à servir dans l'Église Évangélique, et que je ne remplissais pas cette tâche pratique, mais plutôt que, malgré mon devoir de réserve, je rendais mes auditeurs inaptes à leur fonction.[1]

Que disait-il donc de si puissant ? Il identifia les sources J, E, D, et P, et mit au point un schéma précis de l'histoire du monde biblique dans lequel chacun trouvait sa place. Et ce schéma culminait avec les lois et récits de P.

Une fois que Wellhausen eut accepté l'affirmation de Reuss que la loi était postérieure aux prophètes, et l'affirmation de Graf que le Tabernacle n'était rien de plus qu'un symbole du Temple, le terrain était préparé. Wellhausen fit un pas de plus. Pour lui, le Tabernacle était la clé du puzzle. L'histoire de la centralisation de la religion autour du Tabernacle (lire : autour du Temple) était la clé de l'histoire des auteurs.

L'idée de centralisation était absente des récits et lois de J et E. Pourquoi ? Parce qu'ils furent écrits durant la période initiale d'Israël, quand chacun pouvait sacrifier où il voulait.

D exigeait la centralisation stricte : « Vous ne devez sacrifier qu'à l'endroit où Yahvé fait habiter son nom. » Pourquoi ? Parce que c'était l'ère du Roi Josias, un âge où la centralisation fut introduite pour la première fois, exigeant une ferme insistance.

En P, selon Wellhausen, la centralisation n'était pas demandée. Elle *allait de soi*. De long en large, dans les récits de P, il était simplement sous-entendu qu'il y avait un seul endroit sur la terre où l'on pouvait sacrifier, et que cet endroit était le Tabernacle, par quoi il fallait lire : le Temple. Pourquoi ? Parce que cela venait de l'époque du second Temple, un temps où il était convenu de tous que l'on devait sacrifier exclusivement au Temple.

Dans les lois et récits de P, le thème de la centralisation était absent parce que la centralisation allait de soi. C'était le troisième pas dans l'erreur.

D'autre arguments étaient avancés, bien sûr. Dans la liste P des divers types de sacrifices, il en est un appelé « offrande du péché » et un autre appelé « offrande de culpabilité ». J, E, et D ne citent pas de tels sacrifices. Le raisonnement de Wellhausen était que des sacrifices de péché et culpabilité ne pouvaient logiquement voir le jour qu'après l'expérience de l'exil. C'est à ce moment-là que les gens se sentirent coupables, voyant dans la destruction et l'exil un châtiment de leurs propres péchés. On avait donc là une preuve de plus que P avait été écrit dans l'âge du second Temple.

On trouve aussi, dans la liste P des jours saints, un jour qui prit le nom de Nouvel an d'Automne, suivi d'un Jour de l'Expiation, dix jours après. Ces jours ne figurent pas non plus dans J, E, et D ; et leur célébration comporte aussi l'expiation du péché. Wellhausen voyait là encore un reflet des jours où Israël se sentait coupable de la destruction et de l'exil.

Un autre indice plaidait pour trouver l'auteur de P dans l'âge du second Temple. Cet indice était le Livre du prophète Ézéchiel. Comme le prophète Jérémie, le prophète Ézéchiel était prêtre. À la différence de Jérémie, c'était un prêtre *aaronien*. Comme Jérémie, Ézéchiel connut l'exil. À la différence de Jérémie, Ézéchiel fut exilé à Babylone. Et c'est là qu'il produisit son livre. Le Livre d'Ézéchiel est écrit dans un style et un langage remarquablement similaires à ceux de P. Il ressemble presque autant à P que Jérémie ressemble à D ; des passages entiers d'Ézéchiel sont presque mot pour mot semblables à des passages de P.

Pour Wellhausen, un passage de P, en particulier, était important. Ézéchiel déclare que, dans le futur, seulement certains Lévites pourraient être prêtres. Tous les autres sont disqualifiés de la prêtrise à cause de leurs transgressions passées. Les seuls qui puissent exercer comme prêtres sont ceux qui descendent de *Sadoq*.[2] Sadoq était le prêtre *aaronien* de David. Ainsi, selon Ézéchiel, seuls les prêtres aaroniens sont légitimes. Tous les autres sont exclus.

Et ce point de vue, selon Wellhausen, est précisément celui de P, qui laisse clairement entendre que seuls les Aaroniens sont prêtres. Plusieurs récits P (j'y reviendrai) et beaucoup de lois P sont très clairs sur ce point. P dénie tout bonnement aux descendants de Moïse, ou à quiconque n'est pas descendant d'Aaron, la légitimité sacerdotale. Wellhausen en concluait que P fut écrit à l'ère du second Temple, quand les prêtres aaroniens eurent pris le pouvoir. S'inspirant des prophéties d'Ézéchiel, ces derniers réglèrent une fois pour toutes la compétition entre familles sacerdotales. Les Aaroniens avaient gagné, et l'un d'entre eux écrivit « une *torah* de Moïse » qui reflétait leur victoire.

Le schéma de Wellhausen était séduisant. Il replaçait une source sacerdotale dans une période sacerdotale. Il liait des sacrifices de culpabilité et des fêtes d'expiation à une époque de culpabilité et d'expiation. Il décelait les idées d'Ézéchiel dans la période qui suivit immédiatement Ézéchiel. Il expliquait la concentration de P sur le Tabernacle par une période de concentration sur le Temple. C'était logique, cohérent, persuasif ... mais faux.

Ce qui ne va pas dans ce schéma

Reuss avait commis une erreur fondamentale : les prophètes citent bel et bien P. Jérémie, notamment, y fait clairement référence. Dans le premier chapitre de la Bible, P entame son récit par cette fameuse ouverture :

> Au commencement, Dieu créa le ciel et la terre. Or, la terre était informe et vide ... Dieu dit : « Que la lumière soit, » et la lumière fut.[3]

Dans une de ses prophéties, Jérémie évoque la venue d'un temps de destruction. Il parle en termes poétiques d'un temps où la nature sera mise sens dessus dessous. Il commence par ces mots :

> J'ai regardé vers la terre,
> et voici, elle était informe et vide ;
> et vers les cieux,
> et leur lumière s'était éteinte.[4]

Les deux sont trop semblables pour qu'il y ait simple coïncidence. Et il semble très peu plausible que le récit P de la création de l'univers ait pu se baser sur un verset de prophétie de destruction de Jérémie. C'est plutôt Jérémie qui démonte de façon saisissante le schéma que l'on trouve en P.

Jérémie semble en fait affectionner ces inversions du langage de P. Ce dernier emploie maintes fois l'expression « fructifiez et multipliez »[5] et met l'accent sur l'arche qu'abrite le Tabernacle.[6] Mais Jérémie prophétise :

> Et quand vous vous serez multipliés et que vous aurez fructifié dans le pays, en ces jours-là—oracle de Yahvé—, on ne dira plus : « l'arche d'alliance de

> Yahvé » ; on n'y pensera plus, on ne s'en souviendra plus.[7]

On doit se souvenir que Jérémie appartient aux prêtres de Silo, qui nous ont donné E, la source qui ne mentionne jamais l'arche, et D, la source qui la mentionne rarement (seulement dans les chapitres 10 et 31). Il n'est donc pas surprenant de voir Jérémie escamoter l'arche en déformant le langage de P.

La source P, dans le Lévitique, s'ouvre sur sept chapitres entiers de règles et de sacrifices. Il classe les types de sacrifice, précise quels animaux on doit sacrifier, et dit où et quand on doit les sacrifier. Et de conclure :

> Telle est la *torah* concernant l'holocauste, l'oblation, le sacrifice pour le péché, les sacrifices de réparation, d'investiture et de communion. C'est ce que Yahvé a ordonné à Moïse sur le Mont Sinaï, le jour où il ordonna aux Israélites de présenter leurs offrandes à Yahvé dans le désert du Sinaï.[8]

Mais Jérémie affirme :

> Je n'ai rien dit ni prescrit à vos pères, quand je les fis sortir du pays d'Égypte, concernant l'holocauste et le sacrifice.[9]

Pourquoi Jérémie est-il hostile à P ? J'y reviendrai. En attendant, l'important, c'est qu'il *connaît* P.

Jérémie n'est pas le seul prophète à connaître P. Ézéchiel le connaît aussi, le cite, et s'y appuie pour prophétiser. Prenez Ézéchiel 5 et 6. Dans ces chapitres, Ézéchiel incrimine son peuple qui ne maintient pas son alliance avec Dieu. Dans leur jargon, les experts de la Bible appellent ce genre de prophétie « des procès d'alliance ». Le prophète agit en procureur devant le tribunal divin, accusant le peuple de rupture de son contrat avec Dieu. Dans le cas d'Ézéchiel 5 et 6, le contrat en question est un chapitre de P (Lévitique 26). Là, le compte-rendu P de l'alliance entre Dieu et Israël donne une liste de bénédictions et de malédictions. Il dit que les bénédictions viendront

> si vous vous conduisez selon mes lois, si vous gardez mes commandements et les mettez en pratique ...[10]

Et les malédictions viendront

> si vous rejetez mes lois, prenez mes coutumes en dégoût et rompez mon alliance en ne mettant pas en pratique tous mes commandements ...[11]

Tels sont les termes de l'alliance. L'incrimination dans le procès d'alliance d'Ézéchiel est ainsi formulée :

> parce que vous ne pratiquez pas mes lois et que vous n'observez pas mes coutumes ... [12]

Ailleurs, la malédiction d'alliance de P dit :

> Vous mangerez la chair de vos fils ... [13]

Le procès d'alliance d'Ézéchiel comporte le jugement :

> des pères dévoreront leurs enfants, au milieu de toi.[14]

Les malédictions d'alliance de P disent :

> Je lâcherai contre vous les bêtes sauvages qui vous raviront vos enfants ... Je ferai venir contre vous l'épée qui vengera l'alliance ... j'enverrai la peste au milieu de vous.[15]

Le procès d'alliance d'Ézéchiel comporte ce jugement :

> J'enverrai contre vous la famine et les bêtes féroces qui te priveront de tes enfants ; la peste et le sang passeront chez toi, et je ferai venir l'épée contre toi.[16]

Et ainsi de suite. Quand Ézéchiel prononce les chefs d'accusation et le jugement du peuple, il semble s'appuyer presque mot pour mot sur le texte de P. Et c'est exactement ce que l'on attendrait d'un procès d'alliance. Mais les chercheurs dans le sillage de Reuss, Graf et Wellhausen ont maintenu que P fut écrit *après* Ézéchiel. Comment parvenaient-ils à expliquer le fait que cela revenait à parler d'un *contrat* qui aurait été basé sur le *procès* de ce contrat ? La plupart disaient que la rédaction de cette section particulière de P (Lévitique 26) devait avoir été antérieure au reste de P.

Mais Ézéchiel cite aussi d'autres passages de P, notamment la version P du récit de l'Exode. Dans le récit P, Dieu dit à Moïse :

Puis je vous ferai entrer dans la terre que j'ai juré de donner à Abraham, à Isaac et à Jacob, et je vous la donnerai en patrimoine.[17]

Dans le Livre d'Ézéchiel, Dieu dit à Ézéchiel :

Et pourtant je les ai menés au pays que j'avais juré solennellement de leur donner.[18]

On trouve maintes autres tournures parallèles entre le récit P de l'exode et la vision qu'en donne Ézéchiel.[19] Pour son récit de l'exode, Ézéchiel semble bien puiser sa source en P. Or, là aussi, les chercheurs depuis Reuss, Graf et Wellhausen affirmaient que P fut écrit *après* Ézéchiel. Comment justifier que cela revient à voir dans l'*écriture* du récit P une *réécriture* du récit d'Ézéchiel ? Je ne pense pas qu'ils *puissent* l'expliquer. Il est dans la logique naturelle des choses qu'un prophète cite la *torah,* et non l'opposé. Et de fait, Ézéchiel cite la *torah* explicitement.[20] Il est dans la logique naturelle des choses qu'une référence à un récit se base sur la première version de ce récit, et non l'inverse. Il est dans la logique naturelle des choses qu'un litige contractuel se fonde sur un contrat et non l'inverse. Les chercheurs bibliques du dix-neuvième siècle attribuaient une énorme influence au prophète Ézéchiel, puisqu'ils voyaient en lui l'inspiration de P. Or, toutes sortes de questions qui sont cruciales pour Ézéchiel sont ignorées, voire démenties dans P. Ainsi, Ézéchiel donne un plan très détaillé pour la reconstruction du Temple, mais le Tabernacle-Temple de P ne correspond en rien au modèle d'Ézéchiel.[21]

J'estime que les nouvelles méthodes d'analyse linguistique mettent un point final à tous ces débats. En 1982, le professeur Avi Hurvitz de l'Université Hébraïque de Jérusalem démontra que P fut écrit dans un hébreu biblique plus ancien qu'Ézéchiel.[22]

On peut certes avancer que Jérémie n'a pas écrit Jérémie, et qu'Ézéchiel n'a pas écrit Ézéchiel. Mais ce n'est pas cette défense qu'ont adoptée les tenants de la ligne Wellhausen. On a effectué une somme colossale de recherches sur les livres des prophètes, pour déterminer exactement quelles parties furent écrites à quel moment de l'histoire ; les textes de

Jérémie et Ézéchiel que j'ai cités ici me semblent résister à tout découpage et à toute tentative de les attribuer à des insertions. De toute façon, les indices linguistiques non seulement situent P chronologiquement avant les prophètes, mais ils le placent avant l'époque que lui avait assignée Wellhausen. En effet, outre Hurvitz, cinq universitaires, deux au Canada et trois aux États-Unis, ont mis à jour des indices linguistiques montrant que la majeure partie de P fut écrite dans un hébreu biblique d'un âge antérieur à celui de l'exil babylonien.[23] L'affirmation de Reuss que la loi de P venait après les prophètes était simplement erronée. Les prophètes fournissent plutôt des indices permettant de chercher l'auteur des récits et lois de P avant le temps de Jérémie et Ézéchiel— c'est-à-dire avant l'exil babylonien.

Wellhausen, lui, avait tort d'estimer que la centralisation de la religion allait de soi chez P. Car ce dernier insiste sans cesse pour que les sacrifices et autres cérémonies religieuses aient lieu au Tabernacle, ou Tente du Rendez-vous, comme on l'appelle aussi. Tout comme D ordonne régulièrement au peuple d'aller à « l'endroit où Yahvé fait habiter son Nom », P lui enjoint constamment de se rendre au Tabernacle. La problématique est la même. Ils se bornent à employer des euphémismes différents pour une même idée : il ne peut y avoir qu'un seul centre religieux approuvé.

P ne cesse de l'exiger dans les premiers chapitres du Lévitique et des Nombres. Il le formule explicitement en Lévitique 17 :

> Tout homme de la maison d'Israël qui, dans le camp ou hors du camp, immolera taureau, agneau ou chèvre, sans l'amener à l'entrée de la Tente du Rendez-vous pour en faire offrande à Yahvé devant sa demeure, cet homme répondra du sang répandu, il sera retranché du milieu de son peuple.[24]

Ne pas venir à l'endroit central, c'est être retranché de son peuple. C'est presque l'équivalent d'un meurtre (répandre le sang). La centralisation ne va pas de soi, elle n'est pas sous-entendue. Elle est explicitement exigée.

Comment Wellhausen l'expliquait-il ? Il disait que cette section du Lévitique n'était pas vraiment de P. Son style et son langage étaient en grande partie communs avec P, mais il s'agissait d'une oeuvre plus ancienne, distincte à l'origine et appelée le « Code de Sainteté », qui fut incorporée plus tard dans P. Mais cette hypothèse ne résout pas vraiment le problème. Wellhausen maintenait que ce « Code de Sainteté » avait été écrit après Ézéchiel, ce qui le situe toujours dans l'âge de l'exil et du second Temple. De toutes manières, P contient bien d'autres injonctions sur le Tabernacle, en dehors de ce Code de Sainteté. P ne tient nullement la centralisation comme allant de soi. Cela signifie que P peut difficilement être rangé dans l'âge du second Temple—l'âge de la centralisation réussie de la religion—comme le croyait Wellhausen.

Les autres interprétations que propose Wellhausen des données ne sont guère plus convaincantes. Il associait les offrandes de péché et de culpabilité de P à l'âge post-exilique, quand le peuple de Judée se sentait coupable de son sort. Voilà un mode de raisonnement dangereux. Il est extrêmement aléatoire de vouloir dater un morceau de littérature en devinant l'époque où une communauté pouvait ressentir les choses d'une certaine façon. Et c'est tout particulièrement aléatoire lorsque le sentiment en question est la culpabilité. Les gens, tant comme individus que comme communautés, peuvent se sentir coupables à n'importe quel moment de l'histoire. Par exemple, il est facile de se représenter les prêtres judéens ajoutant des offrandes de culpabilité aux cérémonies de Jérusalem en 722 avant notre ère, quand le royaume du Nord tomba aux mains des Assyriens. Jérusalem a dû compter en ce temps bien des réfugiés d'Israël qui auraient pu se sentir au moins aussi coupables que les Judéens d'après 587.

On peut dire la même chose des jours de fête d'expiation dans P. En fait, la période qui suit la chute de Jérusalem est, à tout le moins, la période la plus difficile pour situer la création d'un tel jour de fête, car il y a une question de *promulgation*. Si le Jour de l'Expiation fut institué à cause des sentiments de culpabilité du peuple après la chute, comment l'auteur des lois P aurait-il pu espérer convaincre quiconque qu'il s'agissait d'une loi ancienne ? Qui aurait pu croire que cela ait pu être écrit par Moïse mais soit resté en quelque sorte inconnu jusqu'après 587, au moment où ils se mirent à se sentir coupables ? Il est bien plus facile de se représenter la promulgation de nouvelles lois à l'époque du premier Temple, quand des réformes religieuses—celles des Rois Ézéchias et Josias par exemple—introduisirent de nouvelles lois et des documents nouvellement découverts.

En résumé, les prophètes *citent* P, et les récits et lois sacerdotaux *ne font pas* de la centralisation de la religion une chose entendue. Cela lézarde beaucoup le scénario mis au point par Reuss, Graf et Wellhausen. Nous pouvons difficilement chercher l'auteur de P—qui constitue la part majeure des Cinq Livres de Moïse—dans l'âge du second Temple. Mais nous ne sommes pas plus avancés pour savoir où nous *devrions* le chercher. Et c'est là que le troisième volet de la brillante erreur va nous donner la clé pour savoir où trouver cet auteur. Wellhausen avait raison sur un point : la clé de toute l'énigme, c'est le Tabernacle.

Chapitre 10

LA TENTE SACRÉE

Pour Graf et Wellhausen, le texte sacerdotal, connu comme P, la plus abondante des sources du Pentateuque, est aussi celle qui fut écrite en dernier. L'auteur de P, disaient-ils, devait avoir vécu à l'âge du second Temple. Le Temple était le centre de la vie de la communauté à cette époque. Or, les lois et récits de P ne parlent jamais d'un Temple. Au coeur de l'hypothèse de Graf/Wellhausen se trouvait donc l'axiome qu'à chaque fois qu'il évoquait le Tabernacle, P voulait dire « le Temple ». Pour eux, le Tabernacle n'avait jamais eu de réelle existence ; il s'agissait d'une fiction inventée par l'auteur sacerdotal pour éviter l'usage anachronique du mot « Temple » dans un texte censé être mosaïque.

Ils avaient raison d'être autant concernés par le Tabernacle. Dans les Cinq Livres de Moïse, le Tabernacle tient une place plus grande que n'importe quel autre sujet. Il y a toutes les injonctions sur les sacrifices et autres cérémonies qui doivent s'y dérouler. Il y a des chapitres entiers consacrés aux matériaux dont il est fait. Il y a des récits qui se déroulent en face de lui ou à l'intérieur. Après le Mont Sinaï, c'est l'endroit où Dieu communique avec Moïse. Il est sacré ; il est l'autel abritant l'arche, les tables des Dix Commandements et les chérubins. Il est fait de bois précieux, d'or, d'airain, on y trouve de la laine et du lin brodés d'or, d'écarlate et de pourpre, il est surmonté d'un toit de cuir rouge. Seuls les prêtres peuvent y pénétrer ; si quelqu'un d'autre y entre, il doit être mis à mort.

Tout cela était-il une fiction, concoctée par un auteur sacerdotal tardif pour symboliser le second Temple ?

La source sacerdotale met en relief l'arche, les tablettes, les chérubins et l'Urim et le Thummim en relation avec le Tabernacle ; or rien de cela ne se trouvait dans le second Temple. Pourquoi un prêtre du second Temple, composant un document de pieuse fraude, mettrait-il en valeur précisément les composantes du Tabernacle que l'on ne trouvait pas dans le second Temple ?

Compter les coudées

La description P du Tabernacle présente quelques particularités (Exode 26). Ceux qui suivirent Graf et Wellhausen maintenaient que ses proportions concordaient avec celles du second Temple, mais ce n'est pas la stricte vérité. Voici les mesures qu'ils donnaient :

Temple :	largeur 20 coudées	longueur 60 coudées
Tabernacle :	largeur 10 coudées	longueur 30 coudées

Et de dire que le Tabernacle était de toute évidence un modèle réduit à l'échelle 1/2 du Temple. Il y a trois erreurs ici. D'abord, l'édifice a trois dimensions et non pas deux, et la troisième dimension est :

Temple :	hauteur 30 coudées
Tabernacle :	hauteur 10 coudées

On est à l'échelle 1/3. Si le Tabernacle était une copie « pieusement frauduleuse » du second Temple, pourquoi n'avoir copié que deux des trois dimensions ?

Cela n'est que le plus mince problème dans l'équation Tabernacle-Temple. Le deuxième problème est que les dimensions du Temple sur lesquelles ils se basent (vingt par soixante) ne sont pas celles du second Temple. Les dimensions de ce dernier ne figurent nulle part dans la Bible. Que sont alors ces dimensions de vingt sur soixante ? Ce sont les mesures du *premier* Temple, données en 1 Rois 6.[1] La prétendue preuve que le Tabernacle était le modèle réduit du second Temple reposait sur les mesures du premier Temple.

Le troisième problème est que les dimensions dont ils se servent (dix par trente) ne sont pas les dimensions du Tabernacle. Celles-ci ne figurent pas dans la Bible. Le Tabernacle biblique est en fait une des plus grandes énigmes de tous les temps. Le Livre de l'Exode (chapitre 26) énumère tous les matériaux dont il est constitué—les cadres de bois, les anneaux métalliques, les perches de bois, les toiles de tissu—mais ne dit pas comment tout cela s'assemble. On connaît les éléments, mais pas le plan ; voilà l'énigme. Des séminaristes, des amateurs et divers compteurs de coudées s'y sont frottés au cours des siècles. Il me vint à l'esprit, quand j'étais étudiant, que si je parvenais à lire cette liste de matériaux et de coudées et m'y *intéresser*, je deviendrais un vrai chercheur bibliste. Or il s'est trouvé, des années plus tard, que ces coudées contenaient une clé dans la recherche des auteurs de la Bible.

Le Tabernacle est une tente montée en assemblant en rectangle une série de planches de bois sur lesquelles on étend un tissu.

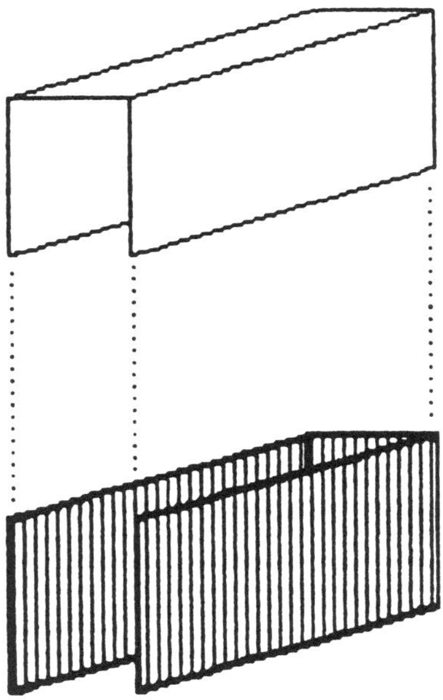

Selon Exode 26, chaque planche est large d'une coudée et demi. Il faut vingt planches pour faire chacun des deux côtés de l'arche. Le dos est fait de six planches, plus deux planches pour les coins (les deux planches supplémentaires des encoignures sont sans doute pour la stabilité). On voit mieux, à présent, ce qui amena les chercheurs à penser que le Tabernacle était long de trente coudées : vingt planches, chacune large d'une coudée et demi. Mais comment parvinrent-ils à une largeur de dix coudées ? En raisonnant à partir de six planches à l'arrière, cela ne faisait que neuf coudées. En raisonnant à partir de huit planches, cela faisait douze. Comment pouvaient-ils compter dix ? C'était, à n'en pas douter, une conjecture—qu'ils formulèrent avec une idée préconçue de ce que devaient être les proportions.

Les mesures ne coïncidaient pas, les dimensions du Temple n'étaient pas celles du second Temple, et les dimensions du Tabernacle dont ils se servaient n'étaient pas celles du Tabernacle. Bref, les preuves architecturales pour faire du Tabernacle un symbole du second Temple étaient erronées.

Et du reste, pourquoi l'auteur biblique donnerait-il toutes ces mesures précises avec autant de détails, si elles concernaient un objet n'ayant jamais existé ?

Reconstitution du Tabernacle

Repousser l'argument du Tabernacle dans le schéma Graf/Wellhausen ne suffit pas. Il faut encore expliquer pourquoi le Tabernacle est si important dans la Bible. S'il ne s'agissait pas d'un symbole du second Temple, qu'était-ce donc ?

Je demande encore votre patience pour compter quelques coudées avec moi. D'abord, la largeur d'une coudée et demi des planches du Tabernacle est bizarre. Les anciens Israélites portaient probablement avec eux une corde à coudées. Pourquoi alors concevoir des éléments d'une coudée et demi au lieu d'une coudée ou de deux coudées ? Ensuite, pourquoi penser que les planches se tenaient côte-à-côte, encastrées l'une dans l'autre comme ceci :

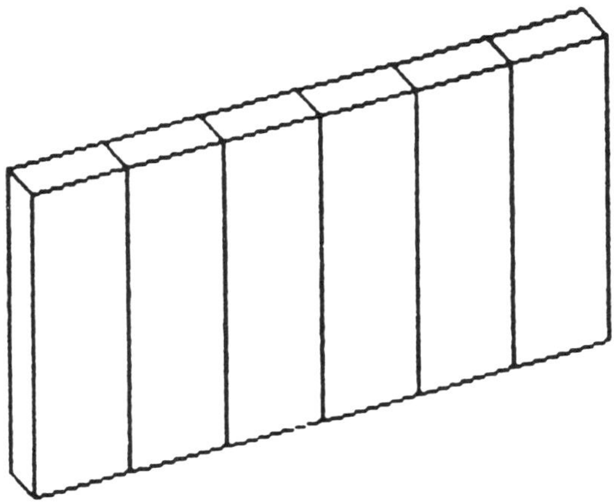

au lieu de se chevaucher de cette façon :

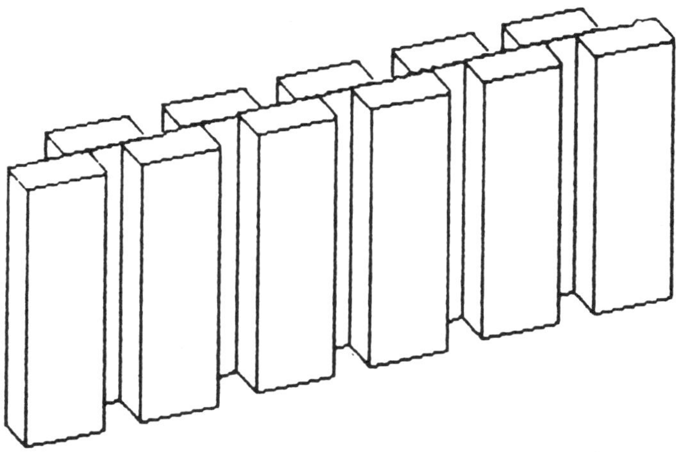

Les architectes que j'ai consultés me disent que le deuxième arrangement présente des avantages de stabilité et de ventilation. Cela pourrait aussi expliquer ce besoin d'une largeur inhabituelle d'une coudée et demi. Le chevauchement explique la demi-coudée en plus. Si cela est correct, les vingt planches de chaque côté du Tabernacle feraient en tout vingt coudées. Et les six ou huit planches de derrière feraient entre six et huit coudées, selon le mode d'arrangement des deux planches d'encoignure. Le texte indique des planches hautes de dix coudées et, dessinée à l'échelle, la structure du Tabernacle aurait cette allure :

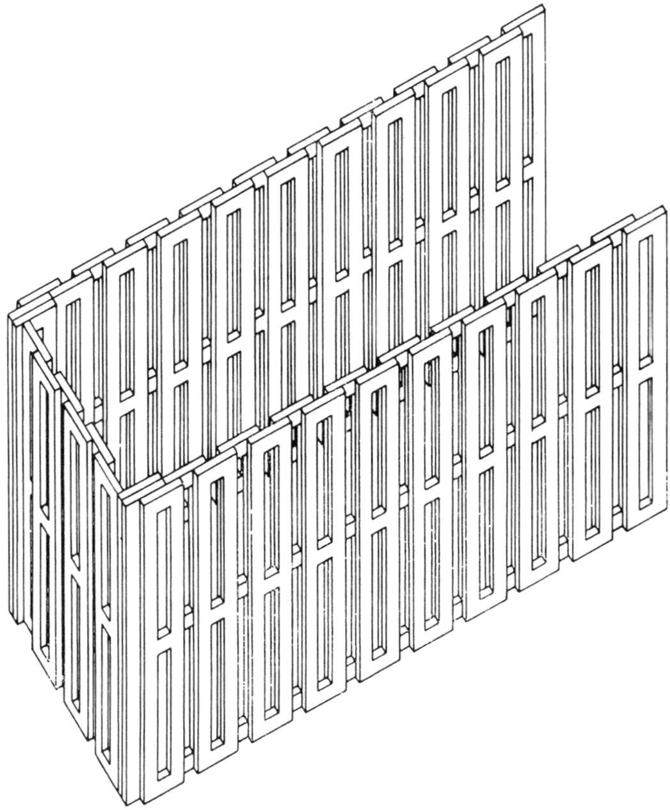

Il existe un moyen de vérifier que ces mesures et cet arrangement sont corrects. C'est de mesurer le tissu qui recouvre la structure. C'est une pièce géante de deux étoffes de lin fin, brodées d'images de chérubins en bleu, pourpre, et écarlate. Les deux étoffes de lin, qui ont chacune la même taille, sont jointes par cinquante anneaux d'or, qui relient les bandes de tissu bord à bord. Quand cette grande pièce de tissu recouvre les planches, les anneaux d'or entourent l'entrée. La taille de ce double tissu est de vingt par vingt-huit coudées—ce qui confirme la structure en chevauchement des planches. La largeur de vingt coudées du tissu permet de recouvrir la longueur du Tabernacle. Quand à la longueur de vingt-huit coudées, elle recouvre exactement un édifice de dix coudées de haut et huit de large.

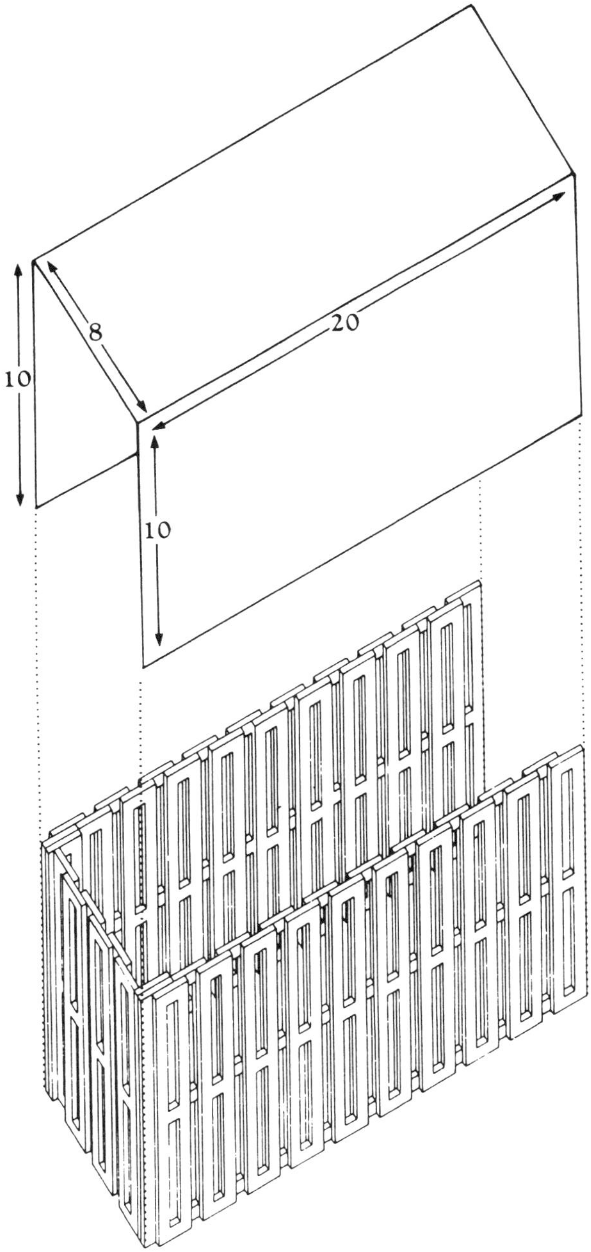

Ce qui est en jeu ici n'est pas une simple curiosité architecturale. Quand je travaillais pour la première fois sur les mesures du Tabernacle, il y a quelques années, je me suis d'abord trouvé dans une impasse. Les dimensions du Tabernacle étaient vingt, dix et huit coudées ; à quoi cela avançait-il ? Ce n'était proportionnel ni au Temple ni à quoi que ce soit d'autre dans la Bible. Quelques jours plus tard toutefois, je réalisai qu'il existe un espace décrit dans la Bible qui correspond exactement à ces mesures : c'est l'espace sous les ailes des chérubins dans le Saint des Saints du Temple.

Le *premier* Temple se composait de deux pièces. La pièce extérieure s'appelait le Saint, et la pièce intérieure le Saint des Saints. Le Saint des Saints était un carré de vingt coudées de côté.

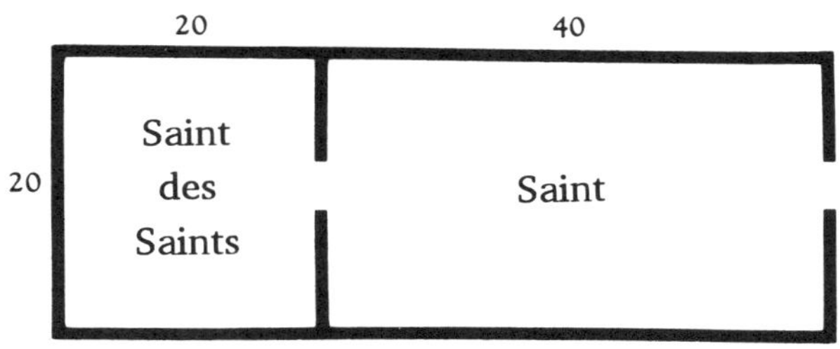

Dans le Saint des Saints se trouvaient deux chérubins d'or. Tous deux étaient hauts de dix coudées. Les chérubins ont en général une tête d'homme, le corps d'un animal quadrupède et les ailes d'un oiseau. Dans les exemples encore existants, les ailes sont en général repliées contre le corps. Les ailes des chérubins du Temple étaient au contraire déployées. L'envergure des ailes étant de dix coudées, leurs ailes devaient toucher les murs de la pièce sur chaque côté, et se toucher par ailleurs au milieu, comme sur le dessin de la page suivante.

L'espace sous les ailes des chérubins doit être long de vingt coudées (la longueur du Saint des Saints), haut de dix coudées, et large de *moins* de dix coudées, parce que les corps des chérubins devraient prendre un peu de l'espace central. Les mesures du Tabernacle coïncident avec celles de l'endroit le plus sacré, l'espace sous les ailes des chérubins, dans le Saint des Saints du Temple. C'était là le premier indice que *le Tabernacle se trouvait réellement dans le premier Temple.*

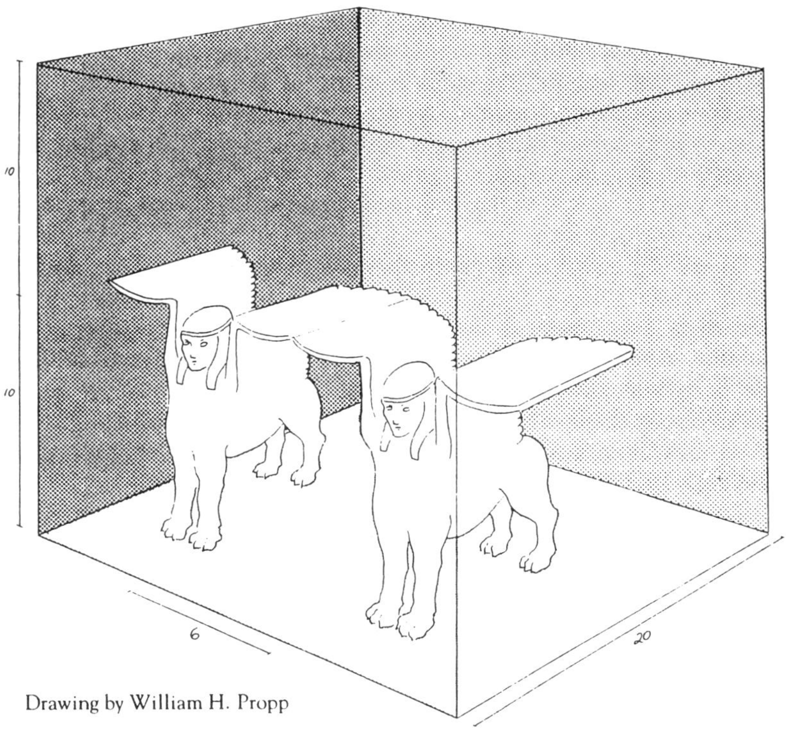

Drawing by William H. Propp

Je commençais par publier ces découvertes sur les mesures du Tabernacle dans un article de la revue *Biblical Archeologists* en 1980. Beaucoup d'universitaires se montrèrent réceptifs à ces découvertes, mais l'un d'eux au moins suggéra que ces mesures étaient arbitraires. Quelque temps après, Baruch Halpern, qui était familier de mes découvertes, écouta les rapports de l'archéologue israélien Yohanan Aharoni de l'Université de Tel Aviv. Aharoni avait dégagé le site d'Arad, une localité du désert judéen. Il y avait découvert un temple qui avait fonctionné pendant la période biblique. Halpern m'appela pour me dire que les mesures du temple d'Arad étaient de six coudées de large sur vingt de long, coïncidant avec les mesures du Tabernacle. Le temple nouvellement découvert présentait par ailleurs d'autres similarités avec le Tabernacle, comme le fit remarquer Aharoni : « La similitude entre le Tabernacle et le sanctuaire d'Arad est très frappante. » Cela apportait une confirmation supplémentaire que les mesures du Tabernacle que j'avais calculées étaient tout sauf arbitraires. Le temple d'Arad, le Tabernacle, et le Saint des Saints du premier Temple avaient été bâtis selon des normes spécifiques.

La Bible elle-même fournissait des indices supplémentaires que le Tabernacle se trouvait bien dans le premier Temple. Quand on examine le rapport des événements survenus le jour où le Roi Salomon consacra le Temple, rapport qu'on peut lire dans 1 Rois et 2 Chroniques, on trouve :

> Et les prêtres portèrent l'arche *et la Tente du Rendez-vous,* avec tous les objets sacrés qui y étaient.[2]

Il est dit ici explicitement que le Tabernacle fut emmené dans le Temple avec l'arche et les ustensiles. Il est dit ensuite explicitement que l'arche fut déposé « au Saint des Saints, sous les ailes des chérubins » (1 Rois 8/6). Bien que ce ne soit pas dit explicitement, il est probable que le Tabernacle, censé abriter l'arche, ait été déployé sous les ailes des chérubins, puisque l'espace disponible y correspond aux mesures du Tabernacle. À moins qu'il ait été entreposé quelque part dans l'enceinte du Temple. Dans l'un ou l'autre cas, le Tabernacle était lié au premier Temple.

Flavius Josèphe, l'historien juif du premier siècle de notre ère, affirme aussi explicitement que le Tabernacle fut amené dans le Temple. Et il précise que le déploiement des ailes de chérubins a pour effet de les faire ressembler à une tente.[3]

En outre, le Talmud babylonien, compilé au cinquième siècle de notre ère, dit que la Tente du Rendez-vous était entreposée quelque part sous le Temple.[4]

Que faisaient les chercheurs de ces propos explicites sur le lien entre le Tabernacle et le Temple ? Les indices provenant de Josèphe et du Talmud, lorsqu'ils sont examinés, sont considérés avec scepticisme, car il s'agit de sources relativement tardives. Quant à l'affirmation de la Bible, la plupart ont voulu y voir une « glose », glissée par un éditeur tardif voulant faire *apparaître* un lien entre le Tabernacle et le Temple. On trouve pourtant dans la Bible d'autres allusions à la présence du Tabernacle dans le Temple, et certaines se trouvent dans des poèmes où ce fait est mentionné en passant, comme allant de soi, plutôt que comme un artifice fictif ayant un but précis. Le Psaume 26/8 dit par exemple :

> Yahvé, j'aime la beauté de ta Demeure,
> le lieu du Tabernacle de ta gloire.

« Demeure de Dieu » est une expression courante pour le Temple. Ici, la Demeure est assimilée à l'endroit où se trouve le Tabernacle. La plupart des traductions, ne sachant que faire de cela, interprètent le deuxième vers ainsi : « le lieu du séjour de ta gloire ». Mais l'allusion au Tabernacle prend tout son sens si elle désigne le Tabernacle qui est dans le Temple.

Le Psaume 27/4-5 fait également un lien entre le Tabernacle et le Temple :

> Une chose qu'à Yahvé je demande,
> la chose que je cherche,
> C'est d'habiter la maison de Yahvé
> tous les jours de ma vie,
> De savourer la douceur de Yahvé,
> de rechercher son palais.
> Car il me réserve en sa hutte un abri
> au jour de malheur ;
> Il me cache au secret de sa Tente
> il m'élève sur le roc.

Certains pourraient rétorquer que c'est de la poésie, et que le Tabernacle ici, dans le contexte de ces psaumes, peut s'entendre en un sens purement figuré, comme parallèle symbolique pour le Temple. Mais considérons un autre parallèle dans le Psaume 61/5 :

> Qu'à jamais je loge sous ta Tente
> et m'abrite au couvert de tes ailes.

Ici, la Tente de Dieu n'est pas mise en parallèle avec le Temple mais avec ce qui est caché par les ailes ; cela coïncide avec la location du Tabernacle sous les ailes des chérubins.

Même le Psaume qui se lamente de la destruction du Temple, Psaume 74/7 cite le Tabernacle :

> Ils ont livré au feu ton sanctuaire,
> profané jusqu'à terre le Tabernacle de ton nom.

Là encore, les traductions édulcorent en « profané jusqu'à terre la Demeure de ton nom », ne sachant que faire d'une référence au Tabernacle au moment de la destruction. Mais le Livre des Lamentations (2/6-7) mentionne lui aussi la destruction du Tabernacle à ce moment-là :

> Il a forcé comme un jardin son enclos,
> abattu Sa (Tente du) Rendez-vous.
> Yahvé a fait oublier dans Sion
> fêtes et sabbats ;
> Il a rejeté, dans l'ardeur de sa colère,
> roi et prêtre.
> Le Seigneur a pris en dégoût son autel,
> en horreur son sanctuaire ;
> Aux mains de l'ennemi il a livré
> les remparts de ses palais ;
> Clameurs dans le Temple de Yahvé
> comme en un jour de fête !

Il serait difficile de voir une simple figure de style, ici, dans l'allusion à la tente. Chaque autre article du passage est littéral et réel : la fête, le sabbat, le roi, le prêtre, l'autel, le Temple, les murs.

En outre, la présence du Tabernacle dans le Temple est attestée par des passages en prose, non symboliques, de la Bible. Le Livre des Chroniques parle du Temple comme

> la Maison de Yahvé, la Maison de la Tente.[5]

Un autre passage nous montre les Lévites servant devant

> le Tabernacle de la Maison de Dieu.[6]

Un autre passage cite un discours du Roi Ézéchias. Le roi, faisant des remarques sur le Temple, dit que les générations passées

> ont détournè leur face du Tabernacle de Yahvé, et lui ont tourné le dos.[7]

Enfin, dans la source sacerdotale elle-même, parmi la liste des bénédictions d'alliance pour le pays, il en est une qui dit :

Et je mettrai mon Tabernacle parmi vous.[8]

Le Lévitique, les Chroniques, les Lamentations, les Psaumes, les Rois, le Talmud et Josèphe fournissent tous des indices que le Tabernacle était censé se trouver dans le Temple. Et l'architecture du Tabernacle et du Temple indiquent la même chose. Le Tabernacle n'était pas un symbole du second Temple. Ce n'était pas un symbole du tout. C'était une réalité. Et il se trouvait dans le premier Temple.

Une tente à l'intérieur d'un bâtiment n'est pas si étrange qu'il pourrait y paraître. Si l'Israël antique possédait un Tabernacle qui avait été son autel pendant tant d'années, et que la tradition associait à Moïse, on ne pouvait pas simplement l'ignorer une fois qu'un Temple était construit. Que fait-on d'une structure qui est précieuse dans sa tradition, et que l'on considère comme l'endroit approprié pour des cérémonies religieuses ? On pourrait faire une analogie assez proche avec le dais nuptial que l'on trouve dans les mariages juifs. L'époux et l'épouse restent sous un dais pendant la cérémonie. Cette coutume commença sans doute quand les mariages furent célébrés à l'extérieur, comme ils le sont aujourd'hui en Israël. Aux États-Unis et en Europe, les noces sont célébrées dans les synagogues ; et pourtant, un dais est installé à l'intérieur de la synagogue conformément à la tradition et à la loi. Faites donc un mariage juif sans dais, et vous aurez sûrement une aïeule courroucée pour dire qu'elle fut mariée sous un dais, que sa mère le fut aussi, et que sa petite fille le sera à coup sûr. Pour que l'analogie soit plus parlante, imaginez que c'est un dais particulier que l'on a utilisé dans la même famille depuis deux cents ans. Eh bien, c'était cela, le Tabernacle. Et, plus encore que dans le cas du dais nuptial, le Tabernacle était considéré comme absolument unique, et lié à Moïse lui-même.

C'est peut-être la raison pour laquelle l'endroit où l'arche était gardée à Silo à l'époque de Samuel est désigné dans la Bible à la fois comme un Temple et comme un Tabernacle.[9]

Le Tabernacle était probablement abrité dans le périmètre de Silo. Puis il se trouva dans le premier Temple, jusqu'à ce que celui-ci fût brûlé.

Que vient faire tout cela dans la recherche de l'auteur de P ? Et bien, je pense que cela prouve que P devait être écrit avant la destruction du premier Temple. Toutes les lois de P disent que les sacrifices et les autres cérémonies doivent se dérouler à l'entrée du Tabernacle et nulle part ailleurs, et que cela est la loi *pour toujours*. Comment quelqu'un aurait-il pu écrire cela après la disparition du Tabernacle ? Pourquoi un prêtre écrirait-il un code de loi disant que les sacrifices ne peuvent être offerts que dans un endroit qui n'existerait plus ? Comment cela pourrait-il être une « pieuse fraude », puisque cela reviendrait à nier ce que le prêtre cherche à imposer, à savoir les sacrifices au Temple. Si le Capitole des États-Unis venait à brûler, le Congrès ne passerait pas une loi l'année suivante pour dire que les citoyens ne peuvent payer leurs impôts qu'au Capitole. Et ce n'est pas comme si un autre Tabernacle avait pu être bâti. Le Tabernacle était une chose unique, impossible à dupliquer, à cause de son histoire et de sa tradition.

Les indices venant du Tabernacle menaient à la même conclusion que les indices linguistiques : les chercheurs depuis Reuss avaient cherché l'auteur de P au bon endroit mais pas à la bonne époque. L'endroit était la Judée, probablement Jérusalem, mais l'époque sur laquelle ils se penchaient était *au moins* un siècle et demi trop tard. La personne qui écrivit P plaçait le Tabernacle au centre de la vie religieuse d'Israël, depuis les temps reculés de Moïse et pour toujours dans l'avenir. Cette personne a nécessairement vécu et écrit avant qu'une autre puisse écrire :

> Ils ont livré au feu ton sanctuaire,
> profané jusqu'à terre le Tabernacle de ton nom.

Chapitre 11

P

Qui écrivit P ?

Que pouvons-nous dire à ce stade sur l'auteur de la source la plus importante des Cinq Livres de Moïse ? L'auteur était un prêtre aaronien, en tout cas quelqu'un qui représentait les intérêts des prêtres aaroniens. Il s'agissait donc probablement d'un homme. Il était de Judée, presque certainement de Jérusalem. C'était quelqu'un d'assez familier avec les pratiques sacerdotales de Jérusalem et qui avait sans doute accès à des documents, car on y trouve des descriptions détaillées de la pratique sacrificielle, de l'usage de l'encens, des vêtements sacerdotaux, et du Tabernacle et de ses équipements. Il vécut et écrivit avant la chute de Jérusalem aux mains des Babyloniens en 587 avant notre ère.

Autre chose : il connaissait intimement le texte JE, sous sa forme combinée. Un chercheur norvégien, en 1964, a montré que P n'est pas seulement similaire à JE et ne comporte pas seulement un nombre élevé de doublets des récits JE ; en fait, P *suit* JE. Il rapporte des récits identiques ou semblables, presque dans le même ordre.

P s'ouvre sur un récit de la création et un récit du déluge comme JE, pour couvrir ensuite les aspects essentiels de l'alliance d'Abraham, l'exode d'Égypte et l'alliance du Sinaï. Mais en plus, P traite toutes sortes de questions spécifiques, petites ou vastes, qui apparaissent dans le texte JE. JE parle du neveu d'Abraham, Lot ; P parle aussi de Lot. JE rapporte l'histoire de Moïse frappant un rocher produisant de l'eau dans le désert ; P rapporte un récit sur Moïse frappant un rocher qui produit de l'eau dans le désert. JE parle d'une apostasie à Péor ; P de même. JE comporte un récit de rébellion après qu'un groupe d'espions aient fait un rapport à Moïse ; P aussi. On compte plus de vingt-cinq cas de tels récits parallèles entre P et JE. Cela fait trop pour qu'on se contente de dire que P s'intéresse aux mêmes choses que JE. Les similitudes sont flagrantes. Mais les différences ne sont pas moins significatives.

Le chercheur norvégien, dont le nom est Sigmund Mowinckel, avait raison de voir un lien entre P et JE—j'en établirai la preuve—mais il n'avait fait qu'effleurer le sommet de l'iceberg.

Mowinckel était très prudent dans sa conclusion. Il se contenta de dire que P dépendait de JE « directement ou indirectement ». Voilà une conclusion responsable, mais un peu frustrante. Ce qu'elle nous dit, c'est que l'auteur de P écrivit après la chute du royaume septentrional d'Israël en 722, quand E était déjà venu du Sud et s'était combiné à J. Mais ce qu'elle ne nous dit pas, c'est le sens de tout cela. Pourquoi cette personne a-t-elle utilisé une copie du récit JE, l'a suivi sur certains points et a opéré certains changements sur d'autres ? S'il était satisfait de JE, pourquoi s'ennuyer à écrire une autre version des mêmes récits ? S'il était insatisfait, pourquoi ne pas se lancer dans un récit historique entièrement nouveau ? Tel était le mystère qui restait à percer : quel lien existe exactement entre JE et P ?

Une *torah* de leur crû

Imaginez que vous êtes un prêtre de Jérusalem dans les années qui ont suivi la chute du royaume du Nord. Vous avez une position de prestige et d'autorité. Vous faites remonter votre généalogie à Aaron, le premier grand-prêtre d'Israël. En tant que chef religieux, vous avez des privilèges spéciaux d'accès au Temple.

Avec l'arrivée de réfugiés venu du royaume du Nord déchu, votre charge de travail s'accroît considérablement. La religion des nouveaux arrivants s'accorde sur l'essentiel avec la vôtre. Ils croient dans le même Dieu. Ils vénèrent les traditions sur les patriarches, sur l'exode, sur la révélation du Sinaï. On compte d'autre part en leur sein des membres de clergés rivaux, notamment certains dont l'ascendance remonterait à Moïse lui-même. Ils sont porteurs de documents, dont le texte E, l'histoire sacrée de l'origine de votre peuple. Celle-ci se heurte à J, la version judéenne de cette histoire sacrée, mais d'une façon ou d'une autre, les deux en viennent à être combinées. Leur combinaison est sans doute un compromis littéraire. Peut-être s'agit-il aussi d'une réconciliation politique. Mais quel que soit le motif de leur union, J et E forment maintenant ensemble un texte unique connu.

Que dit ce texte ? Il dit qu'Aaron, votre ancêtre, a fait le veau d'or. Quoi d'autre ? Il dit qu'Aaron et sa soeur Miryam blâmèrent Moïse à propos de son épouse, et que Dieu les a personnellement châtiés pour cela. Dans ces deux occasions, on voit Aaron donner humblement du « Monseigneur » à Moïse. Le texte donne en général à Aaron un rôle modeste, alors que Moïse sort magnifié, lui le grand ancêtre du clergé rival. Le texte ne met pas l'accent sur le sacrifice—qui est la source de vos revenus—et ne suggère pas que le sacrifice est le domaine réservé des prêtres. Le personnage clé dans la *torah* de JE est le prophète, non le prêtre.

Tout cela est dans l'ensemble malvenu. Le passage sur le veau d'or est même intolérable. Que peuvent faire les prêtres aaroniens ? Ils écrivent une *torah* de leur crû.

Une version alternative

P fut écrit comme une alternative à JE. Les récits JE disaient régulièrement : « Et Yahvé dit à Moïse ... »[1] Mais l'auteur de P en fit souvent un « Et Yahvé dit à Moïse *et à Aaron* ... »[2] En JE, des miracles furent accomplis grâce au bâton de Moïse.[3] L'auteur de P en fera, lui, le bâton d'Aaron.[4] En JE, Aaron est présenté comme « le frère lévite » de Moïse.[5] Cela voudrait seulement dire que les deux sont des membres amis de la tribu de Lévi, non qu'ils sont littéralement des frères. Mais l'auteur de P, catégoriquement, déclare qu'Aaron et Moïse étaient des frères, fils de la même mère et du même père, et qu'*Aaron était le premier né*.[6] Dans une généalogie P des Lévites, celle de la famille d'Aaron est donnée, mais pas celle de Moïse.[7]

En P, aucun des récits ne comporte de sacrifices jusqu'au dernier chapitre de l'Exode. Là, P rapporte pour la première fois un sacrifice, celui du jour où Aaron est consacré comme grand-prêtre.[8] Ensuite, tous les sacrifices dans P sont accomplis par Aaron ou par ses fils. L'auteur de P ne voulait pas promouvoir, semble-t-il, l'idée qu'il y ait eu un précédent, que quelqu'un d'autre qu'un prêtre aaronien ait offert un sacrifice. En JE, on trouve des récits qui impliquent des sacrifices par Caïn, Abel, Noé, Abraham, Isaac et Jacob, entre autres. Mais l'auteur de P, tantôt rapporta l'histoire en passant sous silence le sacrifice, tantôt élimina l'histoire purement et simplement.

Rappelons que dans les récits jumeaux du déluge que j'ai séparés au chapitre 2, la version J disait que Noé avait pris sur l'arche sept paires de tous les animaux purs (c'est-à-dire aptes au sacrifice), et une seule paire d'animaux impurs. Mais P se contenta de dire qu'il s'agissait à chaque fois d'un couple de chaque animal. Pourquoi ? Parce qu'en J, en fin de récit, Noé offre un sacrifice. Il lui faut donc plus qu'un seul couple de chaque animal pur, sinon son sacrifice entraînerait la disparition d'une espéce. Mais dans l'optique P, deux moutons et deux vaches suffisent, car il n'y aura pas de sacrifice jusqu'à la consécration d'Aaron.

La question des sacrifices n'est pas la seule. Pour l'auteur de P, il s'agit d'illustrer le principe plus large que les prêtres consacrés sont les seuls intermédiaires entre les humains et Dieu. Dans les versions P des récits, les anges n'apparaissent pas. Il n'y a pas d'animaux qui parlent. Il n'y a pas de rêves ou de songes révélateurs. Même le terme de prophète n'a pas cours dans P, sauf une fois, et c'est pour désigner Aaron.[9] P ne comporte pas d'anthropomorphismes flagrants. Dans JE, Dieu « se promène dans le jardin [d'Éden] à la brise du jour », Dieu confectionne personnellement les vêtements d'Adam et Ève, ferme lui-même l'arche de Noé et hume le sacrifice de Noé, lutte avec Jacob, et parle à Moïse au buisson ardent. Il n'y a rien de tout cela dans P. Dans JE, Dieu proclame lui-même les Dix Commandements du Ciel sur le Sinaï. Rien de tel en P, qui dépeint un Dieu plus cosmique, moins personnel. Ce n'est peut-être qu'une coïncidence, mais il est intéressant de noter que le récit JE de la création commence par :

> Au temps où Yahvé Dieu fit *la terre et le ciel* ...[10],

alors que le récit P de la création commence ainsi :

> Au commencement, Dieu créa *le ciel et de la terre* ...[11]

Le récit de JE commence avec la terre, celui de P avec le ciel. Que l'inversion ait été ou non intentionnelle, elle reflète bien les perspectives différentes des deux sources.

De même dans les récits du déluge, tels que nous les avons démêlés au chapitre 2, P brosse le récit d'une crise cosmique. Les écluses des cieux et les sources de l'abîme s'ouvrent et les eaux qui entourent notre bulle habitable se déversent. En JE, il pleut.

Ainsi le Dieu cosmique d'un grand univers ordonné se dégage de la lecture de P. On se fraie un chemin de communication avec ce Dieu à travers les structures formelles et ordonnées qu'il a fournies comme seules voies d'accès. Ce n'est pas à travers des serpents parlants ou des ânes parlants ; ce n'est pas en rencontrant des anges ; ni par des rêves et des prophètes. C'est à travers des sacrifices prescrits, accomplis à des moments prescrits, par des prêtres consacrés et d'une façon codifiée.

Ainsi P a un récit où les deux fils d'Aaron, Nadab et Abihu, font une offrande que Dieu n'a pas prescrite. Le résultat est que : « le feu jaillit de devant Yahvé et les consuma et ils périrent ... »[12]

Rébellion dans le désert

Encore plus révélateur est la manière dont l'auteur de P transforma un récit JE d'une rébellion dans le désert. Les deux sont à présent mêlés l'un à l'autre dans la Bible, comme les deux récits du déluge. Je vais les démêler en ayant recours à deux types de caratères. Le récit JE est en caractères réguliers, P est en gras. Lisez le récit JE d'abord, puis revenez en arrière et voyez comment se présente un récit de rébellion quand c'est P qui le façonne.

Rébellion — Nombres 16

(P en gras et capitales ; J en caractère normal)

1 **ET CORÉ, FILS DE YIÇHAR, FILS DE QEHAT, FILS DE LÉVI,** Et Datân et Abiram, fils d'Éliab, et On, fils de Pélèt (Éliab et Pélèt étaient fils de Ruben),

2 se dressèrent devant Moïse, **ET DEUX CENT CINQUANTE DES ISRAÉLITES, PRINCES DE LA COMMUNAUTÉ, CONSIDÉRÉS DANS LES SOLENNITÉS, HOMMES DE RENOM,**

3 **S'ATTROUPÈRENT CONTRE MOÏSE ET AARON EN LEUR DISANT : « VOUS PASSEZ LA MESURE ! C'EST TOUTE LA COMMUNAUTÉ, CE SONT TOUS SES MEMBRES QUI SONT CONSACRÉS, ET YAHVÉ EST AU MILIEU D'EUX. POURQUOI VOUS ÉLEVEZ-VOUS AU-DESSUS DE LA COMMUNAUTÉ DE YAHVÉ ? »**

4 **MOÏSE, L'AYANT ENTENDU, TOMBA FACE CONTRE TERRE.**

5 **PUIS IL DIT À CORÉ ET À TOUT SON GROUPE : « DEMAIN MATIN, YAHVÉ FERA CONNAÎTRE QUI EST À LUI, QUI EST L'HOMME CONSACRÉ QU'IL LAISSERA APPROCHER DE LUI. CELUI QU'IL FERA APPROCHER DE LUI, C'EST CELUI-LÀ QU'IL CHOISIT.**

6 VOICI CE QUE VOUS FEREZ : PRENEZ DES ENCENSOIRS, CORÉ ET SON GROUPE,

7 DEMAIN, METTEZ-Y DU FEU ET DÉPOSEZ DESSUS DE L'ENCENS DEVANT YAHVÉ. CELUI QUE CHOISIRA YAHVÉ, C'EST LUI L'HOMME CONSACRÉ. VOUS PASSEZ LA MESURE, FILS DE LÉVI ! »

8 MOÏSE DIT À CORÉ : « ÉCOUTEZ DONC, FILS DE LÉVI !

9 EST-CE TROP PEU POUR VOUS QUE LE DIEU D'ISRAËL VOUS AIT DISTINGUÉS DE LA COMMUNAUTÉ D'ISRAËL, VOUS APPELANT AUPRÈS DE LUI POUR FAIRE LE SERVICE DU TABERNACLE DE YAHVÉ, VOUS PLAÇANT EN FACE DE CETTE COMMUNAUTÉ QUAND VOUS OFFICIEZ POUR ELLE ?

10 IL T'A APPELÉ AUPRÈS DE LUI, TOI ET AVEC TOI TOUS TES FRÈRES LÉVITES, ET VOUS VOULEZ EN PLUS ÊTRE PRÊTRES ?

11 C'EST DONC CONTRE YAHVÉ QUE VOUS VOUS ÊTES LIGUÉS, TOI ET TON GROUPE : QU'EST DONC AARON, POUR QUE VOUS MURMURIEZ CONTRE LUI ? »

12 Moïse envoya appeler Datân et Abiram, fils d'Éliab. Ils répondirent : « Nous ne viendrons pas.

13 N'est-ce pas assez de nous avoir fait quitter une terre qui ruisselle de lait et de miel pour nous faire mourir en ce désert, que tu veuilles encore t'ériger en prince sur nous ?

14 Ah ! ce n'est pas une terre qui ruisselle de lait et de miel où tu nous as conduits, et tu ne nous as pas donné en héritage champs et vergers ! Penses-tu rendre ces gens aveugles ? Nous ne viendrons pas. »

15 Moïse entra dans une violente colère, et il dit à Yahvé : « Ne prends pas garde à leur offrande. Je ne leur ai pas pris un âne, et je n'ai fait de tort à aucun d'eux. »

16 MOÏSE DIT À CORÉ : « TOI ET TOUT TON GROUPE, VENEZ DEMAIN VOUS METTRE EN PRÉSENCE DE YAHVÉ, TOI ET EUX, AINSI QU'AARON.

17 **QUE CHACUN PRENNE UN ENCENSOIR, Y METTE DE L'ENCENS, ET QUE CHACUN APPORTE SON ENCENSOIR DEVANT YAHVÉ—DEUX CENT CINQUANTE ENCENSOIRS. »**

18 **CHACUN PRIT SON ENCENSOIR, Y MIT DU FEU ET DÉPOSA DE L'ENCENS PAR-DESSUS. PUIS ILS SE TINRENT À L'ENTRÉE DE LA TENTE DU RENDEZ-VOUS, AINSI QUE MOÏSE ET AARON.**

19 **ET CORÉ RASSEMBLA EN FACE DE CES DERNIERS TOUTE LA COMMUNAUTÉ À L'ENTRÉE DE LA TENTE DU RENDEZ-VOUS, ET LA GLOIRE DE YAHVÉ APPARUT À TOUTE LA COMMUNAUTÉ.**

20 **YAHVÉ PARLA À MOÏSE ET À AARON. IL DIT :**

21 **« SÉPAREZ-VOUS DE CETTE COMMUNAUTÉ, JE VAIS LA DÉTRUIRE EN UN INSTANT. »**

22 **ILS TOMBÈRENT LA FACE CONTRE TERRE ET S'ÉCRIÈRENT : « Ô DIEU, DIEU DES ESPRITS QUI ANIMENT TOUTE CHAIR, VAS-TU T'IRRITER CONTRE TOUTE LA COMMUNAUTÉ QUAND UN SEUL PÈCHE ? »**

23 **YAHVÉ PARLA À MOÏSE ET DIT :**

24 **« PARLE À CETTE COMMUNAUTÉ ET DIS : "ÉLOIGNEZ-VOUS DE LA TENTE DE CORÉ. [, Datân et Abiram][13] " »**

25 Moïse se leva et s'en vint auprès de Datân et Abiram. Les anciens d'Israël le suivirent.

26 **IL PARLA À LA COMMUNAUTÉ ET DIT : « DE GRÂCE, ÉCARTEZ-VOUS DES TENTES DE CES HOMMES PERVERS, ET NE TOUCHEZ À RIEN DE CE QUI LEUR APPARTIENT, DE PEUR QUE TOUS LEURS PÉCHÉS NE VOUS EMPORTENT. »**

27 **ILS S'ÉCARTÈRENT DES ALENTOURS DE LA TENTE DE CORÉ [, Datân et Abiram].** Datân et Abiram étaient sortis et se trouvaient à l'entrée de leurs tentes, avec leurs femmes, leurs fils et leurs jeunes enfants.

28 Moïse dit : « À ceci vous saurez que c'est Yahvé qui m'a envoyé pour accomplir toutes ces oeuvres, et que je ne les fais pas de mon propre chef :

29 si ces gens meurent de mort naturelle, atteints par la sentence commune à tous les hommes, c'est que Yahvé ne m'a pas envoyé.

30 Mais si Yahvé fait quelque chose d'inouï, si la terre ouvre sa bouche et les engloutit, eux et tout ce qui leur appartient, et qu'ils descendent vivants au shéol[14], vous saurez que ces gens ont rejeté Yahvé. »

31 Comme il achevait de prononcer toutes ces paroles, le sol se fendit sous leurs pieds,

32 la terre ouvrit sa bouche et les engloutit, eux et leurs familles, **AINSI QUE TOUS LES HOMMES DE CORÉ ET TOUS SES BIENS.**

33 Ils descendirent vivants au shéol, eux et tout ce qui leur appartenait. La terre les recouvrit et ils disparurent du milieu de l'assemblée.

34 À leurs cris, tous les Israélites qui se trouvaient autour d'eux s'enfuirent. Car ils se disaient : « Que la terre ne nous engloutisse pas ! »

35 **UN FEU JAILLIT DE YAHVÉ, QUI CONSUMA LES DEUX CENT CINQUANTE HOMMES PORTEURS D'ENCENS.**

Pendant deux mille ans on a lu ce récit comme une seule histoire et cela le rendait confus. L'histoire semblait se dérouler en deux lieux différents en même temps. À un moment, on est devant la tente des rebelles ; à d'autres moments, les choses se passent devant la Tente du Rendez-vous. À un endroit, les rebelles sont seulement Datân et Abiram ; ailleurs, c'est Coré et son groupe. La séparation des deux histoires résout ces problèmes et révèle beaucoup de choses.

Le premier récit, de JE, décrit la rébellion de Datân et Abiram (et On), de la tribu de Ruben. Ils défient le commandement de Moïse. Dans un des plus grands mouvements d'ingratitude de tous les temps, ils lui en veulent de les avoir menés *hors* d'un pays où coulent le lait et le miel : l'Égypte ! Moïse plaide qu'il n'a lésé personne et qu'il a seulement fait ce que Dieu lui avait demandé. Son bon droit se révèle lorsqu'un tremblement de terre engloutit ses rivaux.

Dans le second récit, de P, les rebelles sont un groupe de *Lévites* soutenus par des notables de la communauté. Coré est à leur tête. Qui est Coré ? Selon une généalogie P, il est cousin de Moïse et Aaron.[15] Ce qu'il défie n'est pas le pouvoir de Moïse. Il s'en prend à la mainmise exclusive d'Aaron sur la prêtrise : pourquoi personne d'autre ne peut-il pratiquer les fonctions sacerdotales, si *tous* les hommes sont consacrés ? Moïse prend la défense d'Aaron. Il propose un test pour savoir qui est consacré. Le test est l'offrande de l'encens. Ailleurs dans P, il est interdit à quiconque n'est pas prêtre de brûler de l'encens. Quand les rebelles s'y essaient, par conséquent, ils franchissent les limites prescrites. Ils subissent le même sort que le fils d'Aaron qui franchissait ces limites dans l'autre récit : « un feu sortit de Yahvé et les consuma. »

Le récit JE de la rébellion était une justification de Moïse. Mais la version sacerdotale, P, vise la justification d'Aaron. Son message est que les prétentions des autres Lévites à la prêtrise sont coupables—même si des personnes de renom les soutiennent. Le clergé de la nation est le clergé d'Aaron.

Deux concepts de Dieu

Inlassablement, P revient sur cette idée que le prêtre aaronien à l'autel du sacrifice est le canal idoine du peuple vers la déité. Si vous avez péché et voulez être pardonné, la chose à faire est d'amener un sacrifice à un prêtre au Tabernacle. On ne trouve dans le texte P aucune allusion à un Dieu *compatisssant*. Les mots mêmes de « pitié », « grâce », « fidélité », et « repentance » n'apparaissent jamais. Il s'agit, semble-t-il, d'élaborer la notion que le pardon ne peut s'obtenir simplement par le regret. Car on peut regretter et se repentir sans avoir recours à un prêtre, et sans apporter d'offrande au prêtre. P montre plutôt que Dieu est *juste*. Il a établi un ensemble de règles par lesquelles on peut obtenir le pardon, et il s'agit de suivre ces règles. Le contraste avec le portrait de Dieu que fait JE est saisissant :

> Yahvé, Yahvé, Dieu de tendresse et de pitié, lent à la colère, riche en grâce et en fidélité ; qui garde sa grâce à des milliers, tolère faute, trangression et péché ...[16]

La personne qui écrivit P n'a pas simplement modifié les détails des récits. Elle a élaboré un concept de Dieu. Son oeuvre était littéraire, mais sa motivation ne relevait pas uniquement du domaine de l'art, elle était aussi théologique, politique et économique. Il devait affronter les revendications des autres prêtres et des autres centres religieux. Il lui fallait défendre la légitimité religieuse de son groupe et protéger son autorité ... et sa subsistance.

Il devait aussi combattre l'insulte faite à son ancêtre Aaron. On n'est pas surpris de voir que P n'inclut pas les récits du veau d'or ou de Miryam. Mais cet auteur semble avoir senti que la meilleure défense est une bonne offense. Ils avaient écorné son ancêtre, Aaron. Il écorna leur ancêtre Moïse.

Moïse amoindri

L'aspect le plus extraodinaire de P est peut-être la façon qu'a l'auteur de traiter Moïse. Cet auteur était placé dans une position des plus sensibles. Le clergé rival, qui descendait probablement de Moïse, apportait avec lui une *torah* qui donnait une mauvaise image d'Aaron. Notre auteur ne pouvait pas simplement répondre en écrivant une oeuvre faisant de Moïse un hérétique ou un injuste accusateur. C'était tout de même Moïse ! Moïse était le héros et fondateur national, qui conduisit la libération de l'esclavage et fut le médiateur de l'alliance au Sinaï. Bâtir une histoire où Moïse était dénigré était impossible. Mais dire qu'Aaron était le frère aîné de Moïse, cela n'était pas en soi une offense contre Moïse. Après tout, Jacob et Joseph n'étaient pas non plus des aînés.

En outre, l'affaire de cet auteur n'était pas, nous l'avons vu, de fabriquer des récits totalement inédits à partir de petits riens. C'était plutôt d'élaborer sa propre version de toute une série de récits connus. Il s'était lancé dans quelque chose qui était de l'art mais pas exactement de la fiction. C'était de l'histoire également. Il devait se préoccuper de la diffusion, c'est-à-dire de la capacité du public à accepter cette oeuvre comme un éclairage crédible du passé. Son art impliquait un constant équilibre entre tradition et créativité. Dans l'ensemble, par conséquent, il respecta la place de Moïse dans la tradition. Moïse demeure important dans P. Mais il étoffa le portrait de Moïse beaucoup moins que dans JE, et à deux reprises, il eut vraiment le cran de réécrire les récits en défaveur de Moïse.[17]

Le plus probant exemple en est le récit de l'eau jaillie du rocher. Dans deux passages différents, on voit Moïse frapper un rocher avec son bâton et obtenir de l'eau. L'un se trouve dans l'Exode, l'autre dans Nombres. Quand on lit aujourd'hui la Bible dans sa continuité, les deux récits semblables sont séparés par des années et des kilomètres. Tous deux se produisent pourtant dans un lieu portant le même nom : Mériba. Chaque récit ne comporte que quelques versets, aussi est-il intéressant de les regarder tous deux. Voici d'abord le récit que l'auteur de P pouvait lire dans le texte JE :

Eau du Rocher — Exode 17/2-7

(Texte E en italiques)

2 *Le peuple s'en prit à Moïse ; ils dirent : « Donne-nous de l'eau, que nous buvions ! » Moïse leur dit : « Pourquoi vous en prenez-vous à moi ? Pourquoi mettez-vous Yahvé à l'épreuve ? »*

3 *Le peuple y souffrit de la soif, le peuple murmura contre Moïse et dit : « Pourquoi nous as-tu fait monter d'Égypte ? Est-ce pour me faire mourir de soif, moi, mes enfants et mes bêtes ? »*

4 *Moïse cria vers Yahvé en disant : « Que ferai-je pour ce peuple ? Encore un peu et ils me lapideront. »*

5 *Yahvé dit à Moïse : « Passe en tête du peuple et prends avec toi quelques anciens d'Israël ; prends en main ton bâton, celui dont tu as frappé le Fleuve, et va.*

6 *Voici que je vais me tenir devant toi, là sur le rocher en Horeb, tu frapperas le rocher, l'eau en sortira et le peuple boira. » C'est ce que fit Moïse, aux yeux des anciens d'Israël.*

7 *Il donna à ce lieu le nom de Massa et Mériba, parce que les Israélites cherchèrent querelle et parce qu'ils mirent Yahv à l'épreuve de Yahvé en disant : « Yahvé est-il au milieu de nous, ou non ? »*

Il n'y a pas d'eau dans le désert, pour le peuple. Ils cherchent querelle. Yahvé se tient sur un rocher (entendons par là un pic de montagne, pas une pierre). Moïse frappe le rocher de son bâton, et l'eau jaillit. Telle est l'histoire que lut l'auteur de P en JE. Voici maintenant ce qu'il en advint dans sa version :

Eau du Rocher — Nombres 20/2-13

(P en caractères gras majuscules)

2 **IL N'Y AVAIT PAS D'EAU POUR LA COMMUNAUTÉ ; ALORS ILS S'AMEUTÈRENT CONTRE MOÏSE ET AARON.**

3 **LE PEUPLE S'EN PRIT À MOÏSE : « QUE N'AVONS-NOUS PÉRI, DISAIENT-ILS, COMME NOS FRÈRES ONT EXPIRÉ DEVANT YAHVÉ !**

4 **POURQUOI AS-TU CONDUIT L'ASSEMBLÉE DE YAVHÉ EN CE DÉSERT, POUR QUE NOUS Y MOURIONS, NOUS ET NOS BÊTES ?**

5 **POURQUOI NOUS AVOIR FAIT MONTER D'ÉGYPTE POUR NOUS CONDUIRE EN CE SINISTRE LIEU ? C'EST UN LIEU IMPROPRE AUX SEMAILLES, SANS FIGUIERS, NI VIGNES, NI GRENADIERS, SANS MÊME D'EAU À BOIRE. »**

6 **QUITTANT L'ASSEMBLÉE, MOÏSE ET AARON VINRENT À L'ENTRÉE DE LA TENTE DU RENDEZ-VOUS. ILS TOMBÈRENT FACE CONTRE TERRE, ET LA GLOIRE DE YAHVÉ LEUR APPARUT.**

7 **YAHVÉ PARLA À MOÏSE ET DIT :**

8 « PRENDS LE BÂTON ET RASSEMBLE LA COMMUNAUTÉ, TOI ET TON FRÈRE AARON. PUIS, SOUS LEURS YEUX, DITES À CE ROCHER QU'IL DONNE SES EAUX. TU FERAS JAILLIR POUR EUX DE L'EAU DE CE ROCHER ET TU FERAS BOIRE LA COMMUNAUTÉ ET SON BÉTAIL. »

9 MOÏSE PRIT LE BÂTON DE DEVANT YAHVÉ, COMME IL LE LUI AVAIT COMMANDÉ.

10 MOÏSE ET AARON CONVOQUÈRENT L'ASSEMBLÉE DEVANT LE ROCHER, PUIS IL LEUR DIT : « ÉCOUTEZ DONC, REBELLES. FERONS-NOUS JAILLIR POUR VOUS DE L'EAU DE CE ROCHER ? »

11 MOÏSE LEVA LA MAIN ET, AVEC LE BÂTON, FRAPPA LE ROCHER PAR DEUX FOIS : L'EAU JAILLIT EN ABONDANCE, LA COMMUNAUTÉ ET SON BÉTAIL PURENT BOIRE.

12 YAHVÉ DIT ALORS À MOÏSE ET À AARON : « PUISQUE VOUS NE M'AVEZ PAS CRU CAPABLE DE ME SANCTIFIER AUX YEUX DES ISRAÉLITES, VOUS NE FEREZ PAS ENTRER CETTE ASSEMBLÉE DANS LE PAYS QUE JE LUI DONNE. »

13 CE SONT LÀ LES EAUX DE MÉRIBA, OÙ LES ISRAÉLITES S'EN PRIRENT À YAHVÉ, ET OÙ IL MANIFESTA PAR ELLES SA SAINTETÉ.

Le langage présente ici tant de similitudes avec le langage P du récit de Coré que la ressemblance apparaît même à la traduction et même pour ceux qui n'ont pas connaissance des sources bibliques. On y parle d'*assemblée* et de *communauté*. On y voit Yahvé parler à Moïse *et à Aaron*. On lit que *la gloire de Yahvé apparut*. Pour peindre le désarroi, il est dit qu'*ils tombèrent face contre terre*. Les choses se passent devant *la Tente du Rendez-vous*. Il s'agit de repérer les signes de *sainteté*. Notons aussi l'usage du mot « expirer » pour désigner la mort. Nous l'avions déjà noté dans la version P du récit du déluge au deuxième chapitre. En fait, P a un langage si caractéristique que les étudiants peuvent en général identifier sans erreur un passage P dans la Bible après quelques semaines seulement d'initiation à cette étude. Ce qui est important, c'est que nous pouvons voir ici l'auteur de P à l'oeuvre. Nous pouvons voir ce qu'il a conservé de l'histoire, nous pouvons voir comment il l'a tournée dans son propre langage, et nous pouvons voir ce qu'il a modifié.

La différence principale est que, dans l'Exode, frapper le rocher est une bonne chose, mais que c'est un échec dans les Nombres. C'est un acte d'obéissance dans l'Exode, c'est une désobéissance suprême dans les Nombres. C'est la pire offense de Moïse. Son châtiment est sans doute ce qui pouvait lui être infligé de pire : il ne vivra pas pour mener le peuple au pays. Et Aaron, qui ne semble pas avoir fait d'erreur lui-même, se voit infliger la même punition à cause de ce que Moïse a fait. Les châtiments entrent en vigueur plus tard dans le récit P : Aaron et Moïse meurent tous deux avant que le peuple élu entre dans la terre promise.

Les théologiens ont interrogé ce passage durant des siècles, tentant de comprendre quelle pouvait être au juste l'offense de Moïse. Était-ce le fait de frapper le rocher au lieu de lui parler, comme l'avait demandé Yahvé ? Est-ce le fait d'avoir traité le peuple de « rebelles » ? Était-ce le fait de dire « Ferons-*nous* produire de l'eau à ce rocher ? » au lieu de « *Dieu* fera-t-il ... » ? Quel qu'ait pu être l'offense, la chose importante pour notre présente recherche est que cela ne figurait pas dans la première version du récit. L'auteur P s'est donné du mal pour l'introduire dans l'histoire. (Il y revient encore plus tard dans le récit.[18]) Et il a représenté Aaron innocent et souffrant pour le péché de Moïse.

Le voile de Moïse

L'auteur de P rapporta aussi une version du récit de la révélation au Mont Sinaï. De bien des façons, elle était similaire à la version JE. La montagne est en feu, Moïse monte seul. Mais l'auteur sacerdotal ajoute un détail concernant Moïse à la fin du récit. Il écrit qu'il y a quelque chose d'inhabituel sur le visage de Moïse quand il descend de la montagne. En le voyant, le peuple a peur de s'approcher de lui. Moïse va dès lors porter un voile chaque fois qu'il s'adressera à son peuple.[19] Autrement dit, selon la source P, chaque fois que nous voyons Moïse dans les quarante dernières années de sa vie, nous sommes censés l'imaginer avec un voile sur son visage.

Que se passe-t-il donc avec le visage de Moïse dans la source sacerdotale ? Le sens du terme hébreu dans le texte est incertain. Pendant longtemps, on crut comprendre que Moïse portait des cornes. Cela donna naissance à des centaines de portraits d'un Moïse cornu, le plus célèbre étant le Moïse de Michel-Ange. Vint ensuite une autre interprétation du terme : la peau de Moïse émettrait une sorte de lumière. Récemment un chercheur biblique américain, William Propp, a rassemblé des indices montrant que le terme signifie probablement que le visage de Moïse est défiguré. C'est pertinent dans le contexte de P, parce que Moïse vient juste de sortir de la nuée qui entoure « la gloire de Yahvé ». Le récit précédent dans le texte P nous informe que cette « gloire de Yahvé » a l'apparence d'une « flamme dévorante ».[20] Moïse a pénétré dans une zone de feu qui est d'ordinaire interdite aux humains. Il en résulte un phénomène cutané effrayant dont la vue est insoutenable pour les gens. En P, Moïse est trop laid à voir. Ce n'est pas exactement un dénigrement de Moïse. Mais ce n'est pas pour le rendre attirant non plus.

Séduction et culte

Je donnerai encore une autre illustration de la manière dont cet auteur traita les récits JE pour forger sa propre version. Il s'agit d'un récit impliquant le sexe et la violence dans les deux versions JE et P. Des femmes d'une autre nation séduisent les hommes israélites, d'abord sexuellement, puis en les entraînant vers le paganisme. Dans les deux cas, la réponse à l'hérésie entraîne des mesures très sévères. L'histoire combinée, telle qu'elle se présente aujourd'hui dans la Bible, se scinde exactement en son milieu entre les versions JE et P, de la façon suivante :

L'hérésie de P — Nombres 25

(P en caractères gras majuscules ; J en caractères normaux)

1 Israël s'établit à Shittim. Le peuple se livra à la prostitution avec les filles de Moab.

2 Elle l'invitèrent aux sacrifices de leurs dieux ; le peuple mangea et se prosterna devant leurs dieux.

3 Israël s'étant ainsi commis avec le Baal de Péor, la colère de Yahvé s'enflamma contre lui.

4 Yahvé dit à Moïse : « Prends toutes les têtes du peuple. Empale-les à la face du soleil, pour Yahvé : alors l'ardente colère de Yahvé se détournera d'Israël. »

5 Moïse dit aux juges d'Israël : « Que chacun mette à mort ceux de ses hommes qui se sont commis avec le Baal de Péor. »

6 **SURVINT UN HOMME DES ISRAÉLITES, AMENANT AUPRÈS DE SES FRÈRES CETTE MADIANITE, SOUS LES YEUX MÊMES DE MOÏSE ET DE TOUTE LA COMMUNAUTÉ DES ISRAÉLITES PLEURANT À L'ENTRÉE DE LA TENTE DU RENDEZ-VOUS.**

7 **À CETTE VUE, PINHAS, FILS D'ÉLÉAZAR, FILS D'AARON, LE PRÊTRE, SE LEVA DU MILIEU DE LA COMMUNAUTÉ, SAISIT UNE LANCE,**

8 **SUIVIT L'ISRAÉLITE DANS L'ALCÔVE ET LÀ IL LES TRANSPERÇA TOUS LES DEUX, L'ISRAÉLITE ET LA FEMME, EN PLEIN VENTRE. LE FLÉAU QUI FRAPPAIT LES ISRAÉLITES FUT ARRÊTÉ.**

9 **VINGT QUATRE MILLE D'ENTRE EUX EN ÉTAIENT MORTS.**

10 **YAHVÉ PARLA À MOÏSE ET DIT :**

11 **PINHAS, FILS D'ÉLÉAZAR, FILS D'AARON, LE PRÊTRE, A DÉTOURNÉ MON COURROUX DES ISRAÉLITES, PARCE QU'IL A ÉTÉ, PARMI EUX, POSSÉDÉ DE LA MÊME JALOUSIE QUE MOI ; C'EST POURQUOI JE N'AI PAS, DANS MA JALOUSIE, ACHEVÉ LES ISRAÉLITES.**

12 **C'EST POURQUOI JE DIS : JE LUI ACCORDE MON ALLIANCE DE PAIX.**

13 **IL Y AURA POUR LUI ET POUR SA DESCENDANCE APRÈS LUI UNE ALLIANCE, QUI LUI ASSURERA LE SACERDOCE À PERPÉTUITÉ. EN RÉCOMPENSE DE SA JALOUSIE POUR SON DIEU, IL POURRA ACCOMPLIR LE RITE D'EXPIATION SUR LES ISRAÉLITES. »**

16 **YAHVÉ PARLA À MOÏSE ET DIT :**

17 **« PRESSEZ LES MADIANITES ET FRAPPEZ-LES.**

16 **CAR CE SONT EUX QUI VOUS ONT PRESSÉS, PAR LEURS ARTIFICES CONTRE VOUS DANS L'AFFAIRE DE PÉOR . . . »**

Ce texte est des plus étranges car les deux moitiés sont incomplètes. La pemière moitié, qui appartient à JE, comporte la séduction des hommes d'Israël par les femmes moabites— puis par le dieu de ces femmes. Moïse ordonne que l'on mette les têtes du peuple sur des piques. Puis le récit s'interrompt, et nous n'entendons pas parler de l'exécution de l'ordre. Au lieu de cela nous voyons apparaître le langage caractérstique de P : « Amener auprès », « assemblée », « Tente du Rendez-vous », « Aaron ». Quant aux femmes qui étaient au départ des Moabites, les voici transformées en Madianites. La seconde partie du récit s'achève sur le coup d'arrêt d'un fléau. Mais nul fléau n'avait été mentionné jusque là.

Aaron lui-même était mort dans le précédent récit P (c'est pour cette raison que les gens pleuraient devant la Tente du Rendez-vous),[21] mais c'est maintenant son petit-fils Pinhas qui est le héros. Un homme israélite et une femme madianite sont allés sous la Tente du Rendez-vous « sous les yeux de Moïse », or ce n'est pas Moïse qui agit mais Pinhas. Il suit l'homme et la femme à l'intérieur de la Tente. Ils se livrent à un acte dont la posture permet de les transpercer tous deux d'une lance qui aboutit dans l'estomac de la femme. L'exécution a lieu sans procès car la mort est le sort inéluctable pour quiconque pénétre dans le Tabernacle sans être prêtre. La récompense de Pinhas est une alliance sacerdotale *éternelle*. Ce récit sacerdotal, par conséquent, affirme que la prêtrise appartient aux Aaroniens pour toujours.

Il est difficile de dire dans quelle mesure Moïse sort amoindri de ce récit pour n'être pas l'acteur principal. Tout ce que l'on peut dire, c'est que, dans le récit sacerdotal, le blasphème se déroula expressément devant les yeux de Moïse, et que c'est Pinhas qui réagit. Et il est intéressant de noter que cet auteur s'est donné la peine de transformer les femmes moabites en Madianites : *l'épouse de Moïse était madianite.*

Rajouts et retraits

Ce que l'auteur de P nous apprend sur lui-même se révèle non seulement dans sa façon de retravailler d'anciens récits, mais aussi à l'examen de ce qu'il a minimisé, voire tout bonnement éliminé. Il réduit notamment les récits de la Genèse au strict minimum. Des récits qui prennent des pages ou des chapitres entiers dans JE sont dans P l'affaire de quelques versets. L'histoire de Joseph, par exemple, occupe dix chapitres dans JE, mais P ne lui consacre que quelques lignes.[22]

Cela s'explique sans doute en partie par le fait que la personne qui façonna P rejetait les anges, les songes, les animaux parlants, les anthropomorphismes de JE. C'est pourquoi il élimina ainsi le gros de l'histoire de Joseph, qui comporte six songes dans la version JE.

Il n'a pas inclus l'histoire d'Adam et Ève et du serpent qui parle dans le Jardin d'Éden. Il n'a pas inclus le récit des anges qui visitent les villes de Sodome et Gomorrhe avant que Dieu les détruise. Et bien sûr, il n'a pas rapporté le récit où Jacob lutte avec Dieu face à face à Penuel, tout comme il ne montrait pas Dieu debout sur le rocher que Moïse frappe à Mériba. En outre, comme il ne voulait pas rapporter de récits de sacrifices avant la consécration d'Aaron, il n'a pas inclus le fameux récit où Abraham est sur le point de sacrifier son fils Isaac, lequel se déroule presque quatre cents ans avant Aaron.

Mais dans ces raccourcis et silences de P, encore autre chose est apparent. L'auteur ne s'est pas borné à supprimer des éléments, les rejetant sur des bases spécifiquement politiques ou théologiques. Il a éliminé les longs récits anecdotiques de l'ancien texte. En détachant les récits P de la Genèse et en les lisant à part, on a le sentiment d'un auteur qui veut aller droit au but, c'est-à-dire l'époque d'Aaron. Cet auteur ne montre aucun intérêt pour les personnages secondaires de la Genèse ou pour les constructions littéraires accessoires. Dans toute la Genèse, on ne trouve que quatre récits P de quelque importance : la création, le déluge culminant dans l'alliance avec Noé, l'alliance avec Abraham, et une autre histoire, dont nous allons parler plus loin. Apparemment, il avait hâte d'en arriver au Sinaï.

À côté des modifications de cet auteur et de ses silences, un autre élément de son oeuvre nous aide à le connaître : ses additions. La plus manifeste est sa très forte accentuation de la loi. Cet aspect submerge le reste en quantité : la moitié de l'Exode, la moitié des Nombres, presque tout le Lévitique. Mais il a parfois ajouté un personnage à un récit et, occasionnellement, il a même introduit une histoire entièrement nouvelle sans aucun parallèle dans JE.

Un tel exemple de récit est celui que fait P de la mort des fils d'Aaron, Nadab et Abihu. C'est la quintessence même du récit P. Son message est que les offrandes doivent être accomplies seulement comme Dieu le demande. Personne n'a le loisir d'instituer un service qui n'est pas prescrit dans la loi sacerdotale.

Un exemple où l'on voit l'auteur ajouter un chapitre entièrement nouveau est son récit d'espionnage. J'ai cité la version JE de ce récit dans le deuxième chapitre. Dans cette version initiale, Dieu envoie un groupe d'espions du désert pour enquêter sur le pays. Tous sauf un disent que la terre est imprenable. La seule exception est Caleb, qui encourage le peuple.[23] Mais le peuple écoute les autres espions, et se rebelle. Yahvé répond et condamne le peuple entier à errer dans le désert jusqu'à ce que tous meurent, le temps que croisse une nouvelle génération qui hérite le pays : quarante ans. Le seul à échaper à la condamnation est Caleb, l'unique espion fiable.[24] Il vivra jusqu'à son arrivée au pays.

Maintenant, dans le récit P, le déroulement est à peu près le même, sauf qu'il y a deux espions loyaux qui exhortent le peuple : Caleb et *Josué*.[25] Pourquoi Josué ? C'était la solution de l'écrivain P à un problème plutôt délicat. Il savait que Josué était la personne qui avait succédé à Moïse comme chef du peuple. C'était une tradition établie, il n'était pas en position de la changer. Mais quel était le mérite particulier de Josué ? Qu'est-ce qui lui permettait d'être le seul Israélite adulte né en Égypte et vivant jusqu'à son arrivée en terre promise ? Selon JE, Josué était cet Israélite qui n'avait pas pris part à l'hérésie du veau d'or. Il était sur la montagne, attendant Moïse. Mais l'écrivain P ne pouvait pas rapporter l'histoire du veau d'or, car Aaron y avait le mauvais rôle. Également, en JE, Josué était l'assistant loyal de Moïse, et avait coutume de monter la garde « à l'intérieur » du Tabernacle.[26] Mais l'auteur P ne pouvait pas non plus dire cela, car selon lui, seulement un prêtre pouvait entrer dans le Tabernacle. D'après les lois de P, Josué serait exécuté pour y avoir pénétré. Cet auteur devait trouver un autre moyen d'expliquer le mérite de Josué. Ajouter Josué au récit d'espionnage résolvait le dilemme.

J'ai fait allusion plus haut à une autre longue histoire P dans la Genèse. C'est un autre exemple d'histoire entièrement nouvelle qui n'a pas d'équivalent en JE. C'est le récit de la grotte de Makpéla.[27] On y trouve un long exposé des négociations entre Abraham et un Hittite sur un morceau de terrain comportant une grotte, qu'Abraham acquiert pour en faire le caveau de famille. Pourquoi P, une source qui délaisse tant de récits JE intéressants et importants de la Genèse, prend-il la peine de discourir si longtemps sur le sujet mondain de l'achat d'une grotte ? Parce que la terre et le caveau en question sont à Hébron. Le récit confère une légitimité à la mainmise légale sur ce territoire. Et Hébron était une ville sacerdotale aaronienne.[28]

Ce qui ressort de tout cela, c'est que nous constatons en P—comme en J, E, et D—la relation entre le texte biblique et les péripéties du monde de l'auteur. Chaque récit biblique reflète un aspect qui importait à son auteur. Chaque fois que nous découvrons cet aspect, et pouquoi il importait, nous faisons un pas de plus pour savoir qui écrivit telle partie de la Bible. Et quand nous pouvons rassembler les pièces et voir comment elles sont liées les unes aux autres, nous nous rapprochons davantage encore de notre but.

Nous avons maintenant suffisamment d'indices sur P pour localiser son auteur dans le monde biblique.

Chapitre 12

À LA COUR DU ROI ÉZÉCHIAS

Citations de JE

Nous savons à présent que le recueil de lois et récits sacerdotaux fut conçu et écrit comme une alternative à JE. Les récits de JE offensaient Aaron, l'ancêtre de l'auteur sacerdotal. La loi n'y était pas exaltée. Les prêtres n'y étaient pas mis en valeur. Ils contenaient des éléments que l'auteur sacerdotal rejetait : anges et anthropomorphismes, songes symboliques et animaux parlants. L'écrivain sacerdotal n'était pas satisfait de JE, c'est le moins qu'on puisse dire.

Est-il inévitable qu'un prêtre réagisse de la sorte à de tels récits ? Non. L'auteur deutéronomique était prêtre lui aussi, et il raffolait des anciens récits JE. Il citait JE en long et en large. Les chapitres d'ouverture du Deutéronome fourmillent d'allusions aux récits JE. Le Deutéronome est le discours d'adieu de Moïse, et il rappelle maints événements de ces quarante ans avec son peuple. Ses souvenirs sont tous, sauf un, des événements rapportés dans les récits JE, pas dans les récits P. Quand il évoque la grande rébellion, c'est pour citer Datân et Abiram, les damnés de la version JE, mais il ne mentionne pas

Coré, le damné selon P.[1] Quand il évoque l'histoire des espions, il cite Caleb comme espion loyal, mais pas Josué, le héros ajouté par P.[2] Il évoque le veau d'or et Miryam.[3]

En fait, l'auteur du Deutéronome présente tous ces sujets comme étant des histoires bien connues. Par exemple, en donnant une indication sur ce qu'il faut faire en cas de lèpre, Moïse fait une pause et dit :

> Rappelle-toi ce que Yahvé ton Dieu a fait à Miryam quand vous étiez en chemin au sortir d'Égypte.[4]

L'auteur suppose le lecteur familier du récit de Miryam frappée de lèpre. Si ce type d'allusion était possible dans le Deutéronome, cela signifie que les récits JE étaient connus en ce temps. Ou cela peut signifier que les récits JE étaient inclus sur le parchemin de D, autrement dit, que l'auteur deutéronomique avait placé les récits JE au début de son propre récit.

On peut apprendre beaucoup de choses sur un auteur en examinant qui il cite. L'écrivain deutéronomique, en qui je pense reconnaître Baruch ou Jérémie, acceptait JE et se plaisait à le citer. Mais il n'était pas enclin à citer P. Pourquoi ?

Était-ce parce qu'il ne connaissait pas P ? Les récits P n'étaient-ils donc pas déjà écrits ? Ou bien étaient-ils écrits, mais il ne les avait pas lus ?

Non. Il connaissait très bien les textes sacerdotaux.

Citations de P

P était déjà écrit au temps de l'auteur deutéronomique. Et l'écrivain deutéronomique devait connaître le texte P.

J'ai dit précédemment que toutes les allusions de Moïse dans le Deutéronome, sauf une, se rapportent à des récits de JE. La seule exception est un récit de P : le récit des espions. Il est hors de doute que l'auteur de cette partie du Deutéronome (Dtr1) connaissait P, car il cite le récit d'espionnage P mot à mot.

Dans la version P de ce récit, les espions reviennent avec leur rapport décourageant sur le pays. Le peuple se plaint en disant qu'ils feraient mieux de retourner en Égypte. Parmi leurs plaintes sur la terre promise, ils disent : « nos nourrissons seront livrés en butin. »[5]

La réponse de Yahvé à leurs plaintes est son châtiment habituel adapté au crime : toute l'ancienne génération périra dans le désert, mais « vos nourrissons, dont vous avez dit qu'ils seraient livrés en butin, je *les* ferai entrer et *ils* connaîtront le pays que *vous* avez dédaigné. »[6]

Quand Moïse se souvient du récit d'espionnage dans le Deutéronome, il cite exactement ces termes. Il dit que la génération future ne verra pas le pays, mais que « vos nourrissons, dont vous avez prétendu qu'ils allaient être livrés en butin, ... ce sont eux qui y entreront, ... ce sont eux qui la posséderont. »[7] Impossible de parler ici de coïncidence. Le Deutéronomiste connaissait P.

Mais si Jérémie ou son scribe Baruch était le Deutéronomiste, cela n'est pas une surprise. Nous avons déjà vu des citations de P dans le Livre de Jérémie lui-même.[8] Jérémie joue sur les expressions de P, inverse le langage du récit P de la création, contredit le schéma de P selon lequel Dieu a insisté sur les sacrifices à l'époque où Israël quitta l'Égypte. Jérémie connaissait les lois et récits de P. Il ne les aimait pas, mais il les connaissait.

Combien il les avait en aversion se laisse voir en un passage extraordinaire du Livre de Jérémie. Jérémie dit au peuple :

> Comment pouvez-vous dire : « Nous sommes sages et la *torah* de Yahvé est avec nous » ? Vraiment, c'est en mensonge que l'a changée le calame mensonger des scribes.[9]

Le calame est un roseau dont se servaient les anciens pour écrire. On peut donc traduire : *la plume mensongère des scribes !* Jérémie emploie un langage plus dur que les critiques bibliques modernes (« pieuse fraude »). Jérémie déclare qu'une *torah* que lisent les gens vient d'une plume mensongère. De quelle *torah* s'agit-il ? La plupart des chercheurs ont affirmé qu'il s'agissait du Deutéronome. Ils partaient du principe que ce ne pouvait être que le Deutéronome, parce qu'ils acceptaient l'hypothèse de Wellhausen que le texte P n'existait pas du temps de Jérémie. Mais cela revenait à dire que Jérémie attaquait un livre écrit dans le même style que son propre ouvrage. Cela revenait à dire que Jérémie attaquait un livre avec lequel il était en accord pratiquement sur l'essentiel. Et, dans mon esprit, cela revenait à dire que Jérémie attaquait un livre que lui-même ou son scribe avait écrit. Tout cela parce qu'ils pensaient que le texte P n'était pas encore écrit à l'époque de Jérémie. Mais il l'était, comme nous l'avons vu, et la *torah* que condamne Jérémie ne peut être que lui.

Il n'est pas étonnant de trouver Jérémie si hostile à la *torah* sacerdotale. Les récits sacerdotaux attaquaient son héros, Moïse. Les lois sacerdotales l'excluaient, lui et sa famille, de la prêtrise. Par conséquent, ce que nous voyons dans le Deutéronome est parfaitement prévisible : des indices que son auteur était familier de P, mais qu'il n'acceptait pas P comme une source légitime de loi ou d'histoire.

En conclusion, les récits et lois de P étaient présents en Judée au temps de Jérémie et de Dtr1, c'est-à-dire avant la mort du Roi Josias en 609 avant notre ère.

À la cour du Roi Ézéchias

P fut produit après 722 et avant 609. Pouvons-nous être plus précis ? Pouvons-nous dire sous le règne de quel roi ? Je le pense. Plusieurs indices convergent pour désigner l'arrière-grand-père de Josias, le Roi Ézéchias.

P met l'accent sur la centralisation religieuse : unité de Temple, d'autel, de Tabernacle, de lieu de sacrifice. Qui était le roi qui initia la centralisation ? Le Roi Ézéchias. Tant les Livres des Rois que les Livres des Chroniques attestent qu'avant lui, il n'y eut pas de centralisation efficace.

P est une oeuvre du clergé aaronien. Ce sont ces prêtres-là qui détiennent l'autorité à l'autel central, et aucun autre Lévite, fût-il descendant de Moïse ou de Coré. Seuls les descendants d'Aaron peuvent être prêtres. Tous les autres Lévites constituent un clergé de second rang. P est la seule des sources bibliques à considérer les « prêtres » comme distincts des « Lévites ». Lorsque D parle des prêtres en général, il désigne l'ensemble des Lévites.[10] Mais P parle toujours de deux groupes distincts, les prêtres et les Lévites. Qui était le roi qui formalisa la division des prêtres et des Lévites ? Le Roi Ézéchias. Les Chroniques rapportent explicitement :

> Ézéchias rétablit les classes des prêtres et des Lévites, chacun dans sa classe, chacun ayant son service, selon qu'il fût prêtre ou Lévite.[11]

Le clergé aaronien qui produisit P avait comme adversaires les Lévites, qui voyaient Moïse et non Aaron comme leur modèle. Que pouvait-on voir en Judée qui rappelait de la façon la plus éclatante le pouvoir de Moïse ? Le serpent d'airain, « Nehushtân ». Selon la tradition, dont on trouve en E un écho explicite, Moïse lui-même l'avait façonné.[12] Ce serpent d'airain avait eu le pouvoir d'épargner au peuple la mort par morsure de serpent. Qui était le roi qui détruisit Nehushtân ? Le Roi Ézéchias.[13]

Le Roi Ézéchias était la meilleure chose qui soit jamais arrivée aux prêtres aaroniens. Jusqu'à son règne, leur plus grand soutien parmi les rois était venu du Roi Salomon. Ce dernier avait révoqué de Jérusalem le prêtre siloïste Ébyatar, et avait placé le Temple entièrement sous l'autorité du prêtre aaronien Sadoq. Ézéchias renouait avec les préférences sacerdotales de Salomon.

En fait, il est extrêmement intéressant de se rappeler que Salomon avait bâti divers autels en plus de l'autel du Temple de Jérusalem. Or, malgré son intérêt pour la centralisation, Ézéchias épargna les autels de Salomon. Qu'advint-il de ces autels ? C'est *Josias* qui les profana.[14]

Josias, le roi favori des prêtres de Silo, détruisit les autels de Salomon. Ézéchias, le roi favori des prêtres aaroniens, détruisit Nehushtân.

Les liens entre ces deux rois préférés et les deux grands documents sacerdotaux, D et P, sont fascinants. Il y eut deux rois qui instaurèrent la centralisation religieuse, et il y eut deux ouvrages qui théorisèrent cette centralisation. Les lois et récits de P reflètent les intérêts, l'action, la politique et l'esprit de l'âge d'Ézéchias tout comme D reflète ceux de Josias.

La piste des Chroniques

La Bible comprend deux ouvrages rapportant l'histoire du peuple dans son pays. Le premier est l'histoire deutéronomique, le second comprend les deux Livres des Chroniques. L'histoire deutéronomique provient du cercle des prêtres de Silo. L'histoire des Chroniques vient également d'un cercle sacerdotal, les prêtres aaroniens. Comme P, les Chroniques distinguent les prêtres et les Lévites.[15] Comme P, elles ne reconnaissent que les descendants d'Aaron comme prêtres légitimes. Comme P, elles sont concernées par les devoirs des prêtres, les lieux et objets sacrés, les sacrifices, le culte et ainsi de suite. Nous ne sommes pas fixés sur le lien exact entre les Livres des Chroniques et P, mais nous pouvons être certains que tous deux sont intrinsèquement liés au clergé aaronien.

Et l'histoire des Chroniques fait d'Ézéchias un héros.

Les Chroniques décrivent la réforme religieuse du Roi Ézéchias, comme le fait l'histoire deutéronomique. Mais le Deuxième Livre des Chroniques ajoute environ quatre-vingt versets pour décrire ses grandes oeuvres, dont le Livre des Rois ne fait pas mention.[16] Le supplément des Chroniques s'achève avec cet éloge sans ambages :

> Il fit ce qui était bon, juste et loyal devant Yahvé, son Dieu. Tout ce qu'il entreprit au service du Temple de Dieu, au sujet de la *torah* et des commandements, il le fit en cherchant Dieu de tout son coeur, et il réussit.[17]

L'histoire des Chroniques se démarque de l'histoire deutéronomique pour dire qui fut le plus grand roi. Josias est certes toujours perçu d'une façon favorable, mais deux autres rois se détachent comme les meilleurs : Salomon et Ézéchias, les deux rois qui firent le plus pour les Aaroniens.

L'histoire deutéronomique consacre un chapitre entier aux péchés de Salomon et le blâme pour la division du royaume.[18] Les Chroniques laissent ceci de côté.

L'histoire deutéronomique contient un récit où le grand prophète Isaïe corrige le Roi Ézéchias. Isaïe dit à Ézéchias qu'à cause d'un de ses actes, les fils d'Ézéchias seront eunuques à Babylone.[19] Les Chroniques n'en parlent pas. Un seul verset y fait allusion, sans reproche et pour dire que Dieu testait Ézéchias.[20]

Bref, les Chroniques passent sous silence les éléments négatifs des portraits de Salomon et Ézéchias.[21]

Baruch Halpern a du reste rassemblé des preuves qu'il existait un ouvrage ancien rapportant l'histoire des rois de Juda, de Salomon à Ézéchias.[22] Le Deutéronomiste fit quelque usage de cette oeuvre. Les Chroniques y puisèrent bien davantage. Ce qui, dans tout cela, importe le plus à notre présente recherche, c'est que la période allant de Salomon à Ézéchias formait une unité historique judicieuse et attachante pour les prêtres aaroniens et leurs partisans. Voici d'ailleurs comment les Chroniques décrivent la réponse du peuple à l'autorité religieuse d'Ézéchias :

> Il y eut grande joie à Jérusalem, car *depuis les jours de Salomon*, fils de David, roi d'Israël, rien de semblable ne s'était produit à Jérusalem ...[23]

Les Livres des Chroniques reflètent le langage et les intérêts du même cercle que P, et ils exaltent Ézéchias. Dans cet ouvrage issu du sérail aaronien, Ézéchias se classe comme le plus grand roi des années dans lesquelles P fut produit. Les prêtres aaroniens avaient un lien particulier avec le Roi Ézéchias. Et les Chroniques, un ouvrage aaronien, le tiennent en haute estime.

L'idée que P fut écrit en un temps où les prêtres aaroniens étaient particulièrement bien en vue à la maison royale trouve encore un indice supplémentaire. Le texte P précise qu'Aaron épousa la soeur de Nachsôn, fils de Amminadab.[24] Nachsôn est le prince de la tribu de Juda, et il est aussi l'ancêtre de David.[25] Autrement dit, l'auteur de P informe ses lecteurs de l'existence de liens matrimoniaux entre la famille royale et la famille sacerdotale aaronienne.

L'époque d'Ézéchias

C'est vrai, les indices que j'ai cités jusqu'ici ne constituent pas une preuve absolue que P fut écrit au temps du Roi Ézéchias. Cela indique plutôt que cette époque particulière cadre bien et que c'est là qu'il convient le mieux de chercher. Le règne d'Ézéchias débuta vers le temps de la chute du royaume du Nord. Cette époque vit l'afflux d'une population nouvelle à Jérusalem, le surgissement des Lévites du Nord sur la scène de Juda, l'arrivée de E, et fort probablement la combinaison de J et E. Le clergé aaronien y fut confronté à son plus grand défi depuis les jours de Salomon.

Le Roi Ézéchias donna aux Aaroniens leur victoire. Il établit des divisions sacerdotales tout à leur avantage, il détruisit l'insigne de bronze de leur rivaux, et il détruisit tous les lieux de culte autres que le Temple où ils exerçaient.

Le règne d'Ézéchias concorde aussi avec les indices linguistiques et les indices historiques. P a nécessairement été écrit après la chute d'Israël mais avant Jérémie, Ézéchiel, et la chute de Juda.

Le règne d'Ézéchias passe aussi pour avoir été un âge de production littéraire en Judée. De cette époque datent une grande partie des Livres d'Isaïe, de Michée, d'Osée, et des Proverbes, ainsi que les annales historiques de Salomon à Ézéchias, qui plus tard firent partie des Livres des Rois et des Chroniques.

Par dessus tout peut-être, ce fut l'âge de centralisation de la religion. Les Livres des Rois et des Chroniques divergent parfois dans leur optique, leur évaluation des rois et leur exposé des faits. Mais ils convergent sur ce point : Ézéchias amena la centralisation. Il élimina les lieux de culte hors de Jérusalem. Sur quoi s'était-il appuyé pour justifier la destruction des lieux de culte de Yahvé ? Le Deutéronome ne pouvait lui en avoir fourni les bases, car il ne fut pas promulgué avant Josias. JE n'aurait pu servir ce but, car la centralisation religieuse n'est pas une exigence centrale de JE. P, par contre, convenait parfaitement. P ne cessait de dire que le Tabernacle était l'unique endroit où l'on pouvait sacrifier.

Qu'est-ce qui aurait pu fonder et justifier plus idéalement la réforme d'Ézéchias ?

À propos de l'auteur

La quête de l'auteur de P, comme dans le cas de J et E, ne débouche pas sur un nom. Mais, comme pour J et E, nous détenons une information qui est sans doute plus importante. Par des indices que fournissent le langage, l'architecture, l'archéologie, d'autres écrits et, comme d'habitude, la Bible elle-même, nous avons situé la personne qui produisit P dans un groupe particulier, en un lieu et un temps particuliers. Les récits de l'auteur et beaucoup de ses lois reflètent les prises de position politiques, religieuses et sociales de ce groupe dans les débats de ce temps.

Cette personne était l'un des prêtres aaroniens ou leur porte-parole. Il présenta le bien-fondé de leur théologie et de leur statut à travers des récits et des lois.

Était-ce une seule personne ou plusieurs ? Les *récits* P semblent bien être d'un seul auteur. On y trouve une unité autour d'un bloc d'idées et d'intérêts très cohérent, leur langage est homogène de bout en bout, et ils entretiennent un rapport spécifique avec les récits JE. Quand on les sépare de J et E, ils forment un récit continu, fluide, avec très peu de coupures.

Les *lois* P, par contre, peuvent bien provenir de divers recueils de lois. Le Code de Sainteté cité plus haut, par exemple, pourrait avoir été à l'origine un document aaronien séparé. L'auteur ajouta des lois de son propre temps, et rassembla tout le matériel légal pour constituer le code de loi définitif. Il inséra ce code de loi au milieu de ses récits. Cela lui donnait un contexte historique et donc une autorité historique. Personne n'avait à demander d'où venaient ces lois. Le texte répondait par avance : elles venaient de Dieu à travers Moïse et Aaron.

Cela peut nous sembler étrange de mélanger récits et codes de lois. Je pense que cette impression est due à notre habitude des catégories étanches. Nous devrions nous souvenir que notre propension aux catégories est quelque chose que nous avons hérité des Grecs, mais P (comme J, E et D) fut écrit plusieurs siècles avant la naissance des grands philosophes grecs. Prose, poésie, loi, prophétie, philosophie, ainsi que des listes de générations pouvaient se mélanger dans la Bible, et cela ne semble pas avoir dérangé qui que ce soit. Le débat à la mode est à présent de savoir si la Bible est plutôt un ouvrage historique ou un ouvrage littéraire. Je pense que les anciens Israélites, y compris l'auteur de P, y auraient vu une question vaine. Il n'y a pas de mot pour « histoire » ou pour « littérature » en hébreu biblique. Pour eux, c'était un livre.

P était-il un vieil ensemble de récits, transmis oralement depuis des lustres, qu'un éditeur sous Ézéchias se borna à recueillir et à fixer par écrit ? Certains experts bibliques croient que la Bible était au départ majoritairement une composition orale. Je n'en vois pas le moindre indice dans le cas de P. En fait, vu la façon dont P se construit comme une alternative à JE, la composition orale semble impossible. P n'apparut pas longtemps après JE. Il n'y eut pas de générations entre eux pendant lesquelles une composition orale aurait pu se développer. P est au contraire une construction formulée minutieusement, étape par étape. L'auteur a dû le composer en ayant JE devant lui sur la table ou alors en connaissant JE par coeur. Les similitudes sont trop nombreuses et trop proches, les différences sont trop calculées.

On a coutume de trouver P littérairement inférieur à J et E. Certes, l'auteur de P fit moins usage des calembours et facéties littéraires. Il est vrai aussi que maints détails d'âges, de dates et de coudées sont fastidieux pour bien des lecteurs modernes. Les lecteurs d'antan les trouvaient peut-être ennuyeux aussi. Pourtant, nous ne devrions pas sous-estimer trop hâtivement l'art de cet homme. Précisément parce qu'il fit Moïse moins parfait que J et E, son portrait est psychologiquement fouillé. Il ne pouvait nier la place singulière de Moïse comme chef et prophète suprême d'Israël, mais il voulut néanmoins revoir en quelque sorte à la baisse l'image de Moïse. Son intention peut avoir été d'amoindrir Moïse, mais le résultat est de nous donner un Moïse plus complexe, plus intéressant et plus *humain*. Quand il décrit Moïse frappant le rocher et disant « ferons-*nous* jaillir de l'eau ? », le héros en ressort plus fragile. Son Moïse toujours couvert d'un voile est plus mystérieux.

En outre, qui peut dire que le récit P de la création, dans le premier chapitre de la Bible n'est pas aussi bon, d'un point de vue artistique, que quoi que ce soit dans J et E ?

L'histoire a une fin ironique. L'auteur a délibérément produit son oeuvre comme une alternative à l'oeuvre JE. Et puis quelqu'un les a *combinées* !

Chapitre 13

UN DÉNOUEMENT PARADOXAL

La combinaison de P avec J, E et D fut encore plus extraordinaire que ne l'avait été la combinaison de J et E ensemble, quelques siècles plus tôt. P était *polémique* ; c'était une *torah* rédigée spécifiquement *contre* J et E. JE dénigrait Aaron ; P dénigrait Moïse. JE estimait que tout Lévite pouvait être prêtre ; P disait que seulement les descendants d'Aaron pouvaient l'être. JE disait que les anges existaient, que les animaux pouvaient parler à l'occasion, et qu'on pouvait trouver Dieu se tenant sur un pic ou marchant dans le Jardin d'Éden. P ne voulait pas entendre parler de telles choses.

Quant à D, il venait d'un milieu où l'on était aussi hostile à P que le milieu P pouvait l'être à JE. Ces deux groupes sacerdotaux s'étaient battus pendant des siècles sur des questions de prérogatives ecclésiastiques, d'autorité, de revenu et de légitimité.

Et voilà que quelqu'un rassemble maintenant tout cela.

Quelqu'un combine JE avec l'ouvrage qui a été écrit comme une alternative à JE. Et cette personne ne se borne pas à les juxtaposer, comme des récits parallèles. Non. Il coupe et recoupe, et imbrique les deux textes de façon complexe. Et à la fin de cette collection entrelacée de lois et de récits venant de J, de E et de P, cette personne place le Deutéronome, le discours d'adieu de Moïse, en conclusion.

Cet éditeur a fusionné si habilement les quatre sources différentes et souvent contradictoires qu'il allait falloir des millénaires pour s'y retrouver.

C'est lui qui créa véritablement la Torah, les Cinq Livres de Moïse (aussi appelés Pentateuque) que nous lisons depuis plus de deux mille ans. Qui était-il ? Pourquoi a-t-il fait cela ?

C'était la première question de ce livre : si Moïse n'a pas produit ces livres, qui l'a fait ?

Je pense qu'il s'agissait d'Esdras.

Un prêtre aaronien

La personne qui a réuni les quatre sources et en a fait les Cinq Livres de Moïse est connue comme le « Rédacteur ». Il est plus malaisé de le traquer qu'aucun des auteurs de ses sources. Pour l'essentiel, le Rédacteur arrangeait des textes qui existaient déjà, écrivant peu de choses de son crû, et il y a donc peu d'indices pour nous révéler qui il était. Nous ne disposons pas de récits entiers ou de longs groupes de lois à examiner pour déduire d'où il venait, quels étaient ses intérêts, ou à qui il s'opposait.

Nous savons pourtant quelques détails sur ce Rédacteur. Pour commencer, il était du sérail des prêtres aaroniens. Ou il était prêtre lui-même, ou il s'alignait sur eux et se dévouait à leurs intérêts. Plusieurs raisons nous mènent à cette conclusion.

En premier lieu, il commença les sections essentielles de son ouvrage par des récits et des lois P, jamais avec J et E. Les Livres de la Genèse, de l'Exode, du Lévitique et des Nombres, tels que nous les avons aujourd'hui, commencent tous par des textes sacerdotaux.[1]

Deuxièmement, il utilisa les documents sacerdotaux comme cadre de l'oeuvre. Le premier document qu'il utilisa était le Livre des Générations, cette liste de « qui engendra qui » connue des lecteurs de la Bible, lesquels la considèrent généralement comme ce qu'il y a de plus fastidieux dans la Bible. Cela commence ainsi :

> Voici le Livre de la descendance d'Adam.[2]

Suit alors la liste des générations des humains de Adam à Jacob, précisant qui engendra qui et quelle durée vécut chacun.

Frank Moore Cross démontra que le Livre des Générations était à l'origine un document séparé. La personne qui assembla la Torah le découpa en plusieurs parties qu'elle dispersa dans le Livre de la Genèse.[3] Cet arrangement donnait aux récits des divers auteurs une charpente et une continuité. Le Rédacteur prit la partie du Livre des Générations qui couvrait les dix générations de Adam à Noé et la plaça entre le récit d'Adam et le récit de Noé, puis il prit la partie qui couvrait les dix générations de Noé à Abraham et la mit entre le récit de Noé et les récits d'Abraham, et ainsi de suite. Cela donnait aux récits de la Genèse un cadre rationnel, les situant dans le flot de l'histoire.[4]

Le Livre des Générations était un document sacerdotal. Comme les récits P de la Genèse, le Livre des Générations désigne Dieu comme Élohim, non comme Yahvé. Comme le récit P de la création, le Livre des Générations dit que les humains sont créés à l'image de Dieu.[5] Comme beaucoup de récits et de lois P, le Livre des Générations s'attache aux détails des noms et des dates. Par conséquent, le Rédacteur s'appuya sur un document sacerdotal comme texte structurant du Livre de la Genèse.

Le Rédacteur utilisa aussi un texte sacerdotal pour les quinze chapitres suivants de la Bible : les récits de l'esclavage des Israélites et de l'exode d'Égypte. Le texte qu'il utilisa était la version P des fléaux que Dieu infligea aux Égyptiens. Pour parler simplement, il utilisa le langage de la version P pour donner une unité aux diverses sources. Dans la version P, chacun des fléaux sur les Égyptiens était suivi de ces mots :

> Cependant le coeur de Pharaon s'endurcit et il ne les écouta pas, comme l'avait prédit Yahvé.[6]

Le Rédacteur inséra également des paroles similaires à celles-ci après les fléaux apparaissant dans les récits JE.[7] Ainsi, quand il combina les récits P de fléaux et les récits JE de fléaux, les conclusions identiques donnèrent une unité à l'histoire combinée. Le point essentiel que je cherche à souligner ici, c'est que le Rédacteur employait des documents *sacerdotaux* comme structure directrice de l'oeuvre.

Troisièmement, il ajouta des textes de son crû et ces nouveaux textes étaient typiques du langage et des intérêts de P. Je ferai allusion plus loin à certains de ces textes, que j'ai classifiés dans l'Appendice sous la lettre R (pour Rédacteur). Pour l'heure, qu'il suffise de dire qu'ils sont tellement similaires aux textes P dans leur langage que, pendant longtemps, les chercheurs pensaient qu'ils faisaient partie des textes P.

Le Professeur Cross alla même plus loin. Il conclut que P et R étaient virtuellement la même chose. Il fit valoir que la trame du texte P comportait maintes coupures. Puisque le récit P était incomplet, et que l'oeuvre tirait sa structure de documents sacerdotaux, Cross conclut qu'il n'y avait jamais eu de source P séparée. Selon lui, c'est plutôt une seule personne (ou un cercle) qui écrivit les parties P du Pentateuque directement autour des parties JE existante. Cette même personne façonna en même temps le cadre qui tenait ensemble tous les récits. Rédaction et écrit sacerdotal n'auraient donc constitué qu'un même processus.

Sur ce point, je me suis séparé de mon maître. Comme je l'ai indiqué dans les chapitres précédents, le récit P me semble être un récit continu et cohérent. Si J et E en sont retranchés, nous pouvons lire cette histoire presque sans coupures. Si coupures il y a, il faut les imputer aux intérêts de l'auteur sacerdotal, comme je l'ai montré dans le dernier chapitre. Si nous lisons le récit biblique du déluge en séparant les deux sources, nous pouvons constater que chaque récit est complet. De même avec le récit de rébellion (Coré, Datân Abiram). De même avec les deux récits de division de la Mer Rouge, et avec les deux récits sur l'événement du Mont Sinaï. Dans chaque cas, le récit sacerdotal n'est pas écrit autour du récit J ou E. Il apparaît plutôt comme un récit qui dès l'origine est distinct, continu et homogène, que quelqu'un d'autre a combiné avec la version antérieure. Il faut de plus considérer le fait que les récits P sont des versions *alternatives* des récits J et E. Pourquoi l'auteur P aurait-il écrit ces versions alternatives, si c'était pour les combiner avec les textes mêmes dont elles étaient les alternatives ?

Toutefois, même si les indices m'ont persuadé que l'auteur sacerdotal et le Rédacteur sont deux personnes distinctes, je n'en suis pas moins d'accord avec le Professeur Cross que le Rédacteur lui-même était de la famille sacerdotale aaronienne, qu'il utilisait des documents aaroniens et une terminologie aaronienne. Il y un moyen de distinguer les textes P originaux des insertions R du Rédacteur sacerdotal ; j'en parlerai plus loin. Mais le point essentiel, pour l'instant, est que le Rédacteur venait du même groupe que l'auteur P. Son oeuvre reflétait typiquement les thèmes et intérêts d'un prêtre ; il utilisait le langage P, il commençait chaque section majeure de son ouvrage par un texte P, et son oeuvre s'articulait autour de documents sacerdotaux.

Il n'est pas vraiment surprenant de découvrir que l'auteur était un prêtre. La majorité des récits et toutes les lois que nous avons vus jusqu'ici se sont révélés provenir de prêtres (E, P et D). Les prêtres avaient accès aux documents et détenaient l'autorité pour les publier. Une partie de la fonction officielle des prêtres était d'enseigner la loi et la tradition.[8] Rien que de très naturel si les prêtres qui avaient produit P et l'histoire deutéronomique (qui incluait probablement JE) avaient transmis leurs travaux à d'autres prêtres, ces documents étant alors conservés dans la communauté des prêtres. Vint alors un moment de l'histoire où un prêtre décida de les rassembler.

L'ère du second Temple

Ce moment a dû se situer à l'époque du second Temple. Les sources—J, E, P et D (Dtr1 et Dtr2)—ne furent vraiment complètes que peu avant cette date. En outre, si nous regardons ce que ce prêtre a ajouté à ces sources, nous voyons surgir des indices qui désignent plus précisément le moment de création de l'oeuvre finale.

Par exemple, il ajouta le chapitre 15 du Livre des Nombres. C'est un chapitre de lois séparé de toutes les autres lois sacerdotales. Pour un certain motif, il fut placé entre des chapitres narratifs, plutôt qu'entre les autres lois. Il s'insère entre le récit d'espionnage et le récit de rébellion. Il est écrit en style typiquement sacerdotal, et aborde un sujet typiquement sacerdotal : le sacrifice.

Il est vraiment trop typique : il aborde le sacrifice régulier, le sacrifice de jour de fête, le sacrifice votif, et les sacrifices individuels pour le péché par inadvertance. Ce sont là des choses qui avaient déjà été traitées dans P.[9] Ce chapitre est largement redondant, répétant des choses déjà dites, tout en ajoutant quelques offrandes sur la liste.

Mais une différence saute aux yeux : Nombres 15 ne mentionne jamais le Tabernacle.

Le fait que le Tabernacle ne soit pas du tout mentionné dans un texte qui fait double emploi avec les lois sacerdotales de sacrifice n'est pas dû au hasard. Ailleurs dans P, on ne cesse de souligner que le Tabernacle est crucial pour le sacrifice. Il ne peut y avoir aucun sacrifice sinon à l'entrée du Tabernacle. Cet autre texte, Nombre 15, semble provenir d'un temps où les prêtres ne pouvaient plus insister sur la présence du Tabernacle pour le sacrifice. Cela cadre avec les jours du second Temple, quand le Tabernacle n'existait plus.

Le second Temple n'avait pas de Tabernacle, pas de chérubins et pas d'arche. Des sacrifices s'y déroulaient pourtant. Nombres 15 sert de passerelle entre les anciens jours et les nouveaux, entre le premier Temple et le second. Il a dû être écrit soit à Jérusalem, comme loi du second Temple, soit en exil à Babylone, en guise de programme pour l'avenir.

Une autre insertion est encore plus révélatrice. La source P donne des lois sur les jours de fêtes en Lévitique 23. Le texte y énumère les trois fêtes majeures—la fête de la Pâque, la fête des Semaines, et la fête des Tentes—ainsi que la fête de Nouvel An et le Jour des Expiations. Cette liste des fêtes est indiquée sans ambiguïtés. Elle commence (verset 4) et se termine (verset 37) par les mots « telles sont les solennités de

Yahvé ». Mais, alors que la liste est close au verset 39, soudain, deux versets après, apparaît une autre loi sur l'un des jours de fêtes : la fête des Tentes (*Sukkot* en hébreu). Cette loi supplémentaire, détachée de toutes les autres lois sur les jours de fête, dit qu'à l'occasion de cette fête, les gens sont censés construire des huttes et y vivre pendant une semaine. Le texte indique que cette pratique a pour but de rappeler au peuple que ses ancêtres ont vécu dans des installations de fortune dans le désert après l'Égypte. Le texte énumère les espèces d'arbres qui doivent être employées pour cette fête.[10]

À quoi rime tout cela ? Pourquoi cette loi unique à propos d'une pratique particulière sur un seul jour de fête apparaît-elle séparément après la fin de la section sur les fêtes ? La réponse se trouve dans les jours du second Temple. Selon le Livre de Néhémie, quand Esdras rassembla le peuple à la porte d'eau pour lui lire la Torah, ils trouvèrent quelque chose dans la Torah qui leur parut complètement nouveau : une loi qui prescrivait de vivre réellement dans des cabanes à la fête des Tentes. Le texte dit sans ambages que l'on n'avait jamais encore observé cette loi dans l'histoire du pays. Elle dit :

> Les Israélites n'avaient rien fait de tel depuis les jours de Josué, fils de Nûn, jusqu'à ce jour.[11]

Cet événement de l'âge d'Esdras renvoie au passage du Lévitique sur les huttes. Il va jusqu'à mentionner la même espèce d'arbres que cite le Lévitique. Nous avons donc, d'une part, une loi bizarrement placée dans le Lévitique et, d'autre part, un rapport selon lequel cette loi ne fut jamais appliquée dans la vie et les traditions du peuple jusqu'aux jours du second Temple. Cela concorde avec d'autres indices que le stade final de formation des Cinq Livres de Moïse se situe durant le second Temple.

Rien de plus logique. Les jours du second Temple furent l'âge où les prêtres aaroniens détenaient l'autorité. Il n'y avait plus de rois. Les clergés rivaux étaient écartés. Ce n'est vraiment pas une surprise qu'un prêtre aaronien de l'époque du second Temple ait pu produire l'oeuvre finale. C'était le moment où les prêtres avaient pouvoir, comme jamais auparavant, de publier l'ouvrage, et d'en faire appliquer les lois.

Esdras

Il y avait un prêtre aaronien en particulier qui avait tout ce pouvoir : Esdras. L'empereur perse le soutenait. Il avait le pouvoir de faire appliquer la loi. Bien qu'il ne fût pas grand-prêtre, sa puissance était sans égal. Et son autorité était directement liée à un rouleau ramené en Judée, identifié comme « la Torah de Moïse, qu'avait donnée Yahvé, Dieu d'Israël. »[12]

Comme je l'ai dit au chapitre 8, il n'y a dans la Bible entière que deux hommes connus comme législateurs : Moïse et Esdras. Esdras était un prêtre, un législateur et un *scribe*. Il avait accès aux documents. Et la biographie biblique d'Esdras est explicite sur le genre de documents qui l'intéressait. Nous lisons :

> Esdras avait appliqué son coeur à scruter la Torah de Yahvé ...[13]

Nous lisons aussi :

> C'était un scribe versé dans la Torah de Moïse ...[14]

On rapporte aussi que l'empereur lui donna pouvoir d'enseigner et de mettre en vigueur

> la loi de ton Dieu que tu as en main ...[15]

La première fois que nous entendons parler de la Torah entière de Moïse en Judée, elle est en la possession d'Esdras. Il l'emporta personnellement à Jérusalem, et c'est lui qui en fit la première lecture publique. Et quand il la lut au peuple, ils entendirent des choses qu'ils n'avaient jamais entendues auparavant.

Cela ne fait pas nécessairement d'Esdras l'ultime rédacteur des Cinq Livres de Moïse. Mais son profil est bien celui que nous recherchons : il appartenait à la bonne famille sacerdotale (les prêtres aaroniens), à la bonne profession (scribe), et il était au pouvoir au bon endroit et au bon moment, avec en main la première copie connue du livre. Si ce ne fut pas Esdras lui-même qui composa l'ouvrage, alors ce fut quelqu'un qui lui était proche : un parent, un collègue ecclésiastique, un ami scribe. Car l'ouvrage n'a pas pu être écrit longtemps avant l'arrivée d'Esdras en Judée. Le Temple n'existait que depuis une génération lorsqu'il vint à Jérusalem.

Dans cet éclairage, il devient remarquable qu'il ait existé une antique tradition sur Esdras et la Torah de Moïse. Selon cette tradition, le rouleau original de la Torah (et d'autres livres de la Bible) fut brûlé dans le feu qui détruisit le Temple en 587 avant Jésus-Christ, mais Esdras fut capable de la reconstituer par révélation. Cette tradition est conservée dans une oeuvre intitulée le Quatrième Livre d'Esdras. Ce livre ne fait pas partie de la Bible. Il fait partie du recueil connu comme les Pseudépigraphes, qui rassemble des textes écrits par des Chrétiens et des Juifs entre 200 avant et 200 après Jésus-Christ. Le Quatrième Livre d'Esdras remonterait aux années 100 de notre ère. On y voit Dieu parler à Esdras depuis un *buisson*. Esdras déclare :

> Le monde gît dans les ténèbres et ses habitants sont sans lumière. Car ta Loi a été brûlée, et nul ne sait les choses qui ont été faites ou qui seront faites par toi. Si donc j'ai trouvé ta faveur, envoie-moi le Saint Esprit et je rédigerai tout ce qui s'est passé dans le monde depuis le début, les choses qui étaient écrites dans ta Loi.[16]

Esdras récite alors les textes perdus, pendant quarante jours.

Sans surestimer l'importance de ce texte relativement tardif, on note que déjà dans les temps anciens, Esdras fut associé à la production du texte sacré. Même Jérôme, au quatrième siècle de notre ère, déclara :

> ... Que vous choisissiez de voir en Moïse l'auteur du Pentateuque ou en Esdras celui qui reprit l'ouvrage, je n'élève aucune objection.[17]

Quant aux chercheurs modernes, il leur est arrivé de soupçonner eux aussi la main d'Esdras derrière la confection des Cinq Livres de Moïse. Dans l'état actuel de notre savoir, les indices me semblent désigner comme le « Rédacteur », avec une haute vraisemblance, Esdras, le prêtre, scribe et législateur qui vint au pays avec la Torah de Moïse.

La combinaison

Ainsi les chercheurs du dix-neuvième siècle qui situaient l'auteur sacerdotal à l'âge du second Temple avaient en partie raison. La *dernière* main sacerdotale sur ces textes datait effectivement de ce temps. Mais sa *source* sacerdotale (P) était d'un âge antérieur (Ézéchias).

Comment expliquer l'acte de ce Rédacteur ? Pourquoi se lancer dans cette tâche paradoxale de combiner des textes diamétralement opposés les uns aux autres ?

Les mêmes motifs durent l'y pousser que ceux qui firent combiner J et E quelque 250 ans plus tôt. En ce temps, ces textes sources étaient tous célèbres. J et E circulaient depuis des siècles et D les citait. P existait depuis l'ère d'Ézéchias, il avait été lié à une réforme nationale, et il était soutenu par le clergé au pouvoir. D avait été lu en public au temps de Josias et contenait une loi exigeant sa relecture publique tous les sept ans.[18] Comment le Rédacteur aurait-il pu ignorer un seul de ces faits ? Le problème encore une fois était de réussir la promulgation du canon qu'il voulait imposer. Qui aurait pu croire que c'était bien la Torah de Moïse si elle n'incluait pas les récits d'Adam et Ève (J), le veau d'or (E), Pinhas (P) et le discours d'adieu de Moïse (D) ?

En outre, ces textes variés comptaient des partisans dans divers groupes. Les prêtres lévites de Silo qui avaient produit E et D n'avaient peut-être plus de pouvoir sacerdotal aux jours du second Temple, mais cela ne signifie pas qu'ils n'existaient plus. Ils pouvaient encore élever la voix et contester l'autorité d'une Torah qui n'incluait pas leurs textes. En réalité, la combinaison de toutes ces sources à cette époque peut précisément avoir servi de compromis entre les factions variées de la société judéo-israélite.

La question demeure toutefois : pourquoi le Rédacteur devait-il les mélanger ? Pourquoi ne pas les préserver côte à côte comme les quatre évangiles du Nouveau Testament ? La différence était qu'au temps d'Esdras, on en était apparemment venu à attribuer toutes les sources à Moïse. Que pouvait faire le Rédacteur ? Il était impossible de maintenir que deux ou trois textes différents étaient tous de Moïse, surtout s'ils se contredisaient. Ainsi lança-t-il le chantier énorme, complexe, et paradoxal de combiner en une oeuvre unique ces versions alternatives des mêmes récits.

La méthode

Comment s'attaque-t-on à un labeur de ce genre ? Aucune méthode traditionnelle ne pouvait le guider, car c'était un effort unique, sans précédent, une réponse à un besoin très spécifique à un moment bien particulier de l'histoire. User d'une technique systématique était impossible, les textes sources étant si divers. Ils étaient en prose et en poésie. On y trouvait récits, lois, listes, et précis d'architecture. La personne qui décida de les assembler devait déployer une sensibilité artistique et des talents exceptionnels. Il lui fallait sentir quelles contradictions le lecteur était prêt à accepter ou ne pas accepter. Il lui fallait arrondir les angles, pour faire s'emboîter sans heurt des rouages narratifs qui n'avaient pas été conçus pour aller ensemble.

Son seul critère semble avoir été de retenir autant de textes originaux que le permettait un seuil acceptable de contradictions. Un indice en est que, quand nous séparons JE de P dans la Genèse, l'Exode, le Lévitique et les Nombres, chacun se déroule selon son cours normal avec peu de cassures dans son récit. Il n'y a guère d'indication que le Rédacteur ait coupé quoi que ce soit.

Il avait à résoudre divers problèmes de contradictions et de répétitions à chaque nouveau tournant. Il ne pouvait se baser sur une méthode générale rigide. Il n'était pas confronté à une seule décision capitale ; il lui fallut prendre des centaines de décisions différentes pour transformer ses diverses sources en un récit homogène et intelligible.

Il devait d'abord décider quoi faire de deux récits de la création. Il choisit de les conserver tous deux. Le premier, Genèse 1 (P) avait une optique plus large, plus cosmique, et le deuxième (J) avait une optique plus terrestre et plus anthropocentrique. Placés côte à côte, ils semblent être une vaste présentation des principaux actes de la création, suivie d'un gros plan plus restreint sur des aspects particuliers. Le fait que l'ordre des événements en ait été modifié et que le nom de la déité variait en cours de route ne semble pas avoir troublé outre mesure le Rédacteur. Il s'est accommodé de cette situation, tout comme ses lecteurs pendant deux millénaires.

Venaient ensuite les récits J d'Adam et Ève et de Caïn et Abel. Ces récits comportaient des contacts étroits avec la déité, plus des chérubins (des vrais, pas des statues),[19] des plantes magiques (arbre de vie, arbre de la connaissance du bien et du mal), et un serpent parlant. P n'avait pas d'équivalent de tels récits, et le Rédacteur se sentit donc libre de situer les textes J après les deux récits de la création.

Puis il inséra les dix premiers « qui engendra qui », du Livre des Générations, qui s'achevaient avec Noé.

C'est là que le Rédacteur rencontra le premier réel défi de cette tâche. Il avait deux récits de déluge. Tous deux étaient complets. Ils présentaient d'évidentes similitudes et de flagrantes différences. Le récit J du déluge comportait environ quarante jours de pluie ; le récit P parlait d'une crise cosmique longue d'un an. Le récit J dénombrait quatorze animaux purs et deux impurs ; le récit P en avait deux de chaque. Le récit J montrait Noé envoyant trois colombes (ou une colombe trois fois) à la fin ; le récit P n'avait qu'un corbeau.

Il n'était guère possible pour le Rédacteur de placer côte à côte ces deux récits comme il l'avait fait avec les récits de la création. Mais il n'était apparemment pas disposé non plus à rejeter l'un ou l'autre. Et il tenta donc de les combiner en un seul récit qui se tiendrait et ferait une bonne histoire. Son produit final est le premier texte dont je me suis servi dans ce livre (chapitre 2, pages 58-63).

Il tailla les deux récits e pièces et raccorda les morceaux correspondants. Au final, la pluie de J semblait n'être rien de plus qu'une autre allusion aux eaux que déversait le firmament cosmique de P. Quant aux « deux de chaque » animal de P, il fallait entendre que les quatorze animaux purs de J entraient dans l'arche « deux par deux ». Enfin on devait comprendre que le corbeau de P s'était envolé de l'arche et n'était pas revenu, de sorte que Noé devait envoyer des colombes pour voir si l'eau avait reflué. C'était une synthèse brillante des deux récits, tout cela apparemment sans supprimer un seul mot de l'un ou l'autre des textes originaux. Et cela fonctionna pendant deux millénaires.

Ce procédé consistant à segmenter les récits pour en ajuster les parties correspondantes, opérait si bien que le Rédacteur s'en servit pour relier le récit P de Coré au récit JE de Datân et Abiram. Il en usa aussi pour composer son récit d'espionnage, son récit des plaies d'Égypte et son récit de séparation de la Mer Rouge.

Mais il n'était pas tenu par ce procédé. En certains cas, il choisit de hacher le récit P en plusieurs petits morceaux pour les répartir sur plusieurs récits JE. Ainsi, il dispersa les composantes P de l'histoire de Jacob et Ésaü à travers le récit JE beaucoup plus étoffé des deux frères jumeaux. Il fit de même avec le bref rapport P sur la migration en Égypte, dont il dispersa les fragments sur quatorze chapitres du récit JE de Joseph.

Dans le cas du récit de rébellion à Péor, comme nous l'avons vu, il supprima le début du récit P et la fin du récit JE pour créer la continuité qu'il recherchait. Que les femmes séductrices fussent moabites dans la première phase du récit puis madianites dans la deuxième était-il de nature à le troubler ? Apparemment pas.

Dans d'autres cas de doublets, il choisit de séparer les deux versions, les faisant ainsi apparaître comme des événements distincts. Il plaça par exemple en Genèse 15 le récit JE de l'alliance avec Abraham et en Genèse 17 le récit P de cette alliance, avec un autre récit intercalé entre les deux. À présent, les deux versions de l'alliance abrahamique semblent décrire deux rencontres distinctes entre Dieu et Abraham. Encore plus spectaculaire est la séparation que fit le Rédacteur des deux récits où Moïse fait couler l'eau du rocher. La version JE se situe maintenant en Exode 17. La version P survient deux livres plus loin, en Nombres 20. Séparées, elles semblent se rapporter à deux incidents différents, éloignés dans l'espace et le temps, alors qu'ils ont lieu en des endroits portant le même nom.

Certaines répétitions et contradictions lui parurent donc tolérables, et d'autres non. Il n'était pas disposé à conserver deux déluges détruisant chacun le monde entier à l'exception d'un seul homme, Noé. Mais il voyait volontiers Moïse frapper, à deux occasions différentes, deux rochers en deux endroits appelés Mériba. Il acceptait que Moïse répétât les Dix Commandements dans son discours d'adieu de Deutéronome 5, même s'ils s'y présentaient d'une autre façon qu'en Exode 20. Dans Exode 20, le quatrième commandement est ainsi formulé :

> Tu te souviendras du jour du sabbat pour le sanctifier ... Car en six jours Yahvé a fait le ciel, la terre, la mer et tout ce qu'ils contiennent, mais il s'est reposé le septième jour, c'est pourquoi Yahvé a béni le jour du sabbat et l'a consacré.[20]

Mais en Deutéronome, quand Moïse répète le commandement, il le formule ainsi :

> Observe le jour du sabbat pour le sanctifier ... Tu te souviendras que tu a été en servitude au pays d'Égypte et que Yahvé ton Dieu t'en a fait sortir d'une main forte et d'un bras étendu ; c'est pourquoi Yahvé ton Dieu t'a commandé de garder le jour du sabbat.[21]

La première version est de P et trouve la raison de l'observance du sabbat dans une citation du récit P de la création : parce que Dieu s'est reposé le septième jour. La deuxième version est de D, et donne une raison courante chez D de garder les commandements : parce que Dieu vous a libérés de l'esclavage. Pour le Rédacteur, et pour ses lecteurs, les deux formulations différentes du même commandement étaient compatibles. (On notera avec intérêt que l'un des Manuscrits de la Mer Morte fait une fusion des deux textes et cite côte à côte les deux raisons d'observer le sabbat.)[22]

Dans l'ensemble, le procédé n'obéit pas à une seule méthode. Le Rédacteur avait affaire à des textes divers et complexes, et il eut assez de sagesse et de talent pour traiter chaque cas en fonction de ce qu'il jugea nécessaire.

La continuité

Restait pour le Rédacteur à organiser avec pertinence le recueil complet de fragments. Il fallait une continuité. La continuité provenait en partie de la nature des textes eux-mêmes. Ce qui faisait s'emboîter tous les récits naturellement était qu'ils se situaient tous dans l'histoire. Tous les textes présentaient les événements dans l'ordre supposé de leur déroulement historique.

Cela peut sembler évident au point de nous paraître insignifiant.

Mais c'est seulement parce que nous vivons dans un monde post-biblique (et post-grec). *La Bible fut la première tentative d'écrire l'histoire.* Nous pouvons débattre pour savoir s'il s'agit d'une bonne ou d'une mauvaise écriture de l'histoire—je dirais que c'est globalement excellent—mais le fait demeure qu'il s'agit de la *première* écriture de l'histoire. Les seules choses qui s'en rapprochent dans le Proche-Orient antique sont les annales royales comme l'Inscription du Prisme de Sennachérib, où sont rapportées les campagnes militaires du roi, avec mention des lieux conquis et des butins emportés. Encore s'agit-il là plutôt de comptes-rendus et d'énumérations que d'histoire véritable. Les premiers travaux importants d'histoire nationale étaient précisément les sources que ce Rédacteur biblique était en train d'assembler.

Le Rédacteur disposa ses sources dans le flot de l'histoire sur la base de trois documents. Le premier était le Livre des Générations. Il découpa sa longue liste de « qui engendra qui », puis il répartit les fragments aux endroits appropriés dans les récits d'Adam à Jacob. En faisant cela, il donna une continuité historique au livre entier de la Genèse.

Le deuxième document dont il se servit était le récit P des fléaux. Il utilisa son langage—« le coeur du Pharaon s'endurcit »—comme un cadre unissant les différents récits JE et P de l'exode d'Égypte. La structure couvrait les douze premiers chapitres du Livre de l'Exode, jusqu'au moment où le peuple quitte l'Égypte.[23]

Son troisième document était une liste des escales que firent les Israélites pendant leurs quarante ans dans le désert. Cette liste figure à présent dans le Livre des Nombres, au chapitre 33. Elle débute par cette déclaration explicite :

> Voici les étapes que parcoururent les Israélites lorsqu'ils furent sortis du pays d'Égypte ...

Et de citer alors la liste de chaque lieu où ils se rendirent, qui commence par la cité de Ramsès en Égypte, se poursuit avec tous leurs campements dans le désert, et se termine avec leur arrivée à la rivière du Jourdain, au seuil de la terre promise. La plupart des experts bibliques pensaient que cette liste n'était qu'un simple résumé de tous les lieux mentionnés dans les récits jusque-là, mais Frank Cross démontra que la liste était à l'origine un document indépendant comme le Livre des Générations. Le Rédacteur se servit de cette liste comme cadre pour les récits du désert, tout comme il avait utilisé le Livre des Générations pour les récits de la Genèse et le récit P des fléaux pour les récits d'Égypte. Il répartit à travers le texte les fragments de la liste des étapes du peuple, situant chacun de ces récits à sa place appropriée. Ainsi procura-t-il aux Livres de l'Exode (à partir du chapitre 12), du Lévitique et des Nombres, le même caractère continu qu'il avait donné à la Genèse.[24]

Le Deutéronome formait déjà un ensemble continu, contenant les ultimes paroles et actions de Moïse. Ici, la tâche d'assemblage du Rédacteur se limita à déplacer les récits P et JE de la mort de Moïse à la fin du Deutéronome. Le dernier chapitre du Deutéronome (chapitre 34) est maintenant une combinaison des trois versions de la mort de Moïse (JE, P, et D).[25]

La contribution du Rédacteur consista enfin à ajouter çà et là quelques versets pour mettre en valeur les transitions et les articulations de ses sources et à clarifier ou souligner des points qui lui tenaient particulièrement à coeur. Il ajouta aussi quelques passages qui étaient importants de son temps, y compris les lois sacrificielles de Nombres 15, la loi des Tentes, un passage soulignant le sabbat,[26] et un passage sur le retour d'exil.[27]

Ce Rédacteur était un prêtre aaronien, comme la personne qui produisit P. Mais, ironiquement, sa tâche fut l'exact contraire de son prédécesseur. La personne qui produisit P fit une oeuvre qui était une alternative à des sources antérieures (JE). Le Rédacteur, au contraire, fit un ouvrage qui *réconciliait* des sources contradictoires. C'est la clé qui, parmi d'autres indices concordants, m'a permis de séparer P et le travail du Rédacteur. Les textes P luttaient avec les autres sources. Le texte du Rédacteur les embrassait.

La Première Bible

Quand le Rédacteur incorpora le Deutéronome parmi ses sources, il obtint un effet supplémentaire qu'il n'avait peut-être pas envisagé. Le Deutéronome était maintenant à la fois le dernier livre de la Torah et le premier livre de l'histoire deutéronomique. Il y avait donc maintenant une continuité naturelle depuis la Genèse jusqu'à la fin des Livres des Rois. L'expert biblique américain David Noel Freedman a intitulé ce récit continu de onze livres l'Histoire Première (Genèse, Exode, Lévitique, Nombres, Deutéronome, Josué, Juges, 1 et 2 Samuel, 1 et 2 Rois). Il l'a aussi désignée comme « La Première Bible ».

C'est une façon pertinente de voir les choses. L'Histoire Première forme vraiment le coeur autour duquel le reste de la Bible s'est bâti. Les événements qu'elle rapporte—la création, la naissance du peuple, l'installation dans le pays, l'établissement de la lignée messianique—plantent le décor pour tout ce qui va se produire par la suite. Elle contient les quatre alliances majeures (Noé, Abraham, Sinaï, David). Les divers prophètes peuvent être compris dans le contexte de l'Histoire Première. On comprend mieux Isaïe en le resituant dans le contexte du règne d'Ézéchias, époque où il vécut. Jérémie se comprend mieux dans le contexte du Roi Josias. Le reste des livres de la Bible Hébraïque (l'Ancien Testament), ainsi que le Nouveau Testament chrétien, seront eux-mêmes compris en référence aux événements centraux de l'Histoire Première. C'est pourquoi j'ai choisi de me concentrer ici sur ces livres particuliers, et c'est pourquoi le travail du Rédacteur fut si important pour la formation de la Bible.

Un artiste méconnu

Le Rédacteur, en qui je vois Esdras, a été celui dont on a le plus sous-estimé la contribution aux Cinq Livres de Moïse. On a coutume de donner plus de crédit aux auteurs des récits et des lois. Il y a peut-être là une injustice. Le Rédacteur ne fut pas moins artiste, à sa façon, que les auteurs de J, E, P et D. Sa contribution fut sûrement aussi décisive que la leur. Sa tâche n'était pas seulement laborieuse, elle faisait appel à beaucoup de créativité, et l'art déployé n'était pas moindre que l'art du récit. L'entreprise nécessitait beaucoup de sagesse et, à chaque étape, une bonne sensibilité littéraire. En fin de compte, c'est à lui qu'on doit la création de l'oeuvre que nous lisons depuis tant d'années. Il donna une forme finale à des récits et des lois qui, de mille manières, ont influencé des millions de gens.

Est-ce *son* influence qui prime, ou celle des auteurs des sources ? Ne faut-il pas plutôt parler d'un partenariat littéraire de tous ces contributeurs, un partenariat imprévisible pour la plupart d'entre eux ? Combien de nouveaux développements et d'idées ont résulté de la combinaison de toutes ces contributions ?

La question du dernier chapitre de notre livre est : la Bible est-elle plus que la somme de ses parties ?

Chapitre 14

LE MONDE QU'A PRODUIT LA BIBLE

Le produit final

La Bible est-elle plus que la somme de ses parties ?

Bien entendu.

Le mélange des différents récits, lois, poèmes et points de vue produisit des effets qu'aucun des auteurs n'avait pu imaginer.

L'auteur de E composa le récit du quasi-sacrifice d'Isaac par son père, un des récits bibliques les plus fameux, étonnants et troublants. C'est le récit d'un Abraham si dévoué à la volonté de Dieu qu'il en est même prêt à immoler son propre fils. Ce récit est arrêté par l'intervention divine qui sauve la vie d'Isaac à l'instant ultime.

L'auteur de P, peut-être un siècle plus tard, composa le récit où Abraham achète la grotte de Makpéla. Abraham achète la grotte comme caveau familial, parce que sa femme Sarah est morte.

Le Rédacteur, environ deux cents ans plus tard, plaça le récit du décès de Sarah et de l'achat du caveau aussitôt après le récit du sacrifice d'Isaac. Le sacrifice d'Isaac est en Genèse 22 ; la mort de Sarah est en Genèse 23.

Les interprètes depuis lors ont suggéré que la mort de Sarah avait pu être causée par la vue de son fils emmené pour être immolé. Elle en serait morte de chagrin. Cela n'était pas prévu par la personne qui écrivit E ni par celle qui écrivit P. Même le Rédacteur n'a peut-être pas fait le rapprochement.[1] Mais cela fonctionne. La simple juxtaposition des deux textes amena un nouvel élément humain au récit. Cela ajouta un niveau psychologique. De nouvelles possibilités étaient ouvertes à l'interprétation. De nouvelles questions étaient posées, invitant de nouvelles réponses.

Ils sont des centaines, peut-être des milliers, ces exemples de nouveaux éléments et idées qui sont nés du mélange des sources : nouvelles tournures des récits, nouveaux aspects psychologiques et nouvelles possibilités d'interprétation. À peine commençons-nous à mesurer l'impact de histoire sur la la formation de la Bible.

Le plus remarquable de tout est l'influence qu'eut cette histoire formative de la Bible sur l'image biblique de la relation entre Dieu et le genre humain.

À l'image de Dieu

Dans le récit de la création de Genèse 1, Dieu crée les humains mâle et femelle, à son image. Le sens de « à l'image de Dieu » est incertain. S'agit-il d'une image physique—impliquant que Dieu a un visage et un corps comme nous ?—ou d'une image spirituelle ? Ou d'une image intellectuelle ? Quel que soit le sens, en tout cas, nous pouvons dire au moins que la Bible peint les humains comme participant au divin d'une façon inconnue du règne animal. Il y a quelque chose de Dieu dans les humains, et ce quelque chose est crucial pour les événements de l'Éden qui suivent la création.

Les humains se voient interdire de manger le fruit de l'arbre de la connaissance du bien et du mal. Le serpent les conduit malgré tout à en manger. Que dit le serpent pour les mener à faire cela ? Il dit à la femme que s'ils mangent du fruit, « vous serez *comme* Dieu ... »[2] Dans le cadre de la vision biblique, cette tentation n'aurait pu agir sur un fauve, un oiseau ou un poisson, car ils ne participent pas au divin. Seuls les humains sont créés à l'image de Dieu, et donc seuls les humains aspirent au divin. La création à l'image de Dieu en Genèse 1 est donc cruciale pour comprendre ce que font les humains en Éden dans Genèse 3.*

Or Genèse 1 et Genèse 3 sont de deux auteurs différents. Le récit d'Éden est de J, qui ne suggère jamais que les humains sont créés à l'image de Dieu. Le récit de la création est de P, qui n'inclut jamais de plantes des pouvoir ou de serpents parlants. Le Rédacteur a inclus les deux récits complets, et l'on ne saurait dire s'il fut même conscient de l'exquise fusion des deux.

La combinaison de J et P produisit ici quelque chose qui est plus que la somme des parties. L'histoire en ressortait plus riche de nouvelles possibilités interprétatives. Cela éclairait les actes des humains en Éden d'un tout nouveau jour. Dieu les dote d'une image divine puis leur interdit le fruit dont la séduction est justement de conférer la puissance divine. Il partage une certaine qualité divine avec les humains seulement, puis les traite comme des subordonnés. Il leur dit de régir les autres créatures, puis ne communique avec eux pratiquement que par commandements. La scène semble se prêter si clairement à la désobéissance des humains que le lecteur n'est guère surpris quand les humains sont convaincus par la nouvelle « si vous mangez du fruit, vous serez comme Dieu », et qu'ils mangent le fruit. Pour parler comme Mark Twain « Si le Seigneur ne voulait pas qu'ils fussent rebelles, pourquoi les avoir créés à son image ? »

Ce n'est là qu'un regard sur ce texte. Cent autres interprétations sont possibles, les unes plus déférentes, d'autres plus

---

* À ce sujet, notons qu'on a démontré l'influence d'un contexte historique bien précis dans l'élaboration du récit J de la tentation et de la chute des premiers ancêtres. Le contexte (signalé par exemple en 1 Rois 14/23-24 et 15/12-13, et Nombres 25/1-3) est la lutte contre le culte cananéen de la fertilité, qui visait l'union avec la déité (« être comme des dieux ») par l'union avec des prostituées sacrées. La tentation du serpent (un symbole courant des déités de la fertilité : Astarté, Ashéra) désigne donc de manière à peine voilée la tentation des cultes païens, à laquelle succombaient de nombreux Isaélites, l'acte de manger le fruit étant, quant à lui, un symbole bien connu de l'acte sexuel (*cf* J. Coppens, *La connaissance du bien et du mal et le péché du paradis,* Louvain, 1948). (NdE)

cyniques. Et c'est justement là le plus remarquable. Le mélange des sources en un seul texte a enrichi les possibilités interprétatives de la Bible de façon quasi infinie.

Cosmique et personnel

La combinaison des sources fit plus qu'affecter certains récits bibliques. C'est la conception biblique de Dieu qui fut elle-même influencée.

J, E et D peignaient Dieu de façon très personnelle : se déplaçant sur la terre, prenant des formes visibles, entamant des discussions et des débats avec les humains. La conception de P est davantage celle d'une déité cosmique, transcendante.

Le récit P de la création s'ouvre sur la création de la structure cosmique : lumière et ténèbres, jour et nuit, mers et continents, le « firmament » et les corps célestes. Le récit J de la création est plus terre à terre, littéralement. Il commence avec l'apparition des circonstances nécessaires à la vie végétale et se poursuit avec la création des humains, des plantes et des animaux. Tout cela sans aucune référence à la lumière et aux ténèbres, aux corps célestes et même à la mer.

Dans leurs propres termes, P est le récit du « ciel et de la terre », J est le récit de la « terre et du ciel ».

Le récit P du déluge est une crise cosmique : les écluses du ciel et les sources de l'abîme s'ouvrent. L'eau qui est au-dessus du firmament se répand. L'eau qui est sous la surface terrestre jaillit. La partie habitable de l'univers est une bulle d'air entourée d'eau, et les eaux menaçantes explosent d'en haut et d'en bas. Le récit J du déluge, quant à lui, consiste en quarante jours et quarante nuits de pluie.

Dans les récits P de la création et du déluge, Dieu reste au-dessus et au-delà, commandant et contrôlant les humains et la nature. Dans le récit J, Yahvé en personne marche dans le Jardin d'Éden, fait les premiers vêtements des êtres humains, ferme l'arche et hume le sacrifice de Noé.

Dans le récit E où Moïse frappe le rocher de Mériba, Dieu se tient sur le roc. Dans la version P du récit, rien de tel.

Dans le récit J du Mont Sinaï, Yahvé descend personnellement sur la montagne en feu.[3] Rien de tel en P.[4]

En J et en E, Moïse voit réellement Dieu.[5] Pas en P.

En J, Abraham plaide auprès de Dieu le sort des villes de Sodome et Gomorrhe[6], et Moïse plaide auprès de Dieu le sort du peuple dans le récit d'espionnage.[7] En E également, Moïse défend le peuple dans l'épisode du veau d'or, et plus tard il plaide avec passion et éloquence auprès d'un Dieu qui lui parle « face à face, comme un homme parle à son ami ».[8] Il va jusqu'à se plaindre à Dieu : « Pourquoi fais-tu du mal à ton serviteur ? » et « si tu veux me traiter ainsi, tue-moi plutôt ! »[9] En D, Moïse plaide auprès de Dieu pour qu'il le laisse vivre jusqu'à l'arrivée en terre promise, mais Dieu refuse.[10] P ne montre jamais des humains parler à Dieu avec autant d'intimité.

En P, Dieu est plus transcendant, plus distant. Il donne des commandements et sa volonté s'accomplit.[11]

En D, au contraire, Moïse dit au peuple :

> Car cette loi que je te prescris aujourd'hui n'est pas au-delà de tes moyens ni hors de ton atteinte. Elle n'est pas dans les cieux, qu'il te faille dire : « Qui montera pour nous aux cieux nous la chercher, que nous l'entendions pour la mettre en pratique ? » Et elle n'est pas au-delà des mers, qu'il te faille dire : « Qui ira pour nous au-delà des mers nous la chercher, que nous l'entendions pour la mettre en pratique ? » Car la parole est tout près de toi, elle est dans ta bouche et dans ton coeur pour que tu la mettes en pratique.[12]

Pour ne pas forcer le trait, il faut reconnaître que Dieu se montre parfois personnel en P, et parfois transcendant en J, E et D. Mais la différence n'en est pas moins flagrante et profonde dans l'ensemble. En combinant toutes les sources, le Rédacteur a superposé deux images différentes de Dieu.

Ce faisant, il a établi un nouvel équilibre entre les qualités personnelles et transcendantes de la déité. C'est une image de Dieu à la fois universelle et intensément personnelle. Yahvé est le créateur du cosmos, mais aussi « le Dieu de ton père ». La fusion est esthétiquement poignante et théologiquement profonde, mais elle était grosse d'une tension nouvelle : elle peignait maintenant des êtres humains engagés dans un dialogue personnel avec le maître tout-puissant de l'univers.

Cet équilibre, aucun des auteurs ne l'avait voulu individuellement. Mais, voulu ou pas, il devint le coeur même du judaïsme et du christianisme. Comme Jacob à Penuel, les deux religions vivent depuis lors et luttent avec une déité cosmique et cependant personnelle. Cela vaut pour le théologien le plus sophistiqué comme pour le fidèle le plus simple. Tout être humain se voit dire : « Le maître de l'univers est personnellement concerné par *toi.* » Une idée extraordinaire ! Mais, encore une fois, ce ne fut pas consciemment calculé par les auteurs. Ce ne fut peut-être même pas l'intention du Rédacteur. Les textes en étaient si pénétrés que le Rédacteur ne pouvait éviter de produire ce nouveau mélange, dès lors qu'il était foncièrement fidèle à ses sources.

Justice et clémence

La réunion des sources eut un autre effet, encore plus paradoxal. Cela créa une nouvelle dynamique entre la justice de Yahvé et sa clémence.

Rappelons-nous que P n'use pas une seule fois du mot « pitié ». Il n'emploie jamais non plus les mots « grâce » et « repentir ». Il ne mentionne jamais la longanimité de Yahvé. Le prêtre qui l'écrivit souligna plutôt l'attribut divin de la justice : chacun a ce qu'il mérite. L'obéissance est récompensée, la transgression est punie, et l'on ne se jette pas aux pieds du divin juge pour crier grâce.

J et E sont presque à l'opposé. Ils soulignent le caractère divin de la miséricorde. La transgression peut-être pardonnée par le repentir. Dieu est un Dieu de grâce et de fidélité généreuse à son alliance. Dans la description J de l'expérience humaine ultime du divin, quand Moïse voit vraiment Dieu sur le Sinaï, Yahvé déclare qu'il est

> Yahvé, Yahvé, Dieu de tendresse et de pitié, lent à la colère, riche en grâce et en fidélité... [13]

Ces mots, que P n'emploie jamais, se reproduisent environ soixante-dix fois en J, E et D.

Ce n'est pas qu'une question de vocabulaire. Leur idée d'une déité clémente, J, E et D l'illustrent dans leurs récits bien plus que ne le fait P. Dans le récit E du veau d'or, Yahvé déclare d'abord qu'il détruira le peuple entier et recommencera un nouveau peuple descendant de Moïse. Mais Moïse implore la clémence de Yahvé, et la déité fléchit.[14] Dans le récit J de l'espionnage, la même chose se produit. Yahvé parle de détruire la nation et de recommencer avec Moïse. Moïse implore à nouveau sa compassion et il fléchit derechef .[15]

L'auteur de P rejetait cette représentation de Dieu. Dans sa version de l'espionnage, Yahvé décide du sort du peuple, et il n'y a plus aucune supplication de Moïse.

Encore une fois, il serait erroné de tracer une ligne trop absolue entre les sources. J, E et D peuvent parfois peindre un Dieu qui agit selon la stricte justice, et P sait occasionnellement peindre sa clémence. Mais dans l'ensemble, la distinction entre eux est patente et poignante. P se concentre d'abord sur la justice divine. Les autres sources se concentrent surtout sur la compassion divine.

Et le Rédacteur les a combinés. Ce faisant, il a créé une nouvelle *formule*, dans laquelle justice et clémence atteignent un point d'équilibre qu'elles n'avaient jamais connu auparavant, dans les textes sources. Dieu est à la fois juste et clément, courroucé et compatissant, sévère et miséricordieux. Cette dualité forme une puissante tension dans le Dieu de la Bible, qui est devenu un élément crucial du judaïsme et du christianisme depuis deux millénaires et demi.

Des points de vue psychologique et théologique, l'équilibre justice/clémence a plus de poids encore que l'équilibre cosmique/personnel. Une tension constante existe en Yahvé entre sa justice et sa clémence. Elles ne sont pas aisément réconciliables. Quand l'une, ou l'autre, doit-elle prédominer ?

Quiconque a jamais été un parent—ou un enfant—connaît le problème. Le parent dit « si tu fais cela, alors tu vas être puni ». Mais l'enfant commet la faute. Et le parent doit alors décider que faire. La justice dit : punis. Mais là survient aussi la clémence.

Ce qui se passe dans la plupart des familles est qu'un équilibre est atteint entre les deux, un équilibre où c'est parfois la discipline qui l'emporte et parfois le pardon. Il est probable que peu de parents pourraient nommer tous les facteurs qui leur font choisir tel chemin en telle occasion et tel autre chemin en telle autre occasion. Parmi les facteurs en conflit, les émotions de colère et d'amour ont un rôle qui n'est pas des moindres.

Dans le texte biblique combiné, Dieu est aussi déchiré que tout parent aimant. Il fait alliance avec les hommes, et le contrat comporte des clauses. Quand ils rompent celles-ci, sa réponse immédiate motivée par la justice peut aller de la rupture de l'alliance à l'application de l'un de ces horribles articles de malédictions d'alliance énumérées par Lévitique 26 et Deutéronome 28. Mais sa clémence, presque toujours, retarde et/ou tempère son exécution de la justice.

Le cliché chrétien courant du « Dieu de justice et de colère de l'Ancien Testament » fut toujours à mi-chemin de l'exacte vérité. C'est comme si ceux qui propagent ce cliché n'avaient lu que P et pas le reste du texte. Cette image se fonde d'habitude sur le principe légal « oeil pour oeil, dent pour dent ».[16] Or ce principe s'applique à la justice *humaine*. Dans les récits bibliques, la déité agit presque toujours avec plus de compassion que cela.

Ainsi les deux religions se sont-elles développées autour d'une Bible qui peignait Dieu comme un parent aimant et fidèle mais parfois courroucé. Cette image rend la Bible plus fascinante et plus réelle ; c'est ce qui permet de dire que le Rédacteur a réussi au-delà de ses propres intentions. Cette tension entre la justice de Dieu et sa clémence devint un facteur primordial de l'histoire racontée par la Bible ; c'est pourquoi, sans aucun doute, la Bible est plus que la somme de ses parties. Et la Bible, bien sûr, est plus grande que les individus qui l'on écrite.

La synthèse

Ainsi avons-nous, en un sens, effectué un cycle entier qui nous ramène à considérer la Bible comme un tout. C'est peut-être ce qui a manqué largement dans la recherche des auteurs de la Bible jusqu'à présent. Ce fut souvent une démolition non suivie d'un réassemblage. Et c'est peut-être pour cela, en partie, que ce genre d'analyse offensa tellement les fidèles du christianisme et du judaïsme. Pendant longtemps, il sembla que le but de l'entreprise était de démanteler la Bible et d'arriver à de nombreux fragments, dont plus aucun n'était encore la Bible. C'est peut-être à cette extrémité que l'entreprise aboutit au stade initial. Nous sommes toutefois parvenus à un point où nos découvertes sur les origines de la Bible peuvent induire une compréhension et une appréciation rehaussées de la Bible dans sa forme définitive et complète.

Nous avons parcouru une distance considérable depuis les premiers aperçus des savants médiévaux. Ce qui était au départ un intérêt pour des passages énigmatiques des Cinq Livres de Moïse conduisit à l'hypothèse que quelques lignes de ces livres n'étaient pas de Moïse lui-même. On en vint ensuite à avancer que des segments plus larges du texte venaient de quelqu'un d'autre que Moïse. Puis les chercheurs isolèrent plusieurs ouvrages séparés et les identifièrent par des caractéristiques de langage et de contenu. Puis vint le temps d'affiner notre identification de chacun de ces ouvrages et d'observer le processus de formation de la Bible.

Alors que la recherche avançait ainsi, de nouvelles percées étaient faites en archéologie et dans notre compréhension de l'histoire sociale et politique du monde biblique. C'est grâce à la jonction des savoirs acquis au contact de ces entreprises littéraires et historiques que nous sommes arrivés à l'image présentée ici, une image de la formation de la Bible qui est inséparable de l'histoire du monde de ses auteurs. C'est dans le contexte d'un royaume divisé d'Israël et de Juda que nous trouvons deux auteurs qui ont façonné deux versions de l'histoire de leur peuple, J et E. Chaque version fut intimement associée à la vie de la communauté d'où elle venait : l'une d'Israël, par un défenseur de la famille ecclésiastique de Silo et sans doute descendant de Moïse, et l'autre de Juda, par un défenseur de la famille royale de David. C'est dans le contexte de la chute du royaume israélite et de la réunion des peuples divisés que nous trouvons la personne qui unit les deux versions, forgeant une histoire singulière qui puisse servir la communauté réunifiée.

De la même façon, je pense que nous trouvons le contexte historique de l'oeuvre sacerdotale à l'âge du Roi Ézéchias. C'était un âge dans lequel les divisions de statuts sacerdotaux étaient établies, avec le clergé aaronien de Jérusalem jouissant d'une position favorable. L'oeuvre sacerdotale (P) était cette alternative sacerdotale à l'oeuvre JE, qui reflétait une vision différente, concurrente, de Dieu, de l'histoire et particulièrement de leur ancêtre Aaron.

Leurs adversaires dans la fonction sacerdotale, le clergé siloïste (peut-être moshite) vit son tour arriver à l'âge du Roi Josias. Ce fut un âge dans lequel le code de loi qu'ils avaient préservé reçut l'aval royal comme « livre de la *torah* » (D). Un défenseur de ce clergé, Jérémie ou plus probablement Baruch, se lança dans un récit qui allait de Moïse et de ce code de loi jusqu'à l'époque de l'auteur (Dtr1). La mort de Josias et la chute du royaume amenèrent l'auteur à produire une nouvelle édition du récit, tenant compte des circonstances nouvelles et catastrophiques (Dtr2).

La jonction de ces parties en une histoire continue, « la Première Bible » doit aussi être resituée dans son contexte historique, reflétant la vie d'une communauté retournant d'exil, anticipant la reconstruction de son pays et d'un lieu de culte. C'était un âge où toutes les parties étaient devenues trop connues pour être ignorées. Le scribe qui fut responsable de cette rédaction (R), en qui je vois Esdras, était un défenseur des prêtres aaroniens qui prirent le commandement pendant cette période. Il fut sensible à leurs préoccupations et à la situation générale des siens à ce moment-là. Il préserva leur oeuvre sacrée dans une forme qui resta canonique pendant des millénaires et qui devint la référence pour comprendre d'autres textes sacrés. La Bible est donc une synthèse d'histoire et de littérature, parfois en harmonie, parfois en tension, mais totalement inséparables. Et je crois que maintenant, après des siècles, nous pouvons finalement entrevoir la reconstitution d'une grande partie de cette histoire et l'évaluation de cette synthèse.

Que faire de ce savoir ?

Jusqu'à présent, c'est surtout dans le champ de l'étude historique que l'on s'est intéressé à la quête des auteurs de la Bible. La majorité des chercheurs s'intéressaient à l'histoire de la religion, l'histoire d'Israël, ou l'histoire de la formation de la Bible elle-même.

Ceux qui écrivent sur la Bible dans une optique littéraire et ceux qui s'intéressent à l'étude religieuse de la Bible—c'est-à-dire la Bible comme littérature *sacrée*—ont rarement mis ce savoir en usage. C'était dû en partie à l'idée commune que ce type d'analyse est menaçant pour la religion. C'était aussi dû au fait que l'analyse était incomplète. Notre connaissance des auteurs comportait de vastes lacunes : quand vivaient-ils, pourquoi écrivaient-ils, quelle était la relation entre ce qu'ils écrivaient et les événements de leur monde ?

Mais la situation a évolué. La menace pour la religion ne s'est jamais vraiment concrétisée. Wellhausen disait avoir renoncé à enseigner sa matière aux étudiants en théologie parce qu'il « les rendait inaptes à leur fonction ». Mais l'expérience des générations suivantes semble l'avoir démenti. La plupart des ecclésiastiques protestants, catholiques, et juifs apprennent et enseignent ce sujet depuis maintenant plus d'un siècle et arrivent à concilier cela avec leurs croyances et leurs traditions.

Les graines de cette réconciliation étaient semées dès les débuts de la recherche. Car la question, depuis le début, n'était pas « Qui a *inspiré* la Bible ? » ou « Qui a *révélé* la Bible ? ». La question portait simplement sur les êtres humains qui l'avaient composée. La question de savoir s'ils le firent sous une direction, une dictée ou une inspiration divine fut toujours une affaire de foi. Joseph ben Eliezer Bonfils, peut-être le premier érudit juif à dire clairement d'un verset de la Torah « Moïse n'a pas écrit ceci », évoqua ce point, il y a quelque six cents ans. Il disait :

> Pour autant que nous croyons aux paroles révélées et aux prophéties, que m'importe que Moïse l'ait écrit, ou un autre prophète, puisque leurs paroles à tous sont la vérité révélée par prophétie.[17]

L'auteur chrétien Andreas van Maes avança voilà plus de quatre siècles qu'un éditeur, peut-être Esdras, avait au moins inséré des mots et phrases d'explication. Mais von Maes, lui aussi, affirmait que le fidèle n'avait nul besoin de se quereller pour savoir quelles mains avaient transcrit le texte :

> Mais en vérité, à quoi bon se disputer au sujet de l'auteur, dès lors que nous croyons que Dieu est l'auteur, à la fois des événements eux-mêmes, et des paroles dans lesquels ils nous ont été communiqués...[18]

La recherche historique ne menace pas la foi dans le caractère révélé ou inspiré de la Bible, même si elle s'oppose aux explications traditionnelles sur les hommes qui l'ont couchée sur le parchemin.

Par ailleurs, le caractère inachevé de l'analyse ne pose plus autant de problèmes que jadis. Certes, des lacunes subsistent ; par exemple, les noms des auteurs de J et E. Mais, après tout, il a fallu près de mille ans pour écrire la Bible hébraïque, et il a fallu encore plusieurs siècles avant que les Chrétiens y ajoutent le Nouveau Testament. S'il fallut tout ce temps pour échafauder le mystère, il n'est pas choquant qu'il faille à peu près mille ans (depuis les chercheurs médiévaux), pour le percer. L'élément significatif est que les découvertes des dernières années—littéraires, linguistiques, et archéologiques— nous ont amenés à un nouveau stade où cette connaissance peut maintenant être utile.

Nous pouvons à présent étudier et apprécier l'art qui entra en jeu dans la composition de chaque partie du livre. Nous pouvons apprécier la variété d'une expérience humaine de plusieurs siècles qui le rendit si complexe et si riche. Nous pouvons apprendre combien les différentes parties du livre répondaient aux besoins et situations réels de la vie. En définitive, nous comprenons mieux ce qui a fait la grandeur du Livre Sacré.

La lecture de la Bible ne sera plus jamais tout à fait la même. Conscients de l'histoire extraordinaire de la Bible et de la complexité qui en découle, nous pouvons—et probablement devons—lire le livre en renouvelant la profondeur de notre approche. Nous pouvons lire une page de la Bible et savoir que trois ou même quatre personnes, toutes artistes à leur manière, toutes rédigeant d'après leurs propres expériences, dans leurs propres circonstances historiques, séparées par des siècles, ont contribué à composer cette page. Et *en même temps*, nous pouvons lire la page telle qu'elle est, apprécier son contenu, en tirer une inspiration, tout en découvrant comment d'autres l'ont interprétée sur des millénaires.

Pour ceux d'entre nous qui lisons la Bible sous l'angle littéraire, ce savoir devrait nous mener à une nouvelle familiarité avec les individus qui l'ont écrite, à de nouvelles pistes pour évaluer leur art, et à une admiration renouvelée pour la beauté finale et la complexité de l'oeuvre.

Pour ceux d'entre nous qui la lisons dans une optique de recherche historique, cette entreprise ouvre en permanence de nouveaux axes pour découvrir ce qui s'est passé à divers moments historiques, et nous rend plus sensibles à la façon dont les individus dans la société biblique répondirent à ces situations.

Ceux qui tiennent la Bible pour sacrée voient s'ouvrir de nouvelles possibilités d'interprétations ; et cela peut conduire à un émerveillement renouvelé devant la grande chaîne d'événements, de personnes et de siècles qui se combinèrent de façon si complexe pour produire un livre d'enseignements incomparables.

Et pour nous tous, vivant dans cette civilisation à la formation de laquelle la Bible a pris une part si centrale, ce peut être un moyen de nous mettre en contact plus étroit avec des gens et des forces qui ont affecté notre monde.

La question, après tout, n'est pas seulement qui a écrit la Bible, mais qui la lit.

Identification des auteurs du Pentateuque

LE LIVRE DE LA GENÈSE

	J	E	P	R
La Création	2/4b–25		1/1–2, 3	
Les générations du ciel et de la terre				2/4a
Le Jardin d'Éden	3/1–24			
Caïn et Abel	4/1–16			
La généalogie de Caïn	4/17–26			
La descendance de l'homme	5/29			* 5/1–28, 30–32
Les fils de Dieu et les filles des hommes	6/1-4			
Déluge	6/5–8 ; 7/1–5, 7, 10, 12, 16b–20, 22–23 ; 8/2b–3a, 6, 8–12, 13b, 20–22		6/9–22 ; 7/8–9, 11, 3–16a, 21, 24; 8/1–2a, 3b–5, 7, 13a, 14–19 ; 9/1–17	

* Pour les entrées marquées d'un astérisque, voir les notes sur l'identification des auteurs.

	J	E	P	R
Noé ivre	9/18–27			
L'âge de Noé				*7/6 ; 9/28-29
La descendance des fils de Noé	10/8–19, 21, 24–30		10/1b–7, 20, 22–23, 31/ 32	10/1a
La tour de Babel	11/1–9			
La descendance de Sem				11/10a, *10b–26
La descendance de Térah				11/27a, *32
La migration d'Abraham	12/1–4a		11/27b–31 ; 12/4b–5	
La promesse à Abraham	12/6–9			
Épouse/soeur	12/10–20			
Abraham et Lot	13/1–5, 7–11a, 12b–18 [*14/1–24]		13/6, 11b–12a	
L'alliance d'Abraham	*15/1–21		17/1–27	
Agar et Ismaël	16/1–2, 4–14		16/3, 15–16	
Les trois visiteurs	18/1–33			
Sodome et Gomorrhe	19/1–28, 30–38		19/29	
Épouse/soeur		20/1–18		

	J	E	P	R
La naissance d'Isaac	21/1a, 2a, 7	21/6	21/1b, 2b–5	
Agar et Ismaël		21/8–21		
Abraham et Abimélek		21/22–34		
Le sacrifice d'Isaac		22/1–10, 16b-19		*22/11–16a
Le clan d'Abraham	22/20–24			
Le caveau de Makpéla			23/1–20	
Rébecca	24/1–67		25/20	
Les fils de Qetura		25/1–4		25/5–6
La mort d'Abraham	25/8a		*25/7, 8b–11	
La descendance d'Ismaël			25/13–18	25/12
La descendance d'Isaac				25/19
Jacob et Ésaü	25/11b, 21–34 ; 27/1–45		26/34–35 ; 27/46 ; 28/1–9	
Épouse/soeur	26/1–11			
Isaac et Abimélek	26/12–33			
Jacob à Béthel	28/10–11a, 13–16, 19	28/11b–12, 17–18, 20–22		

	J	E	P	R
Jacob, Léa et Rachel	29/1–30			
Les enfants de Jacob	29/31–35 ; 30/1a, 4a, 24b	30/1b–3, 4b–24a	35/23–26	
Jacob et Laban	30/25–43 ; 31/49	31/1–2, 4–16, 19–48, 50–54 ; 32/1–3		
Le retour de Jacob	31/3, 17, 18a ; *32/4–13	32/14–24 ; 33/1–17	31/18b ; 35/27	
Jacob devient Israël		32/25–33	35/9–15	
Sichem	34/1–31	33/18–20		*33/18
Le retour à Béthel		35/1–8		
Rachel meurt en couche		35/16–20		
Ruben prend la concubine de Jacob	35/21–22			
La mort d'Isaac			35/28–29	
La descendance d'Ésaü	36/31–43		*36/2–30	36/1
Joseph et ses frères	37/2b, 3b, 5–11, 19–20, 23, 25b–27, 28b, 31–35	37/3a, 4, 12–18, 21–22, 24, 25a, 28a, 29, 30, 36	37/1	37/2a

	J	E	P	R
Juda et Tamar	38/1–30			
Joseph et la femme de Potiphar	39/1–23			
Le grand échanson et le grand panetier		40/1–23		
Joseph et Pharaon		41/1–45a, 46b–57	41/45b–46a	
Les fils de Jacob en Égypte	42/1–4, 8–20, 26–34, 38 ; 43/1–13, 15–17, 24–34 ; 44/1–34 ; 45/1–2, 4–28	42/5–7, 21–25, 35–37 ; 43/14, 18–23 ; 45/3		
Jacob en Égypte	46/5b, 28–34 ; 47/1–6, 11–27a, 29–31 ; *49/1–27 ; 50/1–11, 14–23	46/1–5a ; 47/7–10 ; 48/1–2, 8–22 ; 50/23–26 ;	46/6–27 ; 47/27b, 28 ; 48/3–6 ; 49/29–33 ; 50/12–13	*48/7 ; 49/28

LE LIVRE DE L'EXODE

	J	E	P	R
Les immigrants en Égypte				1/1–5
La nouvelle génération	1/6		1/7	
L'esclavage		1/8–12	1/13–14	
Le meurtre des enfants mâles	1/22	1/15–21		
Naissance et jeunesse de Moïse	2/1–23a			
Dieu entend les pleurs d'Israël			2/23b–25	
Yahvé appelle Moïse	3/2–4a, 5, 7–8, 19–22 ; 4/19–20a, 24–26 27–31	3/1, 4b, 6, 9–18 ; 4/1–18, 20b, 21a, 22–23,	6/2–12, 14–25 ; 7/1–9	4/21b ; 6/13, 26–30,
Moïse et Pharaon	5/1–2	5/3–6/1 ; 7/14–18, 20b–21a, 23–29; 8/3b–11a, 16–28 ; 9/1–7, 13–34 ; 10/1–19, 21–26, 28–29 ; 11/1–8	7/10–13, 19–20a, 21b,22 ; 8/1–3a, 12–15; 9/8–12	8/11b ; 9/35 ; 10/20, 27 ; 11/9–10
L'exode	12/21–23	12/*24–27, 29–36, 37b–39 ; *13/1–16	12/1–20, 28, 40–49	12/37a, 50–51

	J	E	P	R
La Mer Rouge	13/21–22 *14/5–7, 9a, 10b, 13–14, 19b, 20b, 21b, 24, 25b, 27b, 30–31 ; *15/1–18	13/17–19; 14/11–12, 19a, 20a 25a ; 15/20–21	14/1–4 8, 9b, 10a, 10c, 15–18, 21a, 21c 22–23, 26–27a, 28–29	13/20 ; 15/19
L'eau dans le désert	15/22b–25a			15/22a, 27
Commandements		15/25b–26		
La nourriture dans le désert	16/4–5, 35b		16/2–3, 6–35a, 36	16/1
L'eau dans le désert		17/2–7		17/1
Amaleq		17/8–16		
Jéthro		18/1–27		
Horeb/ Sinaï	19/10–16a, 18, 20–25	19/2b–9, 16b–17, 19 ; 20/18–26	19/1	19/2a
Les Dix Commandements			*20/1–17	
Le Code de l'Alliance		*21/1–27 ; 22/1–30 ; 23/1–33		
Horeb/ Sinaï (suite)		24/1–15a ; 18b	24/15b–18	
Instructions pour le Tabernacle			25/1–31/11	
Le commandement du sabbat			31/12–17	
Les tables			31/18	

	J	E	P	R
Le veau d'or		32/1–33/11		
La théophanie de Moïse	34/1a, 2–13	33/12–23		34/1b
Les Dix Commandements	34/14–28			
La peau du visage de Moïse			34/29–35	
Exécution des instructions pour le Tabernacle			35–40	

LE LIVRE DU LÉVITIQUE

	J	E	P	R
Livre entier			1–27	
excepté :				
Reprise sur la fête des Tentes				23/39–43
La restauration après l'exil				26/39–45

LE LIVRE DES NOMBRES

	J	E	P	R
Les derniers jours au Mont Sinaï			1/1–2, 34 ; 3/2–9, 14 ; 10/1–10	3/1 ; 9/15–23
Le départ du Mont Sinaï	10/29–36		10/11–12, 14–27	10/13, 28
Tabeéra		11/1–3		

	J	E	P	R
La nourriture dans le désert		11/4–35		
La femme kushite de Moïse		12/1–16		
Les espions	13/17–20, 23–24, 27–31, 33 ; 14/1b, 4, 11–25, 39–45		13/1–16, 21,22, 25–26, 32 ; 14/1a, 2–3, 5–10, 26–39	
Une loi sacrificielle				15/1–31
Une violation du sabbat			15/32–36	
Les houppes des vêtements			15/37–41	
Coré, Datân et Abiram	16/1b–2a, 12–14, 25 27b–32a, 33–34		16/1a, 2b–11, 15–24, 26, 27a, 32b, 35	[*16/24, 27]
Les Aaronites et les Lévites			17/1–18/32	
La génisse rouge			19/1–22	
L'eau dans le désert			20/1b–13	20/1a
Israël et Édom	20/14–21			*21/4a?
La mort d'Aaron			20/23–29	20/22
Israël et Arad	21/1–3			

	J	E	P	R
Le serpent d'airain		21/4b–9		
Voyages				21/10–11, [*12–20]
Sihôn et Og	21/21–35			
Balaam		22/2–24/25		22/1
L'hérésie de Péor	25/1–5		25/6–19	
Le recensement			26/1–8, 12–65	26/9–11
Les filles de Çelophehad			27/1–11	
La nomination de Josué			27/12–23	
Une loi sacrificielle				28/1–31; 29/1–39
Lois sur l'annulation des voeux de femmes			30/1–17	
La défaite des Madianites			31/1–54	
Le partage de la Transjordanie			*32/1–42 ; 33/50–56 ; 34/1–29 ; 35/1–34 ; 36/1–13	
Les étapes de l'exode				*33/1–49

LE LIVRE DU DEUTÉRONOME

	Dtr[1]	Dtr[2]	Autre	E	P
L'introduction de Moïse	1/1–4/24, 32–49 ; 5/1–8/18 ; 9/1–11/32	4, 25–31 ; 8, 19–20			
Le code de loi	26/16–19 ; 27/1–10		12/1–26/15		
La cérémonie de l'Alliance	27/11–26				
Bénédictions et malédictions	28/1–35, 38–62	28/36–37, 63–68			
La conclusion de Moïse	28/69 ; 29/1–20, 28 ; 30/11–13 ; 31/1–8	29/21–27 ; 30/1–10, 14–20			
La nomination de Josué				31/14–15, 23	
La *torah*	31/9–12, 24–27				
Le chant de Moïse		31/16–22, 28–30 ; 32/44	*32/1–43,		
Les derniers mots de Moïse	32/45–47				
La Bénédiction de Moïse			*33/2–27	33/1	
La mort de Moïse	34/10–12		*32/48–52 (R)	34/1–6	34/7–9

Notes sur l'identification des auteurs

Genèse 5/1–28,30–32 ; 7/6 ; 9/28–29 ; 11/10b–26,32

Ces passages sont tirés du « Livre des Générations » qui, semble-t-il, était originellement un document séparé, contenant une terminologie semblable à celle de P. Le Rédacteur l'a découpé en segments et a distribué ces segments dans tout le Livre de la Genèse. Cela lui permit d'unifier les divers récits autour d'un arbre continu de générations.

Genèse 15/1–21

De nombreux spécialistes pensent que ce chapitre est composé de deux sources, en raison de quelques anomalies dans le texte (par exemple, Abraham contemple les étoiles dans le verset 5, mais le verset 12 dit que le soleil « allait se coucher »). Je l'ai indiqué ici comme appartenant à J, mais il faut tenir compte de sa complexité. Notamment, la prédiction de l'esclavage en Égypte dans les versets 13-17 est curieuse. Elle combine des données et des termes qui sont par ailleurs exclusivement caractéristiques de J, ou de E, ou de P, selon les cas. Et on y trouve une répétition du thème du coucher du soleil, aux versets 12 et 17. Le passage a peut-être été rédigé par le Rédacteur (R). Dans ce cas, il servait deux buts : (1) souligner la connexion entre les récits des patriarches dans la Genèse et le récit de l'exode et de l'esclavage dans l'Exode ; et (2) souligner l'union des sources elles-mêmes en Genèse.

Genèse 22/11–16a

On attribue le récit du quasi-sacrifice d'Isaac à E. Il nomme la déité Élohim dans les versets 1, 3, 8 et 9. Mais, lorsque le bras d'Abraham armé d'un couteau est levé pour sacrifier Isaac, le texte dit que l'ange de *Yahvé* l'a arrêté (verset 11). Les versets disant qu'Isaac a été épargné nomment la déité Yahvé (versets 11-14). Ces versets sont suivis par un rapport selon lequel l'ange parle une deuxième fois et dit : «... parce que tu ne m'as *pas* refusé ton fils, ton unique ...» Par conséquent, les quatre versets rapportant qu'Isaac n'a pas été sacrifié contiennent à la fois une contradiction et un changement dans le nom de la déité. Aussi extraordinaire que cela paraisse, il a été suggéré que, dans la version originale de cette histoire, Isaac était bel et bien sacrifié, et que les quatre versets en question ont été ajoutés ultérieurement, lorsque la notion de sacrifice humain a été rejetée (peut-être par la personne qui a combiné J et E). Certes, l'expression « tu ne m'as pas refusé ton fils » peut signifier simplement qu'Abraham était *prêt* à sacrifier son fils. Mais on doit noter que le texte conclut (verset 19) : « Abraham revint vers ses serviteurs. » Isaac n'est pas mentionné. Qui plus est, Isaac n'apparaît plus jamais comme personnage dans E. Il est intéressant de noter qu'une tradition midrashique ultérieure a élaboré précisément cette notion qu'Isaac avait été réellement sacrifié. Cette tradition est examinée dans : S. Spiegel, *The last trial* (Schocken, New York, 1969 ; l'édition originelle en hébreu date de 1950).

Genèse 25/8

Les premiers mots du verset (« Puis Abraham expira ») et la deuxième partie du verset sont de P. Le reste est de J.

Genèse 32/4–13

L'auteur de ce passage est difficile à identifier. Il présente des affinités avec les matériaux de J et E adjacents. L'attribution à J n'est qu'hypothétique.

Genèse 33/18

Les mots « lorsqu'il revint de Padân-Aram » au milieu de ce verset sont étranges. Le contexte appartient ici à E, mais le nom Padân-Aram n'est utilisé ailleurs qu'en P. Ces mots semblent être une addition par le Rédacteur R, peut-être pour compenser le fait que la combinaison des sources donnait l'impression que Jacob prenait un temps excessif pour retourner vers son père Isaac (en Genèse 35/27).

Genèse 36/2–30

Cette liste des membres de la famille d'Ésaü présente quelques contradictions avec d'autres passages de P (Genèse 26/34-35 ; 28/9). Il se peut qu'elle ait appartenu originellement à un document indépendant inclus par le Rédacteur.

Genèse 48/7

Ce verset ne se rattache pas facilement au texte qui le précède (P), ni au texte qui le suit (E), et il comporte des allusions à des textes antérieurs de P (Genèse 35/9) aussi bien que de E (Genèse 35/16-20). Il semble donc être une addition par le Rédacteur. Le but était peut-être d'adoucir la redondance de la combinaison des textes P et E en Genèse 48. Dans le verset 5 (P), Jacob promeut les fils de Joseph, Éphraïm et Manassé, à un statut égal aux fils de Jacob ; mais dans le verset 8 (E), Jacob regarde Éphraïm et Manassé et demande : « Qui sont ceux-là ? »

Genèse 49/1–27

Ce chant, connu comme la Bénédiction de Jacob, n'a probablement pas été composé par l'auteur de J ; il s'agissait plus probablement d'une source que cet auteur utilisa en l'insérant dans son récit.

Exode 14/5–7

Les versets 5b et 7 sont peut-être de E.

Exode 12/24–27 ; 13/1–16

Ces passages présentent de petites similarités avec les textes deutéronomiques. Quelques chercheurs ont donc suggéré qu'un éditeur deutéronomique avait ajouté ces lignes au texte de l'Exode. C'est possible ; mais (1) les similarités sont faibles, (2) il est difficile de dire pour quelle raison ces passages auraient été ajoutés par le Rédacteur, et (3) D et E possèdent de nombreuses similarités et proviennent de la même communauté de toute manière. Par conséquent, je pense qu'il est tout aussi probable que ces passages appartenaient bien à E.

Exode 15/1–18

Comme la Bénédiction de Jacob, ce chant, connu comme le Chant de la Mer, n'a probablement pas été composé par l'auteur de J, mais plutôt intégré par cet auteur dans son récit.

Exode 20/1–17

Les différences entre les Dix Commandements tels qu'ils apparaissent ici et la version de Deutéronome 5 indiquent qu'il devait exister un texte originel des Dix Commandements—qui semble avoir fait partie de E à l'origine—sur lequel l'auteur de P élabora dans sa propre terminologie, et sur lequel l'auteur de Dtr1 fit de même. Comparez spécialement le commandement du sabbat en Exode 20/11 et en Deutéronome 5/15. Le texte J des Dix Commandements apparaît, lui, en Exode 34/14-28.

Exode 21/1–27 ; 22/1–30 ; 23/1–33

Le Code de l'Alliance est un texte légal qui n'a peut-être pas été composé par l'auteur de E, mais intégré par cet auteur dans son récit.

Nombres 16/24,27

Les noms de Datân et Abiram ne s'intègrent pas ici. La tente de Coré est la seule mentionnée. Datân et Abiram (et leurs tentes) sont mentionnés séparément au verset 27b. Les noms de Datân et Abiram semblent donc avoir été rajoutés ici par le Rédacteur, dans son effort pour combiner deux récits séparés à l'origine. [Dans *La Bible de Jérusalem,* les noms de Datân et Abiram n'apparaissent pas aux versets 24 et 27 (NdE)]

Nombres 21/4a

C'est peut-être une des notes ajoutées par le Rédacteur sur les étapes du voyage à travers le désert, dans le but de lier les différents textes concernant les années dans le désert.

Nombres 21/12–20

Ces versets, qui citent d'autres textes, y compris un certain « Livre des Guerres de Yahvé », sont difficiles à attribuer.

Nombres 32/1–42

Ce chapitre paraît contenir des éléments de J et de P. L'attribution précise, verset par verset, est délicate.

Nombres 33/1–49

La liste des étapes en Nombres 33, tout comme le Livre des Générations dans la Genèse, semble avoir été un document séparé à l'origine, que le Rédacteur final a utilisé pour lier chronologiquement ses diverses sources.

Deutéronome 32/1–43

Ce chant, connu sous le nom de Chant de Moïse, a été intégré au texte par la personne qui a produit Dtr2, comme le montre le fait que certains thèmes et termes développés en Dtr2 (par exemple « cacher ma face », au verset 20) semblent dériver de ce chant.

Deutéronome 33/2–27

De même, ce chant, connu comme la Bénédiction de Moïse, était peut-être une composition séparée qui fut intégrée au texte.

Deutéronome 32/48–52

Ces versets répètent le texte P de Nombres 27/12-14. Le Rédacteur, qui veut finir son oeuvre sur cet événement et qui a ajouté le Deutéronome après les Nombres, reprend ici le récit de la mort de Moïse.

Notes

Introduction

1. Il y a dans le Livre du Deutéronome un récit disant que Moïse a rédigé avant de mourir un « rouleau de la *torah* », qui est conservé dans la boîte d'or (l'arche) contenant les deux tables en pierre des Dix Commandements, mais le récit deutéronomique ne prétend pas que ce rouleau contenait le texte entier des Cinq Livres (Deutéronome 31/9,24-26). Le mot « *torah* » en Deutéronome 31 ne désigne pas forcément la Torah, au sens que ce mot prit plus tard, c'est-à-dire le Pentateuque. Le mot peut aussi signifier simplement « instructions ».
2. De nombreuses personnes revendiquent le titre de savant biblique, de bibliste ou de spécialiste de la Bible. Je me réfère uniquement aux savants qui possèdent le bagage académique nécessaire en langues, archéologie biblique et compétences littéraires et historiques, pour pouvoir travailler sur la question, et qui se rencontrent, discutent et débatent de leurs idées et de leur recherche avec d'autres savants, par l'intermédiaire de revues académiques, de colloques, etc.
3. L'auteur était masculin, comme nous le verrons.

Chapitre 1

1. Haddu et d'autres déités masculines sont souvent mentionnées dans la Bible sous le nom de *ba'al* (pluriel : *ba'alim*), qui signifie « seigneur ».
2. Note sur la traduction du nom de Dieu : Le nom de Dieu dans la Bible est Yahvé. Une fois la Bible achevée, une coutume se répandit de ne pas prononcer le nom de Dieu tout haut. La plupart des traductions anciennes écrivent donc « le Seigneur », lorsque le nom Yahvé apparaît en hébreu.
3. Samuel était mort à cette époque, et Silo était tombé entre les mains des Philistins. Les prêtres de Silo étaient alors implantés dans la ville de Nob.

Chapitre 2

1. La première version du récit de la création se trouve en Genèse 1/1-2/3, et le deuxième en Genèse 2/4-24.
2. Le récit du déluge est reproduit en pages 58-63, avec les deux versions séparées.
3. Genèse 15 et Genèse 17.
4. Le terme « critique supérieure » fut utilisé pour distinguer ce type de travail de l'étude textuelle, que l'on appela « critique inférieure ». Dans l'analyse textuelle, un bibliste compare les manuscrits les plus anciens qui ont survécu de la Bible—le texte hébreu masorétique, les versions grecques, la Vulgate (Latin), les manuscrits araméens, et maintenant les textes de Qumrân (Manuscrits de la Mer Morte), entre autres. Lorsque les versions d'un passage divergent, le bibliste essaie de déterminer laquelle est l'originale et lesquelles sont le résultat d'une erreur ou d'une retouche. Bien que fascinant et fondamental pour l'interprétation de la Bible, ce travail était néanmoins considéré comme « inférieur » (pas nécessairement dans un sens négatif) à l'étude du contenu et de l'histoire impliquée dans l'étude des sources.
5. Les noms de Dieu furent la première clé, mais non la seule. Par exemple, la source E parle de la montagne de Dieu à Horeb ; la source J l'appelle le Mont Sinaï. E nomme le beau-père de Moïse Jethro ; J le nomme Reuel.
6. Genèse 13/18 ; 18/1.
7. Genèse 15/18.
8. Genèse 32/25-31 ; 1 Rois 12/25.
9. J = Genèse 28/11a,13-16,19. E = Genèse 28/11b,12,17-18,20-23 ; 35/1-7.
10. Genèse 34.
11. Genèse 33/19.
12. La naissance de Benjamin est décrite en Genèse 35/16-20, généralement considéré comme appartenant à E. Pour une discussion technique sur ce point, voir mon article « The Recession of Biblical Source Criticism » dans *The Future of Biblical Studies*.
13. Genèse 30/1-24a.
14. Genèse 29/32-35.
15. Genèse 49/3-4.
16. Genèse 49/5-7.
17. Genèse 49/8.
18. Genèse 48/8-20.

19 . 1 Rois 12/25.
20 . Isaïe 7/17 ; Jérémie 7/15.
21 . Genèse 37/21-22.
22 . Genèse 37/26-27.
23 . Genèse 48/22.
24 . Genèse 13/17 ; 19/2 ; 26/22 ; 34/21 ; Exode 3/8 ; 34/24.
25 . Genèse 50/24-26.
26 . Exode 13/19.
27 . Josué 24/32.
28 . Exode 1/11.
29 . 1 Rois 11/1.
30 . Exode 17/8-13 ; 24/13 ; 32/15-17 ; 33/11 ; Nombres 11/24-29.
31 . Nombres 13/8 ; Josué 24/1,30.
32 . Nombres 13/17-20,22-24,27-31.
33 . Josué 14/13.
34 . Genèse 25/23.
35 . Genèse 25/29-34.
36 . Genèse 27/1-40.
37 . 2 Rois 8/16,20-23.

Chapitre 3

1 . Notons que le nom Yahvé se trouve ici dans un récit de E. J'expliquerai cela plus loin.
2 . Exode 32.
3 . 1 Rois 12/28.
4 . Un récit de J (Genèse 34/1) donne :
« Et Yahvé dit à Moïse : "Taille deux tables de pierre [semblables aux premières], monte vers moi sur la montagne, et j'écrirai sur les tables [les paroles qui étaient sur les premières tables que tu as brisées]." »
Puisque la source J ne contient aucune mention du veau d'or, on suppose que les mots—mis ici entre crochets—faisant référence dans ce verset à la première paire de tables brisées ont été ajoutés par le rédacteur qui a combiné J et E.
5 . 1 Samuel 1/1.
6 . Ces connections matrimoniales semblent reflétées dans la tradition de P selon laquelle Aaron avait épousé la soeur de Nachshon ben Amminadab, le prince de la tribu de Juda (Exode 6/23 ; Nombres 2/3).
7 . Exode 34/17.
8 . Exode 20/23.

9 . On peut identifier la description de leur départ comme appartenant à J parce qu'elle désigne le beau-père de Moïse par le nom Reuel, et non par le nom Jethro que connaît E.

10 . Nombres 14/44.

11 . Exode 33/7-11.

12 . Genèse 3/24.

13 . Notons que le nom Yahvé se trouve ici dans un récit de E. J'expliquerai cela plus loin.

14 . Nombres 11/11-15.

15 . Exode 3/8.

16 . Exode 3/10.

17 . Des personnages apparaissant dans la source J utilisent parfois le nom Élohim, mais le narrateur ne le fait jamais.

18 . Exode 3/13.

19 . Exode 3/15.

20 . Exode 21-23. Ce corpus légal est connu sous le nom de Code de l'Alliance.

21 . Jo Ann Hackett discute de ce phénomène dans « Women's Studies and the Hebrew Bible », dans *The Future of Biblical Studies,* édité par R. E. Friedman et H. G. M. Williamson.

22 . 2 Rois 8/16,20-22.

23 . Ma recherche actuelle indique que E fut écrit durant les 25 années précédant la chute du royaume d'Israël.

Chapitre 4

1 . Nombres 21/5-9.

2 . 2 Rois 18/4.

3 . 2 Rois 18/13-19/37 ; Isaïe 36-37 ; 2 Chroniques 32/1-23.

4 . 2 Rois 19/35.

5 . J'ai traduit les parties qui nous intéressent ici. Le texte complet de l'Inscription du Prisme se trouve dans *Ancient Near Eastern Texts,* édité par James Pritchard.

6 . 2 Rois 18/14-15.

7 . 2 Chroniques 32/3-4.

8 . 2 Rois 22/8 ; 2 Chroniques 34/14-15.

9 . Isaïe 2/4 ; Michée 4/3.

Chapitre 5

1 . 2 Samuel 7/16.

2 . 1 Rois 11/35-36.

3 . 1 Rois 15/3-4.

4 . 2 Rois 8/18-19.

5. Le livre de Cross, *Canaanite Myth and Hebrew Epic,* et les travaux d'autres spécialistes mentionnés dans ce chapitre sont listés dans la bibliographie.
6. Autres exemples de passages contenant les mots « jusqu'à ce jour » : 1 Rois 9/21 ; 10/12 ; 12/19 ; 2 Rois 8/22 ; 10/27 ; 14/7 ; 16/6 ; 17/23.
7. 1 Rois 13/1-2.
8. 2 Rois 23/15-18.
9. 2 Rois 20/12-19.
10. 2 Rois 23/25.
11. Deutéronome 34/10.
12. 2 Rois 23/25.
13. Deutéronome 6/5.
14. 2 Rois 23/25.
15. Deutéronome 17/8-13.
16. 2 Rois 22/13.
17. Deutéronome 17/11.
18. Deutéronome 17/20.
19. 2 Rois 22/2.
20. Deutéronome 31/26 ; Josué 1/8 ; 8/31,34 ; 23/6 ; 2 Rois 22/8.
21. Deutéronome 31/11.
22. 2 Rois 23/2. [La *Bible de Jérusalem* traduit : « il lut devant eux... » (NdE)]
23. Deutéronome 9/21.
24. 2 Rois 23/6. [*La Bible de Jérusalem* traduit : « en cendres ». (NdE)]
25. 2 Rois 23/12.
26. Deutéronome 12/3.
27. Deutéronome 5/8.
28. Deutéronome 4/16,23,25 ; 27/15.
29. Deutéronome 16/25.
30. 2 Rois 21/17.
31. 2 Rois 18.
32. Deutéronome 12.
33. Exemples : le roi Asa en 1 Rois 15/11-14 ; le roi Josaphat en 1 Rois 22/43-44.
34. Jérémie 17/3 ; Ézéchiel 6/3,6.
35. 2 Rois 22/2.
36. 2 Rois 16/2 ; 18/3 ; 21/7.

Chapitre 6

1 . Deutéronome 12/20.
2 . Deutéronome 17/14-20.
3 . Deutéronome 10/6.
4 . Deutéronome 9/20.
5 . Deutéronome 24/9.
6 . 1 Rois 11/5-7.
7 . 2 Rois 23/13.
8 . 1 Rois 12/13 ; 2 Rois 23/15.
9 . Jérémie 1/2.
10 . 2 Chroniques 35/ 25.
11 . Jérémie 29/1-3.
12 . Jérémie 36/10.
13 . Jérémie 26/24.
14 . Jérémie 39/14 ; 40/6.
15 . Jérémie 7/12,14 ; 26/6,9 ; cf 41/5.
16 . Jérémie 7/12.
17 . Josué 21/18-19.
18 . Jérémie 11/21-23.
19 . Jérémie 8/17-22.
20 . 2 Rois 24/8.
21 . Jérémie 15/1.
22 . E = Exode 3/1 ; 17/6 ; 33/6. D = Dt 1/6,19 ; 4/10,15 ; 5/2 ; 9/8 ; 18/16 ; 28/69.
23 . E = Exode 20/24. D = Deutéronome 12/5,11,21 ; 14/23,24 ; 16/2,6,11 ; 26/2.
24 . Deutéronome 1-3 ; 4/1-24,32-49 ; 5-7 ; 8/1-18 ; 9-11 ; 26/16-19 ; 27 ; 28/1-35,38-62,69 ; 29/1-20,28 ; 30/11-14 ; 31/1-13,24-27 ; 32/45-47 ; 34/10-12 ; 2 Rois 22/1-23/25.
25 . Josué 1/7-9 ; 8/30-35 ; 21/41-43 ; 22/5 ; 23/1-16.
26 . Juges 2/11-23 ; 3/1-11 ; 10/6-7,10-16.
27 . 1 Samuel 7/3-4 ; 8/8 ; 12/20-21,24-25.
28 . 2 Samuel 7/1b,13-16.
29 . 1 Rois 16/29.
30 . 1 Rois 22/41.
31 . 1 Rois 22/39. Le « Livre des Annales des Rois d'Israël » n'est pas le Livre biblique des Chroniques.
32 . 1 Rois 11/38-39.
33 . Psaumes 89/21-38 ; 132/11-18. La formulation de l'alliance en 2 Samuel 7 semble basée sur le Psaume 89.

Chapitre 7

1 . Les insertions de l'auteur exilé sont listées dans le schéma des sources, p.281-281. Pour ceux qui s'intéressent aux indices de grammaire, de syntaxe, de structure et autres, voir mon article « From Egypt to Egypt : Dtr[1] and Dtr[2] », dans *Traditions in Transformation : Turning-Points in Biblical Faith,* édité par J. Levenson et B. Halpern.
2 . E = Exode 20/3 ; J = Exode 34/14.
3 . Deutéronome 4/25 ; 8/19-20 ; 29/25 ; 30/17 ; 31/16,18 ; Josué 23/16 ; 1 Rois 9/6,9 ; 2 Rois 17/35-39.
4 . Deutéronome 31/16-18.
5 . 2 Rois 21/9-15.
6 . 2 Rois 23/26.
7 . 1 Rois 9/3.
8 . 1 Rois 9/7.
9 . Deutéronome 28/68.
10 . 2 Rois 25/26.
11 . Deutéronome 4/25-31.
12 . Jérémie 36.
13 . Le Talmud Babylonien, Baba Batra 15a.
14 . Depuis la première édition américaine de ce livre, j'ai traité cette question en détail dans « The Deuteronomistic School », dans *Fortunate the Eyes That See. Essays in Honor of David Noel Freedman,* édité par A. Beck et al, Eerdmans, Grand Rapids, MI, U.S.A., 1995, p. 70-80.
15 . Jérémie 32/12,13,16 ; 36/4,5,8,10,13,14,15,16,17,18,19,26,27,32 ; 43/3,6 ; 45/1,2.

Chapitre 8

1 . Zacharie 7-8.
2 . Ézéchiel 40-42.
3 . Esdras 1/8,11 ; 2/2 ; 3/8 ; 4/2,3 ; 5/2,14,16 ; Néhémie 7/7 ; 12/1,47.
4 . Aggée 1/1,12,14 ; 2/2,4,21,23 ; Zacharie 4/6,7,9,10.
5 . Jérémie 52/28 et après ; 2 Rois 24/14.
6 . Esdras 2/64.
7 . Jérémie 52/11 ; 2 Chroniques 36/21,22 ; Esdras 1/1.
8 . Voir spécialement Néhémie 9, où la lecture de la Torah est suivie par une récitation qui mélange toutes les sources. Par exemple, les versets 7 et 8 rappellent Genèse 15 (J) et 17 (P) ; le verset 13 rappelle Exode 19/20 (J) et Exode 20/22 (E) ; le verset 25 rappelle Deutéronome 6/11 (D).

Chapitre 9

1 . Voir R. J. Thompson, *Moses and the Law in a Century of Criticism Since Graf*, p. 42 et après.
2 . Ézéchiel 44/15-16.
3 . Genèse 1/1-3.
4 . Jérémie 4/23.
5 . Genèse 1/22,28 ; 17/20 ; 28/3 ; 35/11 ; 47/27 ; 48/4 ; cf Exode 1/7 ; Lévitique 26/9.
6 . Par exemple, Exode 25.
7 . Jérémie 3/16.
8 . Lévitique 7/37 et après.
9 . Jérémie 7/22.
10 . Lévitique 26/3.
11 . Lévitique 26/15.
12 . Ézéchiel 5/7.
13 . Lévitique 26/29.
14 . Ézéchiel 5/10.
15 . Lévitique 26/22,25.
16 . Ézéchiel 5/17.
17 . Exode 6/8.
18 . Ézéchiel 20/28
19 . Listé dans : Friedman, *The Exile and Biblical Narrative*, p. 63.
20 . Ézéchiel 7/26 ; 22/26 ; voir aussi 43/11 ; 44/5,23.
21 . Ézechiel 40-42 ; Exode 26.
22 . Se reporter à la bibliographie.
23 . Jacob Milgrom, Robert Polzin, Gary Rendsburg, Ziony Zevit, et A. R. Guenther ; se reporter à la bibliographie.
24 . Lévitique 17/3-4.

Chapitre 10

1 . 1 Rois 6/2.
2 . 1 Rois 8/4 ; 2 Chroniques 5/5.
3 . *Antiquités Juives,* VIII/101,103.
4 . Le Talmud Babylonien , Sotah 9a.
5 . 1 Chroniques 9/23.
6 . 1 Chroniques 6/33.
7 . 2 Chroniques 29/6.
8 . Lévitique 29/6. Pour plus de précisions concernant l'architecture et les dimensions du Tabernacle, et pour une discussion des références bibliques additionnelles au Tabernacle dans le Temple, voir mon article « The Tabernacle in the Temple ».
9 . 1 Samuel 1/9,24 ; 3/3 ; Juges 18/31 ; Psaumes 78/60.

Chapitre 11

1 . Exode 6/1 ; 7/14 ; 8/16 ; 10/1 ; Nombres 11/16,23 ; 14/11.
2 . Exode 6/13 ; 7/8 ; 9/8 ; 12/1 ; Lévitique 11/1 ; 13/1; 14/33 ; 15/1.
3 . Exode 7/15,17 ; 9/23 ; 10/13.
4 . Exode 6/10-12 ; 7/19 ; 8/1,12-13.
5 . Exode 4/14.
6 . Exode 7/7.
7 . Exode 6/20-25.
8 . Exode 40/13,29-32.
9 . Exode 7/11.
10 . Genèse 2/4b.
11 . Genèse 1/1.
12 . Lévitique 10/1-2.
13 . Les noms de Datân et Abiram ont dû être ajoutés ici par l'éditeur final qui a réuni les deux sources JE et P (de même pour le verset 27a). Le verset ne fait référence qu'à une seule tente, pas trois. [La *Bible de Jérusalem* omet ici les noms de Datân et Abiram, ainsi qu'en 27a. (NdT)]
14 . Le sens de *sheol* dans la Bible est incertain. Certains pensent qu'il désigne une sorte de royaume des morts. D'autres pensent qu'il signifie simplement la tombe.
15 . Exode 6/18-21.
16 . Exode 34/6-7.
17 . Frank Moore Cross a analysé ces exemples en connexion avec la rivalité entre les familles sacerdotales dans « The Priestly Houses of Early Israel », dans *Canaanite Myth and Hebrew Epic.*
18 . Nombres 20/23-24.
19 . Exode 34/29-35.
20 . Exode 24/16-18a.
21 . Nombres 20/29.
22 . Se reporter à l'identification des passages bibliques par auteurs dans l'appendice.
23 . Nombres 13/30.
24 . Nombres 14/24.
25 . Nombres 14/6-9.
26 . Exode 33/11.
27 . Genèse 23.
28 . Josué 21/13.

Chapitre 12

1 . Deutéronome 11/6.
2 . Deutéronome 1/36. Notez que Josué est mentionné deux versets plus loin.
3 . Deutéronome 9/16 ; 24/9.
4 . Deutéronome 24/9.
5 . Nombres 14/3.
6 . Nombres 14/31.
7 . Deutéronome 1/39. Des chercheurs antérieurs (Driver, Carpenter te Harford-Battersby) pensaient que les versets de Nombres qui contenaient l'expression « les bébés seront livrés en butin » étaient de JE. Mais attribuer ces versets à JE conduisait à rompre le contexte et le sens de JE et de P dans Nombres. Les biblistes plus récents (Martin Noth, Y. Kaufman, et moi-même) les reconnaissent comme P. Pour plus de détails sur ce point, voir mon *The Exile and Biblical Narrative,* p. 68-69.
Notez que Deutéronome 1/36 dit explicitement que seulement Caleb échappe à la condamnation, mais que deux versets plus loin (1/38), il est dit que Josué doit être le successeur de Moïse. Ce verset se tient dos à dos avec la référence aux « bébés livrés en butin » de P (1/39), et par conséquent il semble résulter d'un effort du Deutéronomiste pour résoudre éditorialement le conflit entre ses sources. Dans tous les cas, c'est un indice supplémentaire de sa familiarité avec la version de P.
8 . Voir chapitre 9, p. 184-185.
9 . Jérémie 8/8.
10 . Deutéronome 17/9,18 ; 18/1 ; 24/8 ; 27/9.
11 . 2 Chroniques 31/2.
12 . Nombres 21/4b-9.
13 . 2 Rois 18/4.
14 . 2 Rois 23/13.
15 . 1 Chroniques 13/2 ; 15/14 ; 23/2 ; 28/13 ; 2 Chroniques 8/15 ; 11/13 ; 13/9,10.
16 . 2 Chroniques 29/3-36 ; 30/1-27 ; 31/1-21.
17 . 2 Chroniques 31/20-21.
18 . 1 Rois 11.
19 . 2 Rois 20/12-19.
20 . 2 Chroniques 32/31.
21 . Le Livre des Chroniques critique une fois Ézéchias pour avoir été hautain, mais il ajoute aussitôt qu'il est redevenu humble et a évité la colère divine (2 Chroniques 32/25-26).

22 . B. Halpern, « Sacred History and Ideology : Chronicles' Thematic Structure—Indications of an Earlier Source », dans *The Creation of Sacred Literature,* édité par Richard Elliott Friedman.
23 . 2 Chroniques 30/26.
24 . Exode 6/23.
25 . Nombres 2/3 ; Ruth 4/20-22.

Chapitre 13

1 . Genèse 1/1-2/4a ; Exode 1/1-7 ; Lévitique (en entier) ; Nombres 1/1-10/29.
2 . Genèse 5/1.
3 . Genèse 5/1-28,30-32 ; 7/6 ; 9/28-29 ; 11/10-26,32.
4 . Cross, « The Priestly Work », dans *Canaanite Myth and Hebrew Epic.*
5 . Genèse 5/1.
6 . Exode 7/13,22 ; 8/15 ; 9/12.
7 . Exode 8/11b ; 9/35 ; 10/20,27.
8 . Lévitique 10/11.
9 . Lévitique 1-7.
10 . Lévitique 23/40.
11 . Néhémie 8/17.
12 . Esdras 7/6.
13 . Esdras 7/10.
14 . Esdras 7/6.
15 . Esdras 7/14.
16 . Cette traduction française est basée sur la traduction anglaise de B. M. Metzger, dans *The Old Testament Pseudepigrapha,* I/554, édité par J. H. Charlesworth.
17 . Cité dans *Old Testament Criticism,* de E. M. Gray.
18 . Deutéronome 31/10-11.
19 . Genèse 3/24.
20 . Exode 20/8,11.
21 . Deutéronome 5/12,15.
22 . Le Rouleau Deutéronomique de Toutes les Âmes.
23 . Pour plus de détails sur cette structure, voir mon « Sacred Literature and Theology: The Redaction of the Torah », dans *The Creation of Sacred Literature,* édité par E. E. Friedman.
24 . Cross, « The Priestly Work », dans *Canaanite Myth and Hebrew Epic.*
25 . Deutéronome 34/1-6 appartient à E ; 7-9 à P ; et 10-12 à Dtr1.
26 . Exode 31/12-17.
27 . Lévitique 26/39-45.

Chapitre 14

1 . J'ai essayé de découvrir les motivations du rédacteur dans mon article « Sacred Literature and Theology : The Redaction of the Torah », dans *The Creation of Sacred Lierature,* édité par R. E. Friedman.
2 . Genèse 3/5.
3 . Exode 19/18.
4 . Exode 24/16-17.
5 . Exode 33-34.
6 . Genèse 18/23-33.
7 . Nombres 14/13-20.
8 . Exode 32/7-14 ; 33/11.
9 . Nombres 11/11,15.
10 . Deutéronome 3/23-26.
11 . Genèse 1/3,9 ; 6/22 ; Exode 7/6 ; 39/32.
12 . Deutéronome 30/11-14.
13 . Exode 34/6-7.
14 . Exode 32/7-14.
15 . Nombres 14/13-20.
16 . Exode 21/24 ; Lévitique 24/20 ; Deutéronome 19/21.
17 . Tiré des commentaires de Bonfils sur Genèse 12/6.
18 . Tiré de *Commentariorum in Josuam Praefato* (1574), cité dans *Old Testament Criticism,* de E. M. Gray, p. 58.

Sélection bibliographique

ADDIS W.E. : *Documents of the Hexateuch,* Londres, 1892.

AHARONI Yohonan : « The Solomonic Temple, the Tabernacle, and the Arad Sanctuary. » In H. A. Hoffman Jr., ed., *Orient and Occident,* Cyrus Gordon *Festschrift,* Neukirchener, Neukirchen, 1973

ALBRIGHT William Foxwell : *The Biblical Period from Abraham to Ezra,* Harper, New York, 1963.

__________ : *From the Stone Age to Christianity,* Doubleday, Garden City, N.Y., 1966.

ALT Albrecht : *Essays on Old Testament History and Religion,* Doubleday, Garden City, N.Y., 1966. Édition allemande, *Kleine Schriften zur Geschichte des Volkes Israel,* I, II, III, 1953.

ASTRUC Jean : *Conjectures sur les mémoires originaux dont il paraît que Moyse s'est servi, pour composer le livre de la Genèse,* 1753.

BACON Benjamin W. : *The Genesis of Genesis,* Hartford, 1892.

BALTZER Klaus : *The Covenant Formulary,* Fortress, Philadelphia, 1971. Édition allemande, 1964.

BRIGHT John, *A History of Israel,* 3ème édition, Westminster, Philadelphia, 1981.

BROWN Raymond E., FITZMEYER J.A. et MURPHY R.E. (édité par) : *The Jerome Commentary,* Prentice-Hall, Englewood Cliffs, N.J., 1968.

BUSINK TH.A. : *Der Tempel von Jerusalem,* Brill, Leiden, 1970.

CARPENTER J.E. et HARTFORD-BATTERSBY G. : *The Hexateuch,* Longsmans, Green, London, 1902.

CHEYNE T.K. : *Founders of Old Testament Criticism,* Methuen, London, 1893.

CLEMENTS R.E. : *Abraham and David,* SCM, London, 1967.

CROSS Frank Moore : *Canaanite Myth and Hebrew Epic,* Harvard, Cambridge, 1973.

__________ : « The Priestly Tabernacle », *Biblical Archeologist* 10 (1947), p. 45-68.

DRIVER S.R. : *Introduction to the Literature of the Old Testament,* Peter Smith, Gloucester, 1972. Première édition, 1891.

DUFF Archibald : *History of Old Testament Criticism,* Watts, London, 1910.

EISSFELDT Otto : *The Old Testament, an Introduction,* Basil Blackwell, Oxford, 1965.

EMERTON J.A. : « The Origin of the Promises to the Patriarchs in the Older Sources of the Book of Genesis », *Vetus Testamentum* 34:14-32.

ENGNELL Ivan : *A Rigid Scrutiny,* Vanderbilt Universisty Press, Nashville, 1969.

FOHRER Georg : *Introduction to the Old Testament,* Abington, Nashville, 1968.

FRANKFORT Henri, FRANKFORT H.A., WILSON John, JACOBSEN Throrkild et IRWIN W.A., *The Intellectual Adventure of Ancient Man,* University of Chicago Press, Chicago, 1946.

FREEDMAN David Noel : « Divine Commitment and Human Obligation », *Interpretation* 18 (1964), p. 419-431.

__________ : « Pentateuch », *Interpreter's Dictionary of the Bible.*

__________ : *Pottery, Poetry, and Prophecy,* Eisenbrauns, Winona Lakes, Ind., 1980.

FRIEDMAN Richard Elliott (édité par) : *The Creation of Sacred Literature,* University of California Press, Berkeley, 1981.

__________ : *The Exile and Biblical Narrative,* Harvard Semitic Monographs, Scholars Press, Decatur, Ga., 1981.

__________ (édité par) : *The Poet and the Historian,* Harvard Semitic Studies, Scholars Press, Decatur, Ga, 1984.

__________ : « The Tabernacle in the Temple », *Biblical Archeologist* 43 (1980).

__________ et WILLIAMSON H.G.M. (édité par) : *The Future of Biblical Studies: The Hebrew Scriptures,* Semeia Studies, Scholars Pres, Decatur, Ga, 1986.

GRANT Robert M. : *A Short History of the Interpretation of the Bible,* Macmillan, New York, 1948.

GRAY Edward M. : *Old Testament Criticism,* Harper, New York, 1923.

HABEL Norman : *Literary Criticism of the Old Testament,* Fortress, Philadelphia, 1966.

HAHN E. : *The Old Testament in Modern Research,* Fortress, Philadelphia, 1966.

HALPERN Baruch : *The Constitution of the Monarchy in Israel,* Harvard Semitic Monographs, Scholars Press, Decatur, Ga., 1981.

__________ : *The Emergence of Israel in Canaan,* Society of Biblical Literature Monographs, Scholars Press, Decatur, Ga, 1983.

__________ : « Sectionalism and the Schism », *Journal of Biblical Literature* 93 (1974), p. 519-532.

HANSON Paul : « Song of Heshbon and David's NÎR », *Harvard Theological Review* 61 (1968), p. 297-320.

HARAN Menahem : « The Priestly Image of the Tabernacle », *Hebrew Union College Annual* 36 (1965), p. 191-226.

__________ : « Shiloh and Jerusalem: The Origin of the Priestly Tradition in the Pentateuch », *Journal of Biblical Literature* 81 (1962), p. 14-24.

__________ : *Temples and Temple Service in Ancient Israel,* Oxford, New York, 1978.

HERRMANN S.A. : *History of Israel in Old Testament Times,* Fortress, Philadelphia, 1975.

HILLERS Delbert : *Covenant: The History of a Biblical Idea,* John Hopkins, Baltimore, 1969.

HOBBES Thomas : *Leviathan,* 3ème partie, chapitre 33, 1651.

HURVITZ Avi : « The Evidence of Language in Dating the Priestly Code », *Revue Biblique* 81 (1974), p. 24-56.

__________ : *A Linguistic Study of the Relationship Between the Priestly Source and the Book of Ezekiel,* Cahiers de la Revue Biblique, Gabalda, Paris, 1982.

HYATT J.P. : « Torah in the Book of Jeremiah », *Journal of Biblical Literature* 6 (1941), p. 381-396.

ISHIDA Tomoo (édité par) : *Studies in the Period of David and Solomon and Other Essays,* Yamakawa-Shuppansha, Tokyo, 1982.

JENKS Alan W. : *The Elohist and North Israelite Traditions,* Scholars Press, Decatur, Ga, 1977.

KAPELRUD A.S. : « The Date of the Priestly Code », *Annual of the Swedish Theological Institute* III (1964), p. 58-64.

KAUFNANN Yehezkel : *The Religion of Israel,* University of Chicago Press, Chicago, 1960. Édition en hébreu, 1937.

KENNEDY A.R.S. : « Tabernacle », *Hastings Dictionary of the Bible* IV, p. 653-668.

KNIGHT Douglas A. : *Rediscovering the Traditions of Israel,* Society of Biblical Literature Dissertation Series, Scholars Press, Decatur, Ga., 1973.

LEVENSON Jon : « Who Inserted the Book of the Torah? », *Harvard Theological Review* 68 (1975), p. 203-233.

__________ et HALPERN Baruch (édité par) : *Traditions in Transformation: Turning-Points in Biblical Faith,* Essays presented to Frank Moore Cross, Eisenbrauns, Winona Lake, Ind., 1981.

LIVER Jacob : « Korah, Dathan, and Abiram », *Scipta Hierosolymitana* 8, Hebrew University, Jerusalem, 1961.

LOHFINK Norbert : « Auslegung deuteronomischer Texte, IV », *Bibel und Leben* 5 (1964).

LUNDBOM Jack R. : « The Lawbook of the Josianic Reform », *Catholic Biblical Quaterly* 38 (1976), p. 293-302.

MALAMAT Abraham : « The Twilight of Judah: In the Egyptian-Babylonian Maelstrom », *Vetus Testamentum Supplements* 28 (1975), p. 123-145.

__________ : « Origins and the Formative Period », in BEN-SASSON H.H., *A History of the Jewish People,* Harvard University Press, Cambridge, Mass., 1976, p. 3-87.

MAY Herbert (édité par) : *Oxford Bible Atlas,* 3ème édition, Oxford, New York, 1981.

McBRIDE Samuel Dean : « The Deuteronomic Name Theology », Dissertation, Harvard University, 1969.

McCARTHY D.J. : *Old Testament Covenant,* John Knox, Richmond, 1972.

__________ : *Treaty and Covenant,* Pontifical Biblical Institute, Rome, 1963.

McEVENUE Sean : *The Narrative Style of the Priestly Writer,* Pontifical Biblical Institute, Rome, 1971.

McKENZIE Steven L. : *The Chronicler's Use of the Deuteronomistic History,* Harvard Semitic Monographs, Scholars Press, Decatur, Ga., 1984.

MENDENHALL G.E. : *Law and Covenant in Israel and the Ancient Near East,* Biblical Colloquium, Pittsburgh, 1955.

MILGROM Jacob : *Cult and Conscience,* Brill, Leiden, 1976.

__________ : *Studies in Levitical Terminology,* I, University of California Press, Berkeley, 1970.

MORAN W.L. : « The Literary Connection Between Lev 11:13-19 and Deut 14:12-28 », *Catholic Biblical Quaterly* 28 (1966), p. 271-277.

MOWINCKEL S. : *Erwägungen zur Pentateuch Quellenfrage,* Universitetsforlaget, Trondheim, 1964.

MYERS Jacob M. : *Ezra/Nehemiah, The Anchor Bible,* Doubleday, Garden City, N.Y., 1965.

NELSON Richard : *The Double Redaction of the Deuteronomistic History, JSOT* Supplement Series, Sheffield, 1981.

NICHOLSON E.W., *Deuteronomy and Tradition,* Fortress, Philadelphia, 1967.

__________ : *Preaching to the Exiles,* Blackwell, Oxford, 1970.

NOTH Martin : *Exodus,* Westminster, Philadelphia, 1962.

__________ : *A History of Pentateuchal Traditions,* Prentice-Hall, Englewood Cliffs, N.J., 1972. Édition allemande, 1948.

__________ : *The History of Israel,* Harper and Row, New York, 1960. Édition allemande, 1958.

__________ : *The Laws in the Pentateuch,* Oliver and Boyd, Edinburgh, 1966.

__________ : *Leviticus,* Westminster, Philadelphia, 1965.

__________ : *Numbers,* Westminster, Philadelphia, 1968.

__________ : *The Old Testament World,* Fortress, Philadelphia, 1966. Édition allemande, 1964.

__________ : *Uberlieferungsgeschichtliche Studien,* Max Niemeyer Verlag, Tubingen, 1957. Première édition, 1943. Traduction anglaise dans *The Deuteronomistic History, JSOT* Supplement Series, Sheffield, 1981, p. 1-110.

PERDUE L.G. et KOVACS B.W. (édité par) : *A Prophet to the Nations: Essays in Jeremiah Studies,* Eisenbrauns, Winona Lake, Ind., 1984.

POLZIN Robert : *Late Biblical Hebrew: Toward an Historical Typology of Biblical Hebrew Prose,* Scholars Press, Decatur, Ga., 1976.

PRITCHARD James B. (édité par) : *Ancient Near Eastern Texts Relating to the Old Testament,* 3ème édition, Princeton, 1969.

PROPP William H. : « The Skin of Moses' Face—Transfigured or Disfigured? », *Catholic Biblical Quaterly,* 1987.

VON RAD Gerhard : *Deuteronomy: A Commentary,* SCM, London, 1966.

__________ : *Genesis,* Westminster, Philadelphia, 1961.

__________ : *Der Priesterschrift in Hexateuch,* W. Kohlhammer, Berlin, 1934.

__________ : *The Problem of the Hexateuch,* McGraw-Hill, New York, 1966.

RENDSBURG G. : « Late Biblical Hebrew and the Date of P », *Journal of the Ancient Near East Society* 12 (1980), p. 65-80.

RENDTORFF Rolf : *Das überlieferungsgeschichtliche Problem des Pentateuch,* Walter de Gruyter, Berlin/New York, 1977.

ROGERSON John : *Old Testament Criticism in the Nineteenth Century: England and Germany,* SPCK, London, 1984.

ROWLEY H.H. : *The Old Testament and Modern Study,* Oxford, New York, 1951.

SARNA Nahum : « Hebrew and Bible Studies in Medieval Spain », *The Sephardic Heritage,* vol. 1, Vallentine, Mitchell, London, 1971.

VAN SETERS J. : *Abraham in History and Tradition,* Yale University Press, New Haven, 1975.

SHILOH Yigal : *Excavations at the City of David,* vol. 1, Institute of Archeology, Hebrew University, Jerusalem, 1984.

SPEISER E.A. : *Genesis, The Anchor Bible,* Doubleday, Garden City, N.Y., 1964.

SPINOZA Benedict : *Tractatus theologico-politicus,* 1670.

TADMOR Hayim : « The Period of the First Temple, the Babylonian Exile and the Restoration », in H.H. Ben-Sasson, *A History of the Jewish People,* Harvard University Press, Cambridge, Mass., 1976, p. 91-182.

THOMPSON R.J. : *Moses and the Law in a Century of Criticism Since Graf, Vetus Testamentum Supplements* 19, Brill, Leiden, 1970.

TSEVAT Matitiahu : « Studies in the Book of Samuel, III », *Hebrew Union College Annual* 34 (1963), p. 71-82.

DE VAUX Roland : *Ancient Israel,* McGraw-Hill, New York, 1961.

WEINFELD Moshe : « The Covenant of Grant in the Old Testament and in the Ancient Near East », *Journal of the American Oriental Society* 90 (1970), p. 184-203.

__________ : *Deuteronomy and the Deuteronomic Scholl,* Oxford University Press, New York, 1972.

__________ : « Getting at the Roots of Wellhausen's Understanding of the Law of Israel on the 100th Anniversary of the *Prolegomea* », Report n°14/79, Institute for Advanced Studies, Hebrew University, Jerusalem, 1979.

__________ : « Jeremiah and the Spiritual Metamorphosis of Israel », *Zeitschrift für die alttestamentliche Wissenschaft* 88 (1976), p. 17-56.

WELLHAUSEN Julius : *Prolegomena zur Geschichte Israels,* Edinburgh, 1885. Réédition, Peter Smith, Gloucester, Mass, 1973.

DE WETTE W.M.L. : *Dissertatio critica qua a prioribus Deuteronomium Pentateuchi libris diversam, alius cuiusdam recentioris auctoris opus esse monstratur,* 1805.

WILLIAMSON H.G.M. : *Israel and the Books of Chronicles,* Cambridge University Press, 1977.

WOLFF Hans Walter : « Das Kerygma des deuteronomistischen Geschichtswerks », *Zeitschrift für die alttestamentliche Wissenschaft* 73 (1961), p. 171-186.

WRIGHT George Ernest (édité par) : *The Bible and the Ancient Near East,* Doubleday, Garden City, N.Y., 1961.

__________ : *Biblical Archeology,* Westminster, Philadelphia, 1962.

__________ : *The Book of Deuteronomy, The Interpreter's Bible,* II, p. 311-537, Abington, New York, 1953.

__________ et FULLER R.H. : *The Book of the Acts of God,* Doubleday, Garden City, N.Y., 1957.

__________ : « The Lawsuit of God: A Form-Critical Sudy of Deuteronomy 32 », in B. Anderson et W. Harrelson (édité par), *Israel's Prophetic Heritage,* Harper, New York, 1962.

__________ : *The Old Testament Against Its Environment,* SCM, London, 1950.

__________ : « The Priestly Redaction and Interpretation of the Plague Narrative in Exodus », *Jewish Quaterly Review* 66 (1976), p. 193-211.

Remerciements

Ma recherche pour ce livre a été soutenue par une bourse de l'*American Council of Learned Societies*. J'ai également reçu une aide du *National Endowment for the Humanities*. Je suis reconnaissant pour ce soutien.

J'ai effectué une partie de la recherche et de la rédaction à Oxford, durant un séjour au *Oxford Centre for Hebrew Studies*. Je remercie son Président, le Professeur David Patterson, pour sa bienveillance durant mon séjour, ainsi que le personnel du *Oxford Centre*, particulièrement Mrs Sally Arkley.

Je suis également reconnaissant à l'Université de Californie de San Diego pour m'avoir octroyé une subvention.

Mon intérêt pour cette question a commencé durant mon doctorat au Département d'Ancien Testament et de Langues et Civilisations du Proche-Orient à l'Université d'Harvard. Le temps n'a pas diminué l'immense sentiment de gratitude que j'éprouve envers mes professeurs, à commencer par feu G. Ernest Wright, mais aussi Frank Moore Cross, Thomas O. Lambdin, William L. Moran, Thorkild Jacobsen et Paul Hanson. Je suis particulièrement reconnaissant envers le Professeur Cross, qui a supervisé mon doctorat, et dont la science continue d'être un modèle pour moi.

Je remercie le Professeur Nachman Avigad, archéologue, de l'Université Hébraïque de Jérusalem, pour m'avoir procuré gracieusement une photographie du sceau de Baruch ben Neriyah le scribe, qui figure dans ce livre.

J'ai eu la grande chance de rencontrer le Professeur David Noel Freedman, qui a accompli de nombreux actes de *hesed* pour moi et qui, par son exemple et ses conseils, m'a beaucoup appris. J'ai un profond respect pour l'homme et pour sa science.

Ma dette envers Baruch Halpern ressort des références que j'ai incluses dans ce livre. Aucun savant de sa génération ne m'inspire plus de respect. Je crois que ses contributions citées sont d'une importance capitale dans ce domaine, et j'ai plus appris de lui que de toute autre personne au sujet de la méthode historique.

Mon collègue à l'Université de Californie, William Propp, est le confrère idéal. C'est un chercheur sympathique, objectif et original, et c'est un ami. Je le remercie pour ses commentaires et ses critiques, qui m'ont permis d'améliorer ce livre.

Ce projet m'a donné l'occasion de connaître Joann Ellison Rodgers, qui m'a enseigné une nouvelle façon d'écrire, qui m'a encouragé, et qui est devenue une amie chère.

Mon agent littéraire, Elaine Markson, m'a toujours montré sa confiance en ce projet. J'ai vraiment admiré son professionnalisme et son talent.

Arthur H. Samuelson, éditeur assistant à Harper & Row, est un éditeur dans la tradition du Deutéronomiste. Les lecteurs de ce livre savent que c'est un grand compliment. Je lui doit mon respect professionnel et ma gratitude.

Richard Elliott Friedman
Décembre 1986

Index

—A—

—B—

—C—

—D—

—E—

—K—

—L—

—M—

—W—

—Y—

—Z—

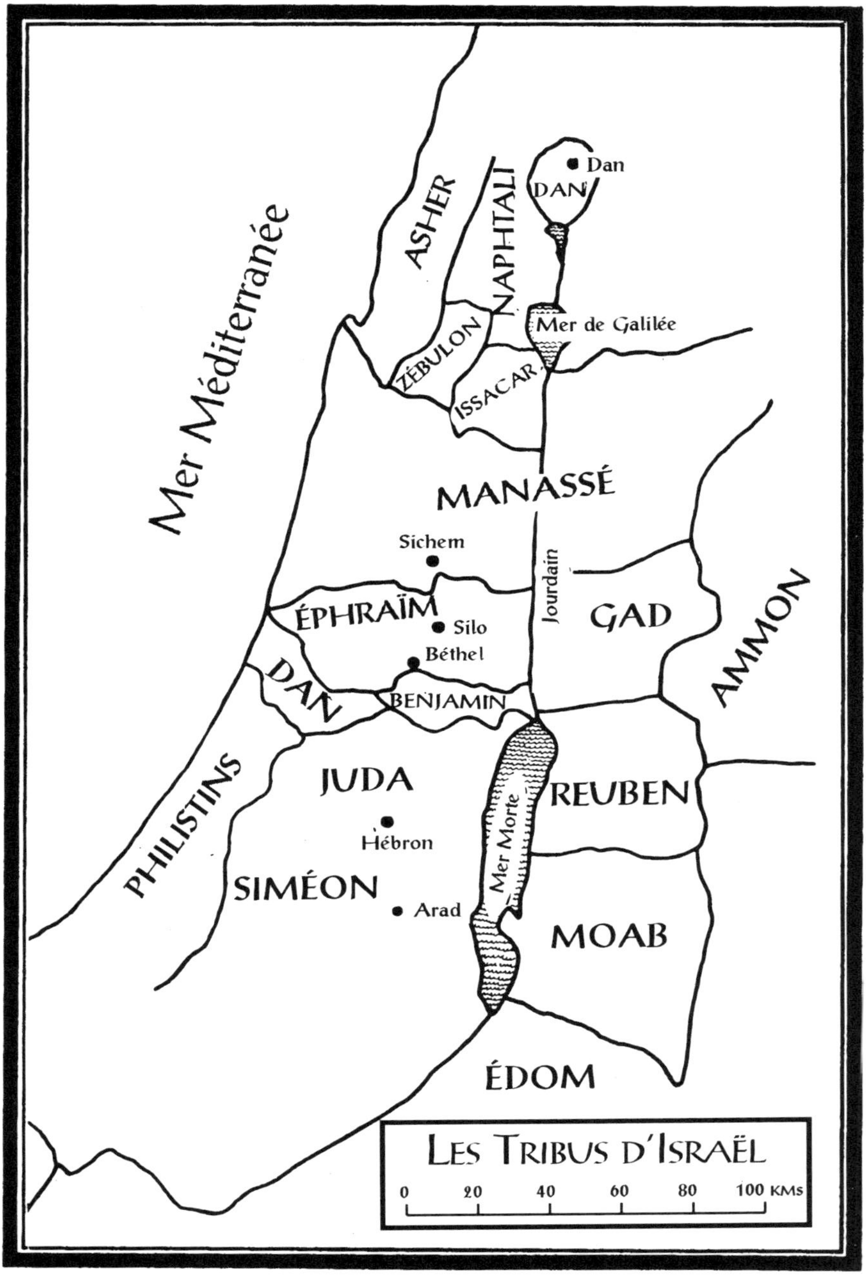
Mer Méditerranée
ASHER
NAPHTALI
Dan
DAN
Mer de Galilée
ZÉBULON
ISSACAR
MANASSÉ
Sichem
Jourdain
ÉPHRAÏM
Silo
Béthel
GAD
AMMON
DAN
BENJAMIN
PHILISTINS
JUDA
Mer Morte
REUBEN
Hébron
SIMÉON
Arad
MOAB
ÉDOM
Les Tribus d'Israël
0 20 40 60 80 100 KMs

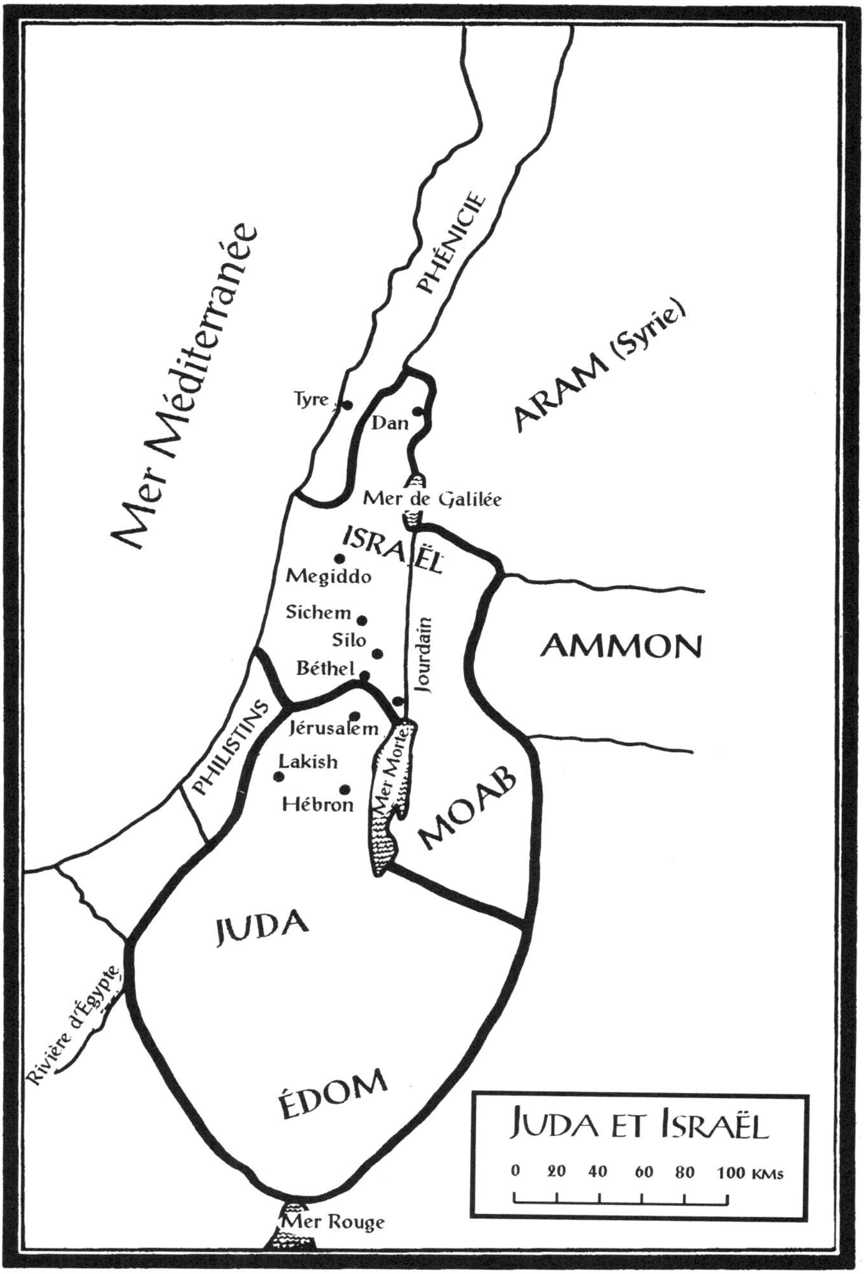
Mer Méditerranée
PHÉNICIE
ARAM (Syrie)
Tyre
Dan
Mer de Galilée
ISRAËL
Megiddo
Sichem
Silo
Béthel
Jourdain
AMMON
PHILISTINS
Jérusalem
Lakish
Hébron
Mer Morte
MOAB
JUDA
Rivière d'Égypte
ÉDOM
Mer Rouge
JUDA ET ISRAËL
0 20 40 60 80 100 KMs

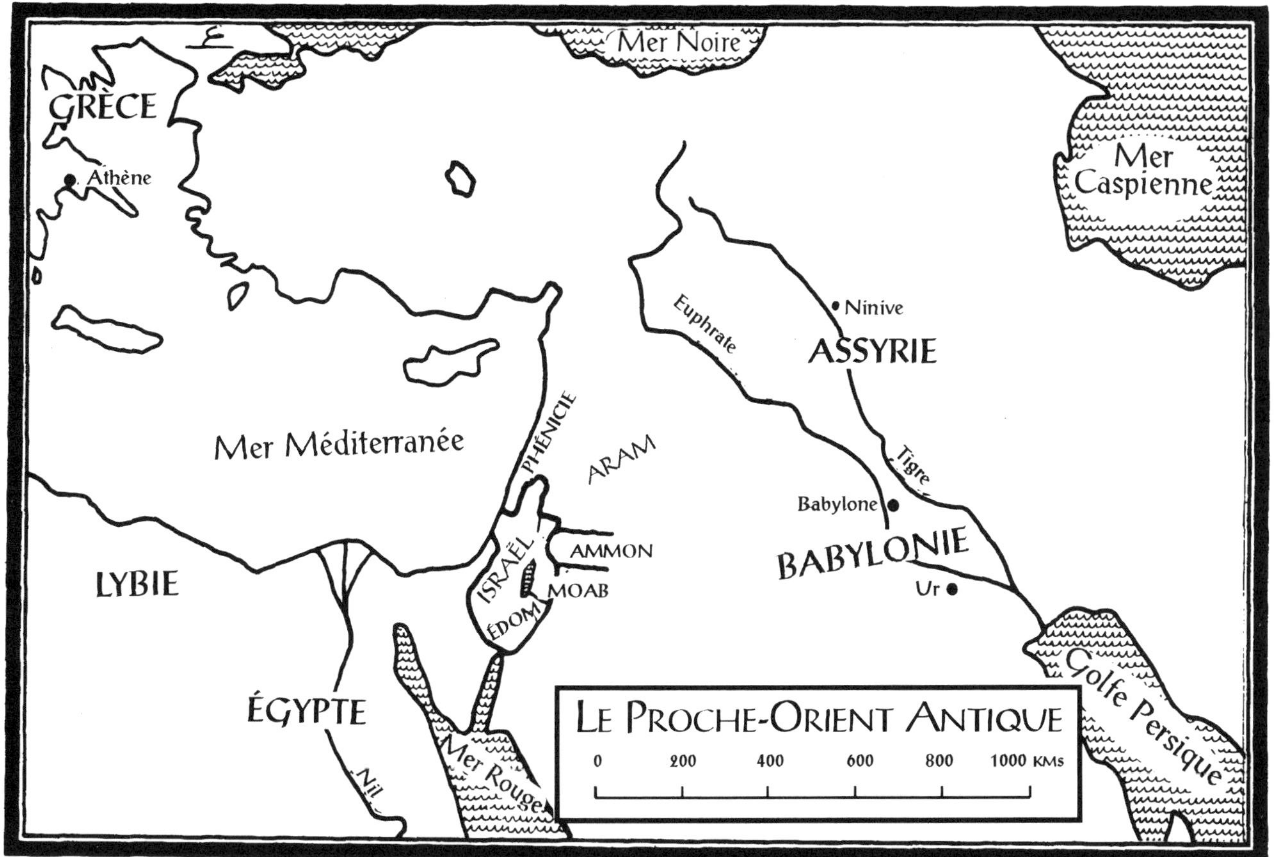
Le Proche-Orient Antique
0 200 400 600 800 1000 KMs
Mer Noire
Mer Caspienne
GRÈCE
Athène
Mer Méditerranée
LYBIE
ÉGYPTE
Nil
Mer Rouge
PHÉNICIE
ARAM
ISRAËL
AMMON
MOAB
ÉDOM
Euphrate
Ninive
ASSYRIE
Tigre
Babylone
BABYLONIE
Ur
Golfe Persique

Table des matières

Impression et façonnage
France Quercy, Cahors
dépot légal décembre 1997